KB260660

컴퓨터세대를 위한

테마별 고사성어로

익히는 한자

김경익 지음

가림출판사

✻ 책머리에

한문 선생님으로서 교직에 있다보니, 학생들에게 한문 문장보다는 성어(成語)를 설명하는 일이 많아졌다. 그런데 의외로 쉬운 성어도 학생들이 그 유래나 의미를 잘 모르고 있었다. 물론 알고 있는 성어도 제대로 사용하지 못하고 잘못 쓰는 경우가 많았다. 심지어는 한자의 음을 제대로 몰라 맞춤법에 틀리게 쓰는 경우도 있었다. 예를 들어 '풍비박산(風飛雹散 : 우박[雹]이 바람[風]에 날려[飛] 흩어져 버림[散])을 '풍지박산' 으로 읽는다든지, '야반도주(夜半逃走 : 한밤중[夜半]에 도망을 감[逃走])를 '야밤도주' 로 잘못 쓰는 경우 등의 일이다. 이런 경우는 학생들뿐만 아니라 일반인들도 마찬가지일 것이라는 생각이 든다.

그러면 성어를 익히기는 익혀야 하는데, 어떤 방법으로 익히는 것이 좋을까?

우선은 관련이 있는 성어끼리 묶어서 알아보는 것이 효과적일 것이다. 즉 테마별로, 주제별로 묶어서 익혀보는 것이다. 하나의 성어를 보고 거기에서 끝나는 것이 아니라 의미가 비슷한 성어들, 혹은 혼동하기 쉬운 성어들을 구분해서 익히는 것이다. 하나를 알아 두세 가지를 동시에 얻는다면, 그야말로 일거양득(一擧兩得 : 하나[一]를 들어[擧] 두[兩] 개를 얻음[得])이 아닐까?

요즘 사람들이 성어를 공부하는 목적을 보면 크게 몇 가지로 정리해 볼 수 있다. 첫째, 각종 시험을 준비하기 위해서(최근에 유행처럼 번지고 있는 한자 관련 급수 및 자격증 시험을 포함해서), 둘째, TV나 신문 등의 기사들을 보는 데 불편해서, 셋째, 교양을 넓히기 위해서 등이다.

그러나 무엇보다도 중요한 것은 바른 의미를 알고 적절하게 사용하는 것이다. 이를 위해 이 책에서는 원문이 있는 고사성어(故事成語)는 그 원문을 실었다. 독자 여러분들 가운데 혹시 이 책의 내용이 어렵게 느껴지고, 불필요하다고 느끼는 사람들도 있을지 모른다. 하지만 원문을 보고 풀이 문장을 읽다 보면 자연스럽게 고사성어가 가지고 있는 본래의 의미를 파악하게 될 것이다. 따라서 이런 소득이 있다면 원문을 읽어보는 번거로움은 작은 수고가 아닐까 한다.

예전부터 느껴왔던 점이지만 특히 이번 작업을 하면서 나 자신이 성어의 매력을 다시금 느끼게 되었다. 세 글자, 네 글자 등의 압축된 말로 의도하는 뜻을 모두 표현하는 묘미. 그것은 단순히 성어를 수박 겉핥기식으로 봐서는 느끼지 못하는 맛이다.

신문을 읽다보면 사회적인 이슈가 되는 사건들을 한 컷의 만화로 표현한 만평들을 볼 수 있다. 만평들을 보면 어떤 때는 긴 사설보다도 더 강렬한 느낌을 받는 경우가 있다. 그것은 내용을 압축하고 상징적으로 표현하는 만화의 특징 때문일 것이다.

성어는 만평의 이런 특징을 말로 표현한 것이라 생각된다. 상황을 굳이 길게 설명하지 않더라도 단 몇 글자의 짧은 문구로 압축하는 특유의 맛이 있는 것이다. 이런 특징 때문에 수천 년 전에 생성된 성어를 21세기를 사는 우리가 즐겨 쓰는 이유가 아닐까 한다. 물론 그때나 지금이나 사람들의 세상살이가 같다는 것도 이유가 될 것이다. 다만 여기서 짚고 넘어가고 싶은 점은 성어, 특히 고사성어를 단순히 한자 몇 글자의 학습도구로만 인식하지 말고 축적된 동양의 문화로 인식했으면 하는 것이다.

이 책에 나오는 모든 성어에는 한자를 그대로 푼 직역(直譯)과 그 안에 숨겨진 속뜻을 푼 의역(意譯)을 모두 실어 놓았다. 직역을 하기 위해서는 성어를 구성하고 있는 한자의 음과 뜻을 정확하게 알아야 한다. 그러니 이 책을 통해서 성어만을 익힌다고 생각하기보다는 한자도 배운다고 생각해 주었으면 좋겠다. 또한 내포된 뜻도 명확하게 알아 잘못 사용하는 실수를 범하지 않기를 바란다.

'영화로 알아보는 한자와 문화'는 광주 각화중에 계시는 윤세훈 선생님의 기획안을 참고로 하였다. 이 자리를 빌려 고마움을 표한다. 많은 작품을 다루지는 못했지만 일상생활에서 접할 수 있는 한자로 된 여러 문구들을 돌아볼 수 있는 계기가 되기를 바라며 실어 본다.

염치없이 천학비재(淺學非才)를 무릅쓰고 책을 엮었기에 혹시 원문 풀이와 성어 풀이에 오류가 있다면 독자 여러분들의 아낌없는 질정(叱正)을 기다린다.

끝으로, 이 책을 쓸 수 있는 계기를 만들어 주신 강형중 선생님께 감사의 말씀을 전하며, 원고를 정리하고 작성한다는 핑계로 많은 시간 함께 하지 못한 사랑하는 아내 민주와 아들 유빈에게 이 책을 바치고 싶다. 또한 책이 출간되기까지 물심양면으로 이해와 지지를 보내준 가림출판사 강선희 사장님, 가림출판사 직원 여러분에게 고마움을 표한다.

2002년 5월 저자 김경익

*차 례

제1장

테마별 고사성어

성어(成語)에 대한 질문과 대답

성어(成語)란 무엇인가?

성어(成語)란 무엇일까? 먼저 사전적(辭典的)인 의미를 살펴보면 다음과 같다

성어의 사전적인 의미는 "이전부터 세상에서 흔히 사용되어 온 말, 숙어(熟語), 옛 사람이 만들어 널리 세상에서 쓰이는 말"이라고 되어 있다. 곧 성어란, 오래 전부터 쓰이면서 굳어져 내려오는 말로서 영어의 관용어와 비슷한 개념이다. 성어의 한자(漢字)를 살펴보면 成(이룰 성) 語(말씀 어)이다. 곧 '이루어진[成] 말[語]'이라는 뜻이다.

성어와 고사성어(故事成語), 사자성어(四字成語)의 차이점은 무엇일까?

성어, 고사성어 그리고 사자성어의 관계를 집합 개념으로 생각하면 이해가 빠를 것이다.

성어는 큰 개념으로 이해를 하면 되고, 그 안에 고사성어와 사자성어가 있으며, 고사성어와 사자성어 사이에는 서로 공통되는 부분이 있음을 알 수 있다.

고사성어는 고사가 있는 성어를 뜻한다.

고사(故事)란 옛날[故 옛 괴에 있었던 사건[事 사건 새이나 옛 이야기이며, 고사에서 비롯된 성어를 고사성어라고 한다. 또한 '故'자의 풀이를 달리하여 사건[事]에 '연유한[故]' 성어라고도 하는데, 이 역시 타당한 풀이이다.

사자성어는 네 글자로 이루어진 성어를 뜻한다. 우리가 접하게 되는 대부분의 성어는 네 글자로 이루어진 것들이 많다. 하지만 두 글자, 세 글자로 이루어진 것들도 있다. 그런데 일반적으로 네 글자로 이루어진 성어가 많기 때문에 흔히 성어는 네 글자로만 이루어진 걸로 착각하는 사람들이 많다. 또한 대부분의 고사성어가 네 자로 이루어져 있기 때문에 고사성어와 사자성어를 동일하게 생각하는 경우도 있다. 하지만 사자성어 중에는 고사성어가 아닌 경우도 있으니 그 명칭을 구분하여 사용해야 한다.

성어(成語)는 왜 배워야 하는 걸까?

앞서 성어의 개념에서도 이야기했듯이 성어란 '오래 전부터 쓰이면서 우리 언어생활에 굳어진 말' 들이다.

언어라는 것은 상징성을 지니고 있고, 더군다나 요즘은 말을 길게 하지 않고, 줄여서도 많이 사용한다. 그렇기 때문에 상징적인 언어로 탄생된 성어는 상대방과의 대화에 있어서 의미 전달을 훨씬 쉽게 해주는 훌륭한 도구가 된다. 고사성어의 경우는 이런 활용도가 훨씬 높다고 할 수 있다. 예로부터 사람들이 "그렇겠구나!"라고 여기는 보편타당한 이야기가 축약되어 고사성어로 이루어지기 때문에 고사성어를 아는 것은 단순히 고사성어 그 자체만을 아는 데 의미가 있는 것이 아니라, 옛 선인들의 지혜와 가르침을 얻는다는 일석이조(一石二鳥)의 효과가 있다.

고사성어는 어떻게 만들어지게 되는가?

옛 이야기가 있다고 해서 모두 고사성어로 이루어지게 되는 것은 아니다. 예를 들어서 '호랑이 담배 피우던 시절에' 로 시작하는 어릴 적 할머니께서 들려주시던 이야기들이 모두 고사성어를 탄생시키는 것은 아니다. 그렇다면, 고사성어가 되기 위해서는 어떤 조건을 지녀야 하는 걸까?

첫째, 이야기가 재미있어서 많은 사람들의 입에서 입으로 전해져야 한다. 자신만 알고 다른 사람이 모르는 이야기를 두 글자나 네 글자로 줄여서 이야기하면 서로 통하지 않기 때문이다. 곧 여러 사람들에게 이야기가 일반화되어야 하는 것이다.

둘째, 교훈적 가치가 담겨 있어야 한다. 왜냐하면 단순히 재미만 있는 이야기는 당시만 유행하지, 후세에 길이 전해지지 않기 때문이다. 대부분의 고사성어들은 춘추전국시대에 탄생한 것들이 많은데, 시간으로 따지면 2000여 년 전 이야기들이다. 하지만 현재까지도 우리가 알고 쓰는 이유는 그 안에 지혜와 교훈이 담겨 있기 때문이다. 그렇기 때문에 고사성어는 역사적인 사건이나 유세객(遊說客 : 곳곳으로 돌아다니며[遊 유세할 유] 자기의 의견을 두루 설득하는[說 달랠 세] 사람[客 손님 객])과 학자들의 우언(寓言 : 다른 사물에 비겨[寓 맡길 우] 의견이나 교훈을 은연중에 나타내는 말[言 말씀 언])에서 유래한 것들이 대부분이다.

Q & A   한자어(漢字語)와 성어의 차이점은 무엇인가?

일반적으로 많은 사람들이 한자어와 성어를 구분하지 못하고 같은 개념으로 생각하는 경우가 많다. 하지만 둘 사이에는 엄연한 차이점이 있다. 한자어는 우리들의 언어생활에서 쓰이는 일반적인 단어이다. 하지만 성어는 단어의 개념을 약간 뛰어넘어 고유한 관용적인 쓰임을 지니고 있는 것이다. 그러니까 성어라는 개념은 한자어보다는 훨씬 구체적인 개념이라고 생각하면 될 것이다.

Q & A   성어는 꼭 네 글자로만 이루어져 있는가?

앞에서도 언급을 했지만 성어라는 말 앞에 사자(四字)를 붙여 사자성어라고 하는 이유는 성어는 계륵(鷄肋)과 같이 두 글자로 이루어진 것도 있으며, 등용문(登龍門)과 같이 세 글자, 각주구검(刻舟求劍)과 같이 네 글자, 가정맹어호(苛政猛於虎)와 같이 다섯 글자, 고려공사삼일(高麗公事三日)과 같이 여섯 글자로 이루어진 것들도 있기 때문이다. 그래서 글자 수에 따라 이자성어(二字成語), 삼자성어(三字成語) 등의 명칭을 붙일 수 있다. 그러나 대부분의 성어들이 네 자로 이루어진 것들이 많아서 다른 용어들이 일반화되지 않은 것이다.

요사이 재치와 임기응변(臨機應變)을 시험하는 것 중에 삼행시(三行詩)라는 것이 있다. 세 글자로 운을 띄워서 말을 만들어 내는 것이다. 만일에 '학교'라는 단어로 '학생들이 교훈을 얻는 곳'이라는 말을 만들어 낸다면 이것은 삼행시가 아니라 이행시가 된다. 사자성어라는 개념도 이런 맥락으로 이해하면 된다.

테마별로 엮어 알아보는 성어

　성어(成語)는 여러 가지 의미를 가지고 있고, 그 만들어진 배경도 매우 다양하다. 어떤 특정한 사건이나 일화(逸話 : 세상에 알려지지 않은 흥미로운 이야기. 에피소드)로부터 만들어진 것, 책의 한 구절에서 만들어진 것, 우화(寓話)에서 연유한 것 등. 대부분의 고사성어를 다룬 책들은 가나다순의 사전 배열을 따른다. 하지만 여기에서는 이런 성어들을 테마별·주제별로 묶어 생각해 보고자 한다. 하나의 고사성어를 떠올리면서 자연스레 다른 서너 개의 연관되는 성어를 알게 하고자 하는 것이다. 하나의 성어를 익히는 데에만 연연하지 말고, 각 성어들을 연관지어서 알아보도록 하자.

　이 편의 구성은 다음과 같다.

　첫째, 먼저 성어를 구성하고 있는 한자의 음(音)과 훈(訓 : 뜻)을 알아보도록 한다. 그리고 한자의 뜻을 살려 직역(直譯 : 한자의 뜻을 살려 그대로 번역)을 익혀본다. 하지만 유념할 것은 성어는 한자 본래의 뜻이 의미하는 것으로 쓰이기보다는 옛 이야기가 있는 성어의 경우 관용어구화(慣用語句化)되어 특정한 다른 뜻을 나타내게 된다는 것이다. 그래서 직역을 익히고 난 뒤에 알아야 하는 것이 의역(意譯)이다. 이른바 속뜻이라고 할 수 있다. 이 의역이 바로 우리가 일상생활에서 쓰는 뜻이라고 생각하면 된다.

　예를 들어 삼고초려(三 석 삼 顧 돌아볼 고 草 풀 초 廬 초가집 려)를 직역하면 '▷ 세 번 초가집을 찾아보다' 가 된다. 하지만 의역을 해보면 '▶ 인재를 얻기 위해 온갖 수고로움을 감수함' 이라는 뜻으로 쓰이게 된다. 따라서 성어의 의미를 직역과 의역으로 나누어 아는 것은 중요한 의미가 있다.

둘째, 옛 이야기[故事]가 있는 성어는 원문(原文)을 중심으로 그 내용을 풀어 봤다. 고사성어를 단순하게 그 뜻만 알고 있는 것은 큰 의미가 없다. 자칫 잘못하면 그릇된 지식을 가질 수도 있다. 유래되는 이야기를 출전에 따라 충실하게 아는 것은 이런 우려를 없애는 방책이 될 것이다.

원문에는 현토(懸吐)를 하여 익히기 쉽도록 하였다.

셋째, 한자 학습을 위해 끝말잇기와 한자어 만들기 학습란을 만들어 봤다. 고사성어를 통해 익힌 한자를 활용하여 언어생활에 많이 쓰이는 한자어들을 알아보도록 하자.

넷째, 주제별로 묶을 수 있으나 고사(故事)가 없는 성어들을 정리해 보았다. 아울러 언어생활에서 쓰일 수 있는 예들을 만들어 보았다. 상황에 따라 성어를 적절하고 알맞게 활용하기 위해서이다.

다섯째, 고사를 설명함에 있어 압축되는 내용이나 문구를 그림이나 사진을 활용하여 상징화해보았다. 한 장의 그림이나 사진을 통해 쉽게 연상할 수 있도록 하고자 함이다. 때로는 신문의 시사만평을 응용하기도 했다.

진정한 친구(親舊)간의 사귐

親舊 오랫동안[舊] 가까이[親] 사귄 벗.
親 친할 친 舊 오랠, 예 구

한국영화 사상 최고의 히트를 기록한 영화 《친구》. 가족이나 형제만큼 혹은 그 이상의 의미가 있는 친구. 옛 사람들의 고사에서 친구간의 우정에 대한 진정한 의미를 찾아보고자 한다. 현대를 살아가는 우리들이 느끼는 우정. 그리고 옛 사람들이 가꾸어 나갔던 우정. 그 둘 사이에는 어떤 차이가 있고, 어떤 상관관계가 있을까? 우리에게도 친구가 많은 의미가 있고, 그 이야기가 영화로 만들어지곤 하듯이 친구간의 사귐은 많은 고사성어를 탄생시켰다.

친구라는 한자어가 나타내는 뜻이 '오래도록 가까이 한 벗'으로 풀이되지만, 고사성어에서 나타난 친구의 의미는 '오래도록 가까이 할 만한 사람'임을 알 수 있다. 반면식(半面識)도 없었지만 금세 마음이 서로 통했던 백아(伯牙)와 종자기(鐘子期), 나이를 떠나 목숨을 내건 사귐을 이루어 낸 염파(廉頗) 장군과 재상 인상여(藺相如) …. 이들의 사귐에 우리의 모습을 비추어 보게 된다.

肝膽相照 肝 간 **간** 膽 쓸개 **담** 相 서로 **상** 照 비출 **조**

직역 : 간(肝)과 쓸개[膽]를 서로[相] 환하게[照] 드러내고 친하게 지냄
의역 : 마음을 툭 터놓고 격의 없이 사귀며 친하게 지냄

중국 당나라 시대 때 유종원과 유몽득은 깊은 우정을 나누었다. 유종원은 개혁 정치를 펴나가다 환관과 보수세력에 밀려 유주자사(柳州刺史)로 좌천되었다. 그때 마침 유몽득도 파주자사(播州刺史)로 좌천되었다. 이 소식을 들은 유종원은 울먹이면서 이렇게 말했다.

"파주는 심히 멀고 척박한 땅으로 몽득 같은 사람이 살 만한 곳이 못 된다. 또 몽득은 양친이 생존해 계시는데 어떻게 그 먼 곳까지 갈런지? 늙으신 부모와 함께 부임할 수도 없을 테고 이런 때 내가 한번 몽득 대신 파주로 갈 것을 지원해야겠구나. 어떠한 중벌이 내려지더라도 좋다. 몽득을 위해서라면…."

이 정도로 유종원은 유몽득을 아끼고 배려했다. 유종원이 죽자, 동 시대의 인물이며 당송팔대가(唐宋八大家)의 한 사람인 한유는 그를 위해 쓴 〈유자후묘지명(柳子厚墓誌銘)〉에서 유몽득을 배려한 유종원의 진정한 우정을 찬양하고 이어 세속의 사귐을 비난하며 다음과 같이 말했다.

"아! 선비는 어려움에 처해야 참다운 절의(節義)가 나타나는 법이다. 평상시 평온하게 살아갈 때는 서로 그리워하고 기뻐하며, 술자리와 놀이판을 만들어 부르곤 한다. 또 호언을 하고 지나치게 우스갯소리도 하고 서로 양보를 하고, 손을 맞잡고 폐와 간을 꺼내 서로 보여주며(握手出肺肝相示→肝膽相照), 해를 가리켜 눈물짓고 죽든 살든 서로 배반치 말자 맹세

하니 참으로 그럴 듯 하다. 일단 겨우 털끝만큼의 작은 이해관계라도 닥치면 눈을 뒤집어 서로 모르는 척 한다. 함정에 빠져도 손을 내밀어 구해주기는커녕 도리어 밀어내고, 또 돌까지 던지는 사람들이 모두 이들이다. 이는 마땅히 짐승과 오랑캐의 무리도 차마 하지 못하는 것이나 사람들은 이득이 된다고 여긴다. 자후(子厚 : 유종원)의 풍문을 들으니 또한 부끄럽도다!"

嗚呼라! 士窮乃見節義라. 今夫平居里巷엔 相慕悅하며 酒食遊戲相徵逐하고 詡詡强笑言하야 以相取下하며 握手出肺肝相示하고 指天日涕泣하야 誓生死不相背負하야 眞若可信이라. 一旦臨小利害면 僅如毛髮比라도 反眼若不相識하고 落陷穽不一引手救하며 反擠之오. 又下石焉者 皆是也라. 此宜禽獸夷狄所不忍焉 而其人自視以爲得計라. 聞子厚之風하니 亦可以少愧矣라!

- 〈유자후묘지명(柳子厚墓誌銘)〉

*徵 부를 징, 逐 쫓을 축, 詡 자랑할 후, 肺 허파 폐, 僅 겨우 근, 穽 함정 정, 擠 밀 제, 愧 부끄러워할 괴

　한유의 글에서 유래한 간담상조(肝膽相照)는 '간과 쓸개를 서로 비추어 보일 만큼 상대방의 가슴속 깊이까지 이해하는 사귐'을 의미한다. 아울러 작은 이익에 결코 흔들리지 않는 친구간의 우정을 강조하고 있다.

　[보기]에서 ( ) 안에 들어갈 적당한 한자를 찾아보자.

　肝膽相照 → 照(①) → (①)暗 → 暗室 → 室內 → 內(②) → (②)國 → 國(③) → (③)業 → 業務 → 務實力行 → 行(④) → (④)作 → 作(⑤) → (⑤)功

[보기] 名 이름 명, 明 밝을 명, 外 바깥 외, 畏 두려워 할 외, 歌 노래 가, 家 집 가, 東 동녘 동, 動 움직일 동, 成 이룰 성, 盛 담을 성

管鮑之交 管 대통 관 鮑 절인고기 포 之 ~의 지 交 사귈 교

직역 : 관중[管]과 포숙아[鮑]의[之] 사귐[交]
의역 : 서로에 대한 믿음과 의리가 두터운 사귐

중국의 혼란기인 춘추시대 제나라의 관중과 포숙아는 오랜 친구 사이였다. 어려서부터 둘은 항상 서로의 마음을 알아주고, 이해해주는 그런 친구 사이였다. 그런데 관중은 제나라 양공(襄公)의 아들 공자(公子 : 왕자를 뜻함) 규(糾)의 부하로, 포숙아는 규의 이복동생인 소백(小白)의 측근으로 들어갔다. 그때 양공이 공손무지(公孫無知)에게 시해당했다. 그래서 두 사람은 각각 모시는 공자들을 따라 이웃 노나라와 거나라로 망명했다.

▲ 관중과 포숙아의 절친한 사귐

이듬해 공손무지가 살해되자 규와 소백은 제후의 자리를 차지하기 위해 귀국을 서둘렀고 관중과 포숙아도 서로 정적(政敵)의 입장에 섰다. 규는 군사를 보내어 길을 막고 소백을 죽이려 했으나, 도리어 소백이 이를 알고 우회하여 먼저 귀국해서 제후가 되니 바로 제나라의 환공(桓公)이다.

환공은 규를 죽이고, 노나라에 관중의 압송을 요구했다. 제나라로 압송되어 온 관중은 당연히 죽임을 당할 것이라고 예상했으나, 포숙아가 관중의 인물됨을 들어 환공에게 천거하니, 환공은 포숙아의 건의를 받아들여 관중을 재상의 자리에 임명했다. 이윽고 제나라의 재상이 된 관중은 정치가로서의 능력을 발휘하여 제나라를 부강하게 만들었고, 환공은 천자의 권력에 버금가는 춘추오패(春秋五霸)의 첫 번째 주자가 되었다.

사마천(司馬遷)은 『사기』에서 〈백이열전(伯夷列傳)〉 다음으로 이들의 우정에 대해 이야기하고 있다. 사마천에게도 우정이란 인간사에서 중요한 의미를 가지는 것이었으리라. 관중은 포숙아와의 우정을 이렇게 회고했다.

관중이 말하기를 "내가 젊어 곤란했을 때 포숙과 함께 장사를 했는데, 이익금을 나눔에 내가 많이 가졌는데도 포숙이 나를 욕심쟁이라고 말하지 않았으니, 내가 가난하다는 것을 알아주었기 때문이다. 또 내가 포숙을 위하여 일을 꾀했으나, 도리어 궁지에 빠뜨렸는데도, 그는 나를 어리석다고 여기지 않은 것은 일에는 다 때가 있음을 알아주었기 때문이다. 나는 벼슬에 세 번 나가서 세 번 모두 임금에게 내침을 당했으나, 포숙이 나를 못났다고 여기지 않은 것은 내가 때를 만나지 못했음을 알아주었기 때문이다. 나는 전쟁에 세 번 나갔다가 세 번 모두 도망했으나, 포숙이 나를 겁쟁이라 여기지 않은 것은 내게 늙으신 어머니가 계시다는 것을 알아주었기 때문이다. 공자 규가 패배를 하고 소홀(召忽)은 죽었으되, 나는 감옥에 갇혀 욕을 본 것을 두고 포숙이 나를 부끄러움을 모른다고 여기지 않은 것은 내가 작은 절개는 부끄러이 여기지 않고, 공명을 천하에 떨치지 못함을 부끄러이 여긴다는 것을 알아주었기 때문이다. 나를 낳아주신 분은 부모님이요, 나를 알아준 이는 포숙아이다. [生我者 父母 知我者 鮑叔也]"

管仲曰 "吾始困時에 嘗與鮑叔으로 賈할 새 分財利에 多自與로되 鮑叔不以我爲貪은 知我貧也오. 吾嘗爲鮑叔謀事 而更窮困호되 鮑叔不以我爲愚는 知時有利不利也오. 吾嘗三仕에 三見逐於君하되 鮑叔不以我爲不肖는 知我不遭時也오. 吾嘗三戰三走호되 鮑叔不以我爲怯은 知我有老母也오. 公子糾敗에 召忽은 死之하고 吾幽囚受辱하되 鮑叔不以我爲無恥는 知我不羞小節 而恥功名不顯于天下也라. 生我者는 父母요. 知我者는 鮑叔也라."

- 『사기(史記)』〈관안열전(管晏列傳)〉

*嘗 일찍이상, 賈 장사고, 與 줄 여, 更 도리어 갱, 遭 만날 조, 怯 겁낼 겁, 顯 드러날 현

후대의 사람들은 흔히 관중의 빼어남을 칭송하면서도 그를 끝까지 이해하고 우정을 보여준 포숙

아의 인간됨에 대해서 더욱 칭송했다. 나를 진정으로 알아주는 친구, 자신보다 높은 자리에 친구를 추천하는 진정한 우정을 보인 관중과 포숙아. 요즘에는 보기 드문 그들의 두터운 우정을 기려 **관포지교(管鮑之交)**라고 한다.

꼬리를 무는 漢字

[보기]에서 ( ) 안에 들어갈 적당한 한자를 찾아보자.

管鮑之交 → 交分 → 分(①) → (①)給 → 給水 → 水質 → 質(②) → (②)論 → 論(③) → (③)學 → 學(④) → (④)長 → 長(⑤) → (⑤)命 → 命令

> [보기] 配 나눌 배, 背 등질 배, 義 의로울 의, 議 의논할 의, 文 글월 문, 問 물을 문, 校 학교 교, 教 가르칠 교, 數 셀 수, 壽 목숨 수

♣ 漢字 풀이 交 사귈 교, 分 나눌 분, 給 댈 급, 質 바탕·물을 질, 論 논할 논, 學 배울 학, 長 어른·긴 장, 命 목숨 명, 令 영 령

➡ 정답 : ① 配   ② 議   ③ 文   ④ 校   ⑤ 壽

金蘭之交 金 쇠 **금** 蘭 난초 **란** 之 ~한 **지** 交 사귈 **교**

직역 : 쇠[金]와 난초[蘭]와 같은[之] 사귐[交]
의역 : 쇠처럼 단단하고 난초처럼 향기 그윽한 사귐

『주역(周易)』〈계사전상(繫辭傳上)〉에 이런 말이 있다.

군자의 도는 나아가 벼슬하기도 하고 물러나 집에 머물기도 한다. 또 침묵할 때도 있고, 말할 때도 있다. 두 사람이 마음을 같이함에 그 날카로움이 쇠를 자를 수 있고, 마음을 함께 하

여 하는 말은 그 향기가 난초와 같다.

子曰 "君子之道는 或出或處하고 或默或語라. 二人同心은 其利斷金이오. 同心之言은 其臭如蘭이라."

　　　　　　　　　　　　　　　　　　- 『주역(周易)』〈계사전상(繫辭傳上)〉

*或 혹혹, 默 말없을 묵, 斷 끊을 단, 臭 냄새 취

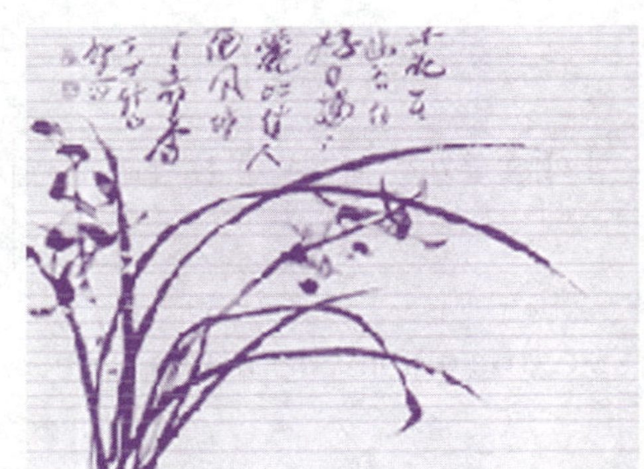

▲ 쇠같이 단단하고 난초같이 꽃다운 사귐

여기서 유래한 말이 단금지교(斷金之交)이다. 단금(斷金)이란 쇠를 자를 만큼 재질이 단단하다는 말이니, 단금지교란 쇠를 자를 단단한 사귐이란 말이다. 또한 금(金)자와 란(蘭)자를 취하여 만든 말이 금란지교(金蘭之交)이다. 금(金)은 친구간의 사귐이 두터워 그 견고함이 마치 쇠와 같이 단단하다는 뜻이요, 란(蘭)은 친구간의 사귐이 매우 고상하여 그 향기가 마치 난초와 같다는 말이다. 동양사회에서는 친구간의 우정을 중시하여 우정과 관련한 여러 개의 고사성어가 생겼는데, 대개 쇠나 돌을 들어 단단한 우정을 비유했고, 난초 등을 들어 고상한 사귐을 비유했다. 믿음[信]을 바탕으로 하여 잡스럽지 않고 변치 않는 사귐을 가장 이상적인 사귐으로 여겼던 것이다.

刎頸之交　刎 목 벨 문　頸 목 경　之 ~하는 지　交 사귈 교

직역 : 목[頸]을 베어도[刎] 변치 않을 굳은[之] 사귐[交]
의역 : 생사를 같이 하여 목이 달아나도 변치 않을 깊은 우정

친구를 위해서는 목숨을 내건다는 말을 하곤 한다. 여기에 소개하는 인상여와 염파 장군의 이야기

에서 나온 문경지교(刎頸之交)라는 고사성어가 바로 이러한 친구간의 목숨을 내건 사귐을 나타내는 말로 쓰이게 된다.

중국 전국시대에 조나라의 인상여는 여러 차례 진나라의 음모를 깨뜨려서 그 공이 컸으므로 상경(上卿)의 벼슬을 제수 받아 지위가 염파 장군보다 더 높아졌다. 그러자 염파 장군이 말했다.

"내가 인상여를 만나면 반드시 욕을 보이리라."

인상여는 이 말을 듣고 염파와 만나지 않으려고 했다. 얼마 후 인상여는 외출했다가 멀리 염파 장군을 발견하고는 얼른 수레를 몰아서 골목으로 숨었다. 이에 인상여의 휘하에 있던 문객(門客)이 부끄러워하여 떠나가려고 했다. 이에 인상여가 만류하면서 말했다. "그대들이 볼 때 염파 장군과 진왕(秦王) 중 어느 쪽이 더 무서운가?" 문객들이 답했다. "염 장군은 진왕만 못 합니다." 인상여가 말했다. "진왕의 위세에도 불구하고 나는 진나라의 궁정에서 진왕을 꾸짖었네. 내가 비록 둔하다 하더라도 한갓 염파 장군을 두려워하겠는가? 강대한 진나라가 감히 우리 조나라를 침범하지 못하는 이유는 오직 우리 두 사람이 있기 때문이네. 지금 두 호랑이가 서로 싸운다면 결국은 둘 다 살지 못할 것이네. 내가 염파를 피하는 까닭은 국가의 위급을 먼저하고 사사로운 원한을 뒤로 해서라네."

염파가 이 말을 듣고는 윗통을 벗고 등에 가시나무 회초리를 지고서(육단부형 肉袒負荊) 인상여의 집 문 앞에 이르러 사죄하여 말했다. "못난 저는 장군의 관대함이 이 정도인 줄을 몰랐습니다."

마침내 두 사람은 서로 좋아해서, 목이 잘려도 후회하지 않는 교분(刎頸之交)을 맺었다고 한다.

藺相如功大하야 拜爲上卿하니 位在廉頗之右라. 廉頗曰 "我爲趙將 有攻城野戰之大功이나 而藺相如徒以口舌爲勞하야 而爲居我上이오. 且相如素賤人이니 吾羞不忍爲之下라." 宣言曰 "我見相如면 必辱之리라." 相如聞하고 不肯與會라. 相如每朝時에 常稱病하고 不欲與廉頗로 爭列하니라. 已而에 相如出望見廉頗하고 相如引車避匿이어늘 於是에 舍人相如諫曰 "臣所以去親戚

而事君者는 徒慕君之高義也라. 今君與廉頗로 同列이어늘 廉君宣惡言而君畏匿之하고 恐懼殊
甚하니 且庸人尚羞之어늘 況於將相乎리오. 臣等不肖請辭去라." 藺相如固止之曰 "公之視廉將
軍孰與秦王고?" 曰 "不若也라." 相如曰 "夫以秦王之威 而相如廷叱之하고 辱其群臣이어늘 相如
雖駑라도 獨畏廉將軍哉리오? 顧吾念之하라. 彊秦之所以不敢加兵於趙者는 徒以吾兩人在也라.
今兩虎共鬪면 其勢不俱生이니, 吾所以爲此者는 以先國家之急而後私讐也라." 廉頗聞之하고 肉
袒負荊하야 因賓客至藺相如門 謝罪曰 "鄙賤之人이 不知將軍寬之至此也라." 卒相如驩하야 爲
刎頸之交러라.

-『사기(史記)』〈염파인상여열전(廉頗藺相如列傳)〉

*藺 성 린, 卿 벼슬 경, 避 피할 피, 匿 숨을 닉, 宣 베풀 선, 肖 닮을 초, 顧 돌아볼 고, 彊 굳셀 강, 徒 다만 도, 讐 원수 수,
袒 옷 벗어 멜 단, 荊 가시나무 형, 寬 너그러울 관, 驩 기뻐할 환

竹馬故友　竹 대나무 죽 馬 말 마 故 옛 고 友 벗 우

> 직역 : 대나무[竹]로 만든 말[馬]을 타던 오래된[故] 친구[友]
> 의역 : 어렸을 때부터 사귄 오래된 친구

▲ 대나무 말을 타던 시절의 오랜 친구 사이

진(晉)나라 사람 은호(殷浩)는 학식과 도량이 넓어 젊어서
부터 명망이 높았다. 12대 황제인 간문제(簡文帝)는 촉(蜀) 땅
을 평정하고 돌아온 환온(桓溫)의 세력이 날로 커지자 환온
을 견제하기 위해 은호를 건무장군(建武將軍) 양주자사(揚州
刺史)로 발탁했다. 은호와 환온은 어릴 때의 친구로서 둘 다
학식과 재능이 뛰어난 인재였다. 그러나 은호가 벼슬길에 나
아가던 그 날부터 두 사람은 서로 정치적인 적수가 되어 반
목하게 되었다. 왕희지(王羲之)가 중간에서 둘을 화해시키려
고 했으나 은호가 응하지 않았다.

그 무렵 5호 16국 중 하나인 후조(後趙)의 왕 석계룡(石季龍)이 죽고 호족(胡族) 사이에 내분이 일어났다. 간문제는 이 기회에 중원 땅을 회복하고자 은호를 중원장군에 임명했다. 그러나 은호가 도중에 말에서 떨어지는 바람에 제대로 싸워 보지도 못하고 무참히 패하였다. 환온이 이를 구실로 은호를 비방하는 상소를 올리니, 은호는 서인으로 강등되어 변방으로 쫓겨났다.

은호는 젊어서 환온과 더불어 이름을 나란히 하였는데, 매번 마음속으로 경쟁을 하고 있었다. 환온이 은호에게 물었다. "자네는 나를 어떻게 생각하는가?" 은호가 말하였다. "내가 자네와 함께 지낸 것이 오래되었는데, 어찌 내가 다른 수작을 하겠는가?" 환온이 자기 스스로 높은 지위에 올랐다고 자부하면서 매번 은호를 가벼이 여겼으나, 은호는 환온을 꺼려하지 않았다. 이즈음 환온이 사람들에게 말하기를 "어릴 때 내가 은호와 더불어 대나무 말[竹馬]을 탔는데 내가 버리고 가면 은호가 번번이 그것을 가지곤 했었지. 그러므로 은호는 마땅히 내 아래에 있어야 한다."

原　文

殷浩少與桓溫으로 齊名 而每心競이라. 溫嘗問浩 "君何如我오?" 浩曰 "我與君周旋久니 寧作我也리오?" 溫旣以雄豪自許하야 每輕浩나 浩不之憚也라. 至是에 溫語人曰 "少時에 吾與浩로 共騎竹馬에 我棄去면 浩輒取之라. 故로 當出我下也라."

- 『진서(晋書)』〈은호전(殷浩傳)〉

*殷 나라 은, 旋 돌 선, 寧 차라리 녕, 憚 꺼릴 탄, 騎 말탈 기, 棄 버릴 기, 輒 문득 첩

시간이 흐르자 환온은 마음이 변하여 은호에게 벼슬자리를 주고자 편지를 보냈다. 은호는 편지를 받고 승낙한다는 답장을 써서 부치기로 하고 혹시 잘못된 내용은 없는지 열두 번도 더 꺼내어 확인했다. 그러다가 그만 실수로 빈 봉투만 보내고 말았다. 이에 몹시 화가 난 환온은 끝내 죽마고우간의 우정을 저버렸고 은호도 유배지에서 죽고 말았다.

우리가 흔히 오랜 친구간의 우정을 지칭해 많이 쓰는 죽마고우는 이처럼 별로 아름답지 못한 고사에서 유래하였다.

'竹·馬·故·友' 각각의 한자로 시작하는 한자어들

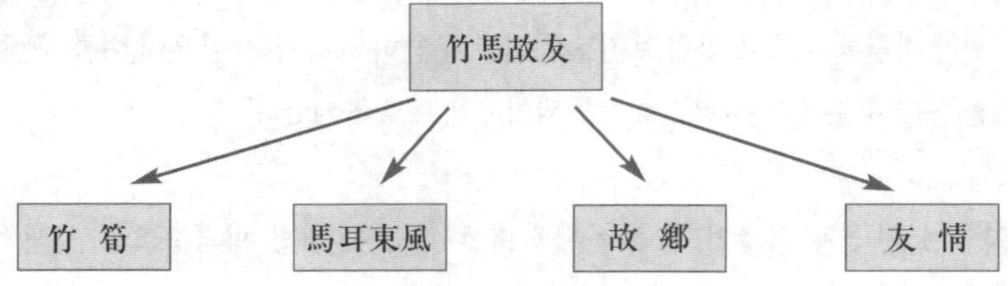

· 竹筍 : 대나무[竹 대나무 죽]의 어리고 여린 싹[筍 댓순 순]

· 馬耳東風 : 말[馬 말 마] 귀[耳 귀 이]에 스치는 봄바람[東 동녘 동 風 바람 풍].
　　　　　　남의 말을 귀담아 듣지 않음.

· 故鄕 : 오래[故 옛 고] 살아온 마을[鄕 고을 향]. 자기가 나서 자란 곳.

· 友情 : 친구[友 벗 우]간의 정[情 정 정]

知音　知 알 지　音 소리 음

직역 : 소리[音]를 알아줌[知]

의역 : 자기를 알아주는 절친한 친구. 지기지우(知己之友)

伯牙絶絃　伯 맏 백　牙 어금니 아　絶 끊을 절　絃 줄 현

직역 : 백아(伯牙)가 거문고의 줄[絃]을 끊음[絶]

의역 : 절친한 벗의 죽음을 슬퍼함

진정한 친구는 서로 마음을 이해해주는 사이라고 할 수 있다. 여기 소개하는 백아(伯牙)와 종자기

(鐘子期)가 그러했다. 서로 알지 못하는 사이임에도 불구하고, 말로 표현하지 않아도 속내를 이해해 주었다.

백아는 거문고를 잘 타던 초나라 사람으로 진나라에 가서 상대부(上大夫)가 되었다.

백아가 왕명을 받들어 초나라에 갔을 때 종자기와 우연히 만나게 되는데, 다음은 백아와 종자기가 서로 마음을 이해하는 과정의 이야기이다.

백아는 거문고를 잘 연주하고, 종자기는 잘 들어주었다. 백아가 거문고를 탈 때 높은 산을 오르는 뜻을 가지고 있었다. 그러자 종자기가 말하기를,

"좋고도, 좋도다! 산이 높고도 험함이여! 태산과 같도다."

흐르는 물에 뜻을 두면 종자기가 말하기를,

"좋도다! 넓고 넓음이여! 양자강과 황하와도 같구나."라고 하였다. 백아가 생각하는 것을 종자기는 반드시 알아들었다.

백아가 태산의 북쪽으로 놀러갔을 때 갑자기 폭우를 만나서 바위 아래에 멈추어 섰는데, 마음이 구슬퍼져서 이에 거문고를 가져다가 연주를 하였다. 처음에는 장마비가 닥쳐오는 것을 연주하고, 다시 산이 무너지는 소리를 연주했는데, 곡조가 연주되면 종자기는 바로 그 뜻을 완전히 알아차렸다. 백아가 이에 거문고를 곁에 두고서는 탄식하였다.

"좋고도 좋도다! 그대가 내 뜻을 알아차려 듣는 것이 내 마음을 들여다보는 것 같으니, 내가 어디에 소리를 숨길 수 있겠는가?"

原　文

伯牙는 善鼓琴하고 鍾子期는 善聽이라. 伯牙鼓琴에 志在登高山이면 鍾子期曰 "善哉라. 峨峨兮여! 若泰山이로다." 志在流水면 鍾子期曰 "善哉라. 洋洋兮여! 若江河로다!" 伯牙所念을 鍾子期必得之라. 伯牙遊於泰山之陰할 새 卒逢暴雨하야 止於岩下한대 心悲하야 乃援琴而鼓之라. 初爲霖雨之操하고 更造崩山之音한대 曲每奏에 鍾子期輒窮其趣라. 伯牙乃舍琴而歎曰 "善哉 善哉라! 子之聽夫志 想象猶吾心也하니, 吾於何逃聲哉리오?"

－『열자(列子)』〈탕문편(湯問篇)〉

*善 잘할 선, 鼓 칠 고, 峨 높을 아, 逢 만날 봉, 霖 장마 림, 操 닥쳐올 조, 崩 무너질 붕, 逃 숨길 도

왕명을 완수한 백아는 다시 찾아와 반드시 종자기를 만날 것을 약속하고 진나라로 돌아갔다. 이듬해 백아가 종자기를 다시 찾았을 때에는 종자기는 이미 세상을 떠난 뒤였다. 백아는 너무도 슬픈 나머지 종자기의 무덤 앞에서 마지막으로 한 곡을 연주한 뒤에 거문고 줄을 끊어 버리고**(백아절현 伯牙絶絃)** 다시는 거문고를 타지 않았다고 한다. 이제 거문고 소리를 듣고서 자신의 마음을 진실로 이해해 줄 만한 친구가 없었기 때문이었다.

이로부터 '자기의 속마음을 알아주는 지기지우(知己之友 : 자기를 알아주는 벗)' 를 **'지음(知音)'** 이라 하고, '친구의 죽음을 슬퍼한다' 는 뜻으로 백아절현(伯牙絶絃)이라 하였다.

흔히들 백아절현을 지음과 같은 의미로 쓰지만, 엄밀히 이야기하면 차이가 있다.

漢字活用　'소리 음(音)' 이 활용되는 여러 한자어의 예

· 음계(音階) : 일정한 음정(音程)의 순서로 배열한 음[音 소리 음]의 연쇄로서 선율 · 화성의 기초가 되는 계단[階 충계 계].

· 음독(音讀) : 한문을 소리[音 소리 음]로 읽음[讀 읽을 독].

· 음률(音律) : 소리[音 소리 음]와 음악의 가락[律 가락 률]. 음악에서 사용되는 음높이의 상대적인 관계를 진동수의 비(比)로써 규정한 것.

· 음운(音韻) : 소리[音 소리 음]와 운(韻 운 운). 말을 이루는 하나하나의 소리.

· 음절(音節) : 소리[音 소리 음]가 꺾이는 마디[節 마디 절]. 음의 한 마디.

· 음훈(音訓) : 글자의 음[音 소리 음]과 새김[訓 새김 훈].

· 관세음(觀世音) : 관세음보살(觀世音菩薩). 자비의 화신(化神)이 보살.

· 녹음(錄音) : 소리[音 소리 음]를 베껴[錄 베낄 록] 둠.

· 소음(騷音) : 떠들썩한[騷 떠들 소] 소리[音 소리 음].

· 화음(和音) : 높이가 다른 둘 이상의 음이 함께 울릴 때 어울리는[和 화할 화] 소리[音 소리 음].

水魚之交　水 물 수 魚 물고기 어 之 ~의 지 交 사귈 교

직역 : 물[水]과 물고기[魚]의[之] 만남[交]
의역 : 임금과 신하 사이의 친밀한 관계

　흔히 수어지교(水魚之交)를 뗄래야 뗄 수 없는 아주 친밀한 친구 사이를 나타내는 성어로 사용 한다. 하지만 바른 성어의 사용이 아니다. 그 이유를 알아보자.

　삼국지에서 삼국(三國)은 위(魏)·촉(蜀)·오(吳)를 가리킨다. 강동(江東, 吳)에는 손권이, 강북(江北, 魏)에는 조조가 이미 상당한 세력을 펴고 있었으나, 촉의 유비는 아직 기반을 굳히지 못하고 있었다.

　유비에게는 관우, 장비, 조운 같은 용맹스런 장수가 있긴 했지만 지모지사(智謀之士 : 지략이 있는 참모)가 없었기 때문이다. 이때, 유비가 지모(智謀)의 최적임자로 꼽은 사람이 바로 서서(徐庶)가 물러나며 추천한 제갈공명이었다. 그래서 삼고초려(三顧草廬 ▷ 세 번 초가집을 찾아감. ▶ 인재 얻기의 어려움을 뜻함)를 해가며 겨우 공명을 만나게 된 유비는 자신을 도와 줄 것을 간절하게 부탁했다.

　"이미 한(漢)나라 왕실은 기울어지고 간사한 무리가 천하를 어지럽히고 있습니다. 천하에 큰 뜻을 펴려 하나 내 지력이 부족하여 뜻을 이루지 못하고 오늘에까지 이르렀습니다. 아무쪼록 힘이 되어 주시기 바랍니다."

　공명은 처음에는 거절하다가 유비의 성의에 감격하여 유비와 힘을 합하기로 하였다.

　"형주(荊州)와 익주(益州)의 요새지를 근거지로 삼고, 서쪽과 남쪽의 오랑캐를 달래어서 뒤탈을 없애고, 안으로는 선정(善政)을 베풀어 부국강병을 도모하며, 밖으로는 손권과 제휴하여 조조를 고립시킨 후에 기회를 잡아 조조를 치는 것이 제가 생각하는 계책입니다.[天下三分之計]" 이것은 공명이 제시한 계책이었다.

　유비는 공명을 사부(師傅)로 삼고 기거를 같이하였으며 공명도 군주인 유비에게 충성을 다하였다.

　현덕이 공명을 얻고부터 사부의 예로서 그를 대접하니, 관우와 장비 두 사람이 좋아하지 않으며 말했다.

"공명은 나이도 어리고 뛰어난 재주와 학식을 지녔다고는 하나 형님께서 대하시는 게 너무 지나치십니다. 더군다나 그의 진짜 실력을 보지도 못했는데 말입니다."

현덕이 동생들의 말에 답하였다.

"내가 공명을 얻은 것은 물고기가 물을 만난 것과 같으니, 두 동생은 다시 거론치 말라."

관우와 장비가 타이름을 듣고서는 대꾸도 못한 채 물러났다.

玄德自得孔明으로 以師禮待之하니, 關張二人不悅曰 "孔明年幼하고 有甚才學이나 兄長待之太過오. 又未見他眞實效驗이라." 玄德曰 "吾得孔明은 猶魚之得水也니 兩弟勿復多言하라." 하니, 關張見說하고 不言而退라.

- 『삼국지연의(三國志演義)』

*待 대접할 대, 幼 어릴 유, 過 지나칠 과, 效 본받을 효, 猶 같을 유

이처럼 수어지교는 유비가 공명과 자신의 사이를 물과 물고기에 비유한 데서 유래한 것으로, 이로 인해 뗄래야 뗄 수 없는 군주와 신하의 관계를 일컫게 되었다.

그림과 가장 잘 어울리는 성어를 연결해 보자

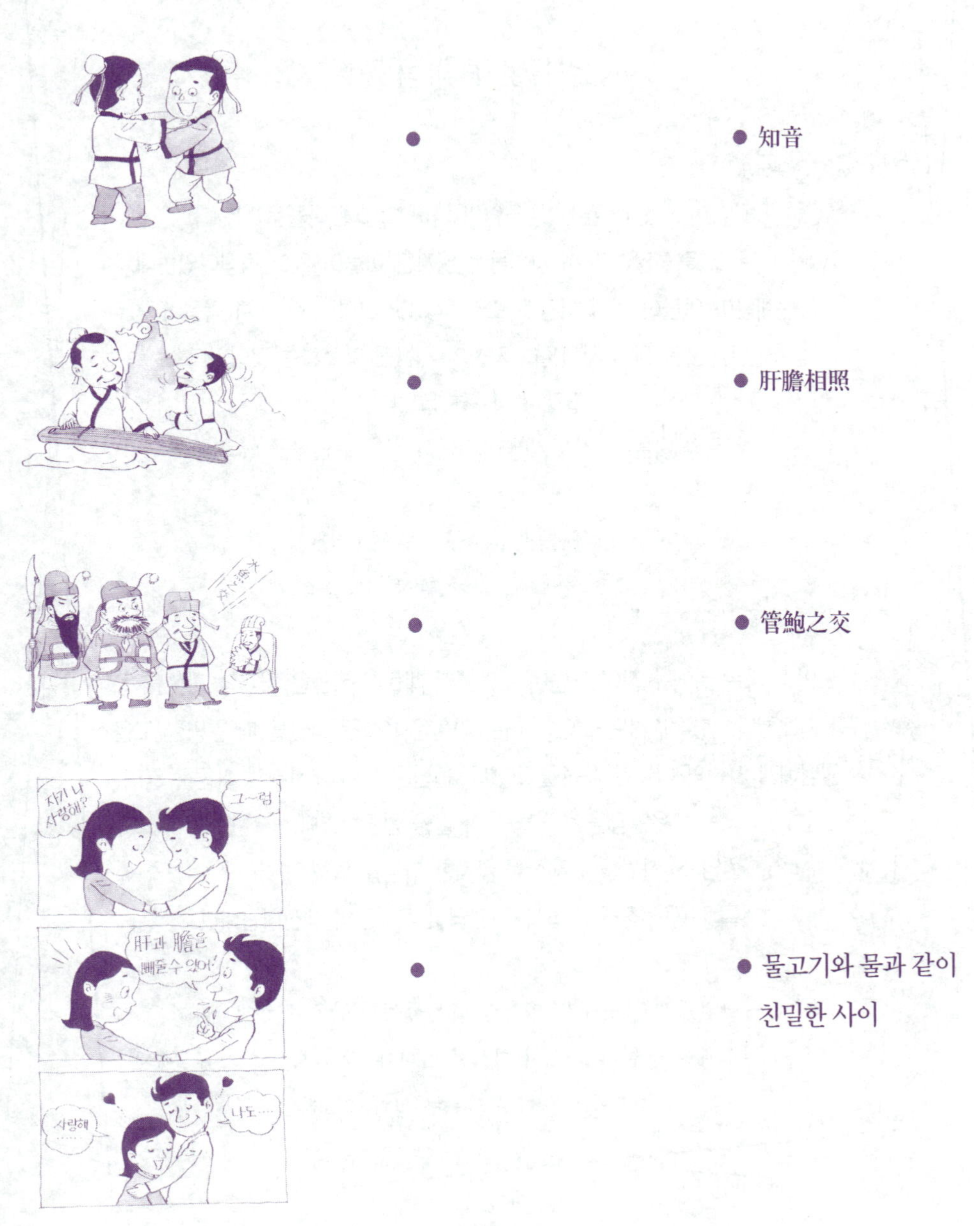

七十生子非吾子

옛날 어느 곳에 돈 많은 노인이 나이 칠십에 아들을 낳았다.
이 노인은 딸들을 많이 두어 사위들은 많지만 아들이 없어 걱정이었는데,
늦게나마 아들이 생겨 여간 기쁘지 않았다. 그러나 한 가지 걱정이
자신이 죽은 뒤에 사위들이 자신의 재산을 가로채는 것이었다.
그래서 하루는 노인이
사위와 아들이 보는 앞에서 다음과 같은 유언장을 썼다.

七十生子非吾子家産傳之婿他人勿犯

* 傳 전할 전, 婿 사위 서, 勿 말 물, 犯 범할 범

노인이 죽은 뒤에 생전에 노인이 우려했던 대로 사위들은 처가의 재산을 몽땅 가로챘다. 억울해 하던 노인의 어린 아들은 10살쯤 되었을 때 현명한 고을 원님에게 자신의 억울한 사정을 고했다. 원님은 노인의 사위와 아들을 불러 유언장을 증거물로 이 일을 심판하였다.
원님 : "사위들이 재산을 차지한 까닭을 말해 보거라."
사위들 : "유언장을 보십시오. 분명히 저희들의 재산이옵니다."

七十生子면 非吾子라. 家産을 傳之婿하니 他人은 勿犯하라.
나이 칠십에 아들을 낳으니 내 자식이 아니다. 집안 재산을 사위들에게
전해주노니 다른 사람은 범하지 말라.

그러자 총기가 있는 노인의 아들이 이의를 제기하며 달리 해석을 했다.

七十에 生子라도 非吾子리오? 家産을 傳之하노니 婿는 他人이라. 勿犯하라.
나이 칠십에 아들을 낳았더라도 내 자식이 아니겠는가? 집안 재산을
아들에게 전해주노니, 사위는 다른 사람이라. 범하지 말지니라.

양쪽의 해석을 들은 원님은 나이 어린 노인의 아들이 맞게 해석했다고
판결하고 사위들이 빼앗아간 재산을 환수하여 아들에게 돌려주었다고 한다.

한문으로 된 문장을 읽다 보면 어디에서 어떻게 끊어 읽고, 현토(懸吐)를
어떻게 하느냐에 따라 그 의미가 전혀 달라지는 것을 많이 느낀다.
우리말도 '아버지가방에들어가신다.'를 '아버지가 방에 들어가신다.'로
읽을 수도 있고, '아버지 가방에 들어가신다.'로 읽을 수 있듯이 말이다.
이 예문은 한문에 있어서 끊어 읽기와 토를 달아 읽는 것이
얼마나 중요한가를 보여주는 좋은 예가 된다 할 것이다.

이러지도 저러지도 못할 위태로운 상황

累卵之危 累 포갤 **누** 卵 알 **란** 之 ~하는 **지** 危 위태로울 **위**

직역 : 알[卵]을 쌓아놓은[累][之] 듯이 위태로움[危] (= 累卵之勢 누란지세)
의역 : 조금만 건드려도 쓰러질 것 같은 위험한 상태

『사기 열전(史記 列傳)』〈범수채택전(范 雎 蔡澤傳)〉에서는 위나라 범수(范雎)의 행적을 소개하고 있다. 범수는 비록 가난뱅이로 태어났으나 마음속으로는 큰 꿈을 품고 있는 사람이었다. 그는 한때 고향에서 중대부(中大夫) 벼슬을 하고 있는 수가(須賈)의 부하로 있었는데 수가의 수행원으로 제(齊)나라에 갔다가 그의 미움을 사서 모함을 받게 되었다. 그러나 범수는 다행히 죽음의 위기를 넘기고, 장록(張祿)이란 이름으로 개명하고는 진나라 왕계(王季)의 도움을 받아 진나라로 망명했다. 왕계는 진왕에게 장록을 소개하면서 이렇게 말했다.

위나라 장록 선생은 천하의 이름난 외교관입니다. 그가 말하기를 "진나라는 지금 계란을 쌓아놓은 것보다 정세가 더 위태롭다. 그러나 진나라가 나를 받아들인다면 진나라는 평안을 유지할 수 있다. 그런데 오늘날까지 불행히도 이런 내용을 알릴 길이 없었다."라고 말하기에 이렇게 모시고 왔습니다.

魏有張祿先生은 天下辯士也라. 曰 "秦王之國은 危於累卵이라. 得臣則安이나 然이나 不可以書傳也라." 臣故載來라.

　이렇게 하여 진나라에 등용된 범수는 진나라의 대외 정책에 커다란 공헌을 하였다. 이 글의 '위어 누란(危於累卵)'에서 파생한 '누란지위(累卵之危)'는 계란을 쌓아놓은 듯 아주 위태로운 상황을 뜻하는 말이다. 또는 '매우 위태로운 형세'라는 뜻으로 '누란지세(累卵之勢)'라고 하기도 한다.

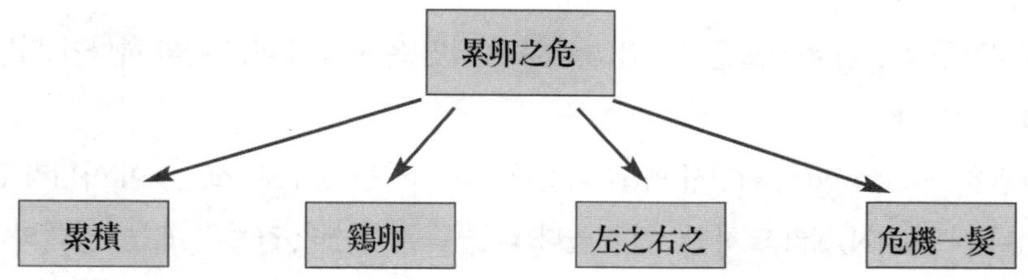

· 累積 : 여러 번[累 여러 누] 거듭하여 쌓음[積 쌓을 적]. 어떤 일이나 상태가 되풀이되어 정도가 심해지다.

· 鷄卵 : 닭[鷄 닭 계] 알[卵 알 란]

· 左之右之 : 그것[之 그것 지]을 왼쪽[左 왼 좌]으로 해라, 그것[之 그것 지]을 오른쪽[右 오른 위]으로 해라 시킴. 마음대로 처리하다.

· 危機一髮 : 위태로운[危 위태할 위] 때[機 때 기]가 한 올[一 한 일]의 머리카락[髮 터럭 발]으로 천 근의 무게를 견디는 듯 하다.

百尺竿頭　百 일백 **백**　尺 자 **척**　竿 막대기 **간**　頭 머리 **두**

직역 : 백(百) 척(尺)의 장대[竿] 끝[頭]
의역 : 매우 위태로운 상태 또는 매우 앞서 나아감

〈전등록(傳燈錄)〉에 이런 구절이 있다.

"백척간두에서 걸어 나가면 시방세계가 바로 온몸이다."

百尺竿頭須進步면 十方世界是全身이라.

　　이는 백척간두와 같은 위태로운 지경을 벗어나게 되면 온 세상이 바로 나와 하나가 되는 경지에 이르게 된다는 말이다.

　　1척(尺)은 약 30.3cm이다. 여기서 백(百)이란 꼭 100이라는 정수로 쓰인 것이 아니라 많음을 뜻하는 한자이니 백 척(百尺)이라고 하면 '매우 높다'라는 뜻을 갖는다. 간두(竿頭)는 '장대의 끝'이다. 그래서 백척간두(百尺竿頭)란 백 척이나 되는 긴 장대의 끝이니, 즉 매우 위태로운 상태나 위험에 빠진 경우이다. 예를 들어서 "나라의 운명이 백척간두에 놓여 있다."라고 하면 그것은 나라가 매우 위험한 상황에 처해 있다는 말이다.

　　또한 백척간두는 '여럿 중에 제일 앞서다'라는 뜻도 있다. '백척간두진일보(百尺竿頭進一步)'라는 말이 있는데 이는 '몸은 백 척의 장대 위에 있으나 또 다시 한 발을 내어 디딘다'라는 뜻으로, 이미 충분하게 향상하였지만 더욱 분발하여 나아간다는 뜻이다.

　　꼬리를 무는 漢字

[보기]에서 ( ) 안에 들어갈 적당한 한자를 찾아보자.

百尺竿頭 → 頭(①) → (①)症 → 症狀 → 狀態 → 態(②) → (②)量衡 → 衡平性 → 性(③) → (③)問 → 問答 → 答(④) → (④)護士

> [보기]　痛 아플 통, 通 통할 통, 道 길 도, 度 법도 도, 質 바탕 질, 疾 아플 질, 辨 분별할 변, 辯 말 잘할 변

*漢字 풀이 : 症 증세 증, 狀 모양 상, 態 모양 태, 量 헤아릴 량, 衡 저울대 형, 答 대답할 답, 護 보호할 호

◑ 정답 : ① 痛　　② 度　③ 質　④ 辯

四面楚歌 四 사방 **사** 面 방향 **면** 楚 초나라 **초** 歌 노래 **가**

직역 : 사방[四面]에서 초나라[楚]의 노랫소리[歌]가 들림
의역 : 주위에 온통 적들만 있고 도와 주는 이가 없는 경우

몇 해 전에 상영되었던 영화《패왕별희(覇王別姬)》를 기억할 것이다. 패왕별희는 바로 이 고사를 배경으로 만들어진 중국의 경극(京劇 : 중국의 전통연극으로 베이징에서 발전하였다 하여 경극이라고 하며, 서피(西皮)·이황(二黃) 2가지의 곡조를 기초로 하므로 피황희(皮黃戲)라고도 한다. 14세기부터 널리 성행했던 중국 전통가극인 곤곡(崑曲)의 요소가 가미되어 만들어졌다) 의 이름이다. '패왕(覇王)' 은 '초패왕(楚覇王)' 인 항우(項羽)를 말하고, '별희(別姬)' 는 항우의 애첩인 '우미인(虞美人)' 을 말한다. '사면초가' 는 이 두 사람의 애절한 사랑이 담긴 고사성어이기도 하다. 그러기에 중국인들도 경극을 통해 지금까지도 이야기로 만들어 전해 내려오고 있는 것이다.

장기라는 놀이의 탄생 배경이 되기도 한 초나라 항우와 한나라 유방(劉邦)이 천하의 패권을 두고 벌인 5년간에 걸친 싸움이 끝날 무렵이다.

항우와 유방은 강화를 맺고, 홍구(鴻溝) 땅을 중심으로 서쪽을 한나라, 동쪽을 초나라로 나누었다. 그래서 항우는 군대를 이끌고 동쪽으로 돌아갔고, 유방도 처음엔 서쪽으로 돌아가려 했다. 그러나 장량(張良)과 진평(陳平)이 "항우를 당장 치지 않으면 호랑이를 길러 우환을 남기는 꼴(養虎遺患 양호유환)이 된다."고 적극 건의하자, 유방은 지칠 대로 지친 항우를 다시 추격했다.

항우의 군사는 해하(垓下)의 벼랑에 몰렸는데, 군사는 적고 식량은 다 떨어졌으며 한나라 군사와 제후의 병사들이 여러 겹으로 에워싸고 있었다. 밤중에 한나라 진영 사방에서 초나라의 노랫소리가 들려오니, 항우가 크게 놀라며 말했다. "한나라가 이미 모두 초나라를 얻었단 말인가? 어찌 이리도 한나라 진영에 초나라 사람이 많단 말인가?"

항우가 한밤중에 일어나 장막에서 술잔을 기울였다.

우(虞)라는 아리따운 여인이 있었으니, 항우가 항상 전쟁터에도 데리고 다녔다. 또 추(騅)라는 뛰어난 말이 있었으니, 항우가 항상 그것을 타고 다녔다.

이에 항우가 슬픈 마음이 북받쳐 비통한 노래를 부르기 시작하였다. 스스로 시를 짓기를 "힘은 산을 뽑을 만 했고, 기운은 세상을 덮을 만 했도다. 때가 불리하니 오추마도 달리지 않는구나. 오추마가 달리지 아니하니 이에 어찌한단 말인가? 우여! 우여! 이에 당신을 어찌한단 말인가?" 노래가 끝나자, 우미인이 화답하는 시를 지었고, 항우가 슬픔에 겨워 몇 줄기 눈물을 흘리니, 곁에 있던 사람들도 모두 눈물을 흘리며 차마 바라보지 못했다.

項王軍壁垓下하야 兵少食盡한대 漢軍及諸侯兵圍之數重이라. 夜聞漢軍四面皆楚歌하니, 項王乃大驚曰 "漢皆已得楚乎아? 是何楚人之多也오?" 項王則夜起하야 飮帳中이라. 有美人名虞니, 常幸從이오. 駿馬名騅니 常騎之라. 於是에 項王乃悲歌忼慨하야 自爲詩曰 "力拔山兮氣蓋世하고, 時不利兮騅不逝라. 騅不逝兮可柰何오, 虞兮虞兮柰若何오!" 歌數闋에 美人和之에 項王泣數行下하니 左右皆泣하고 莫能仰視러라.

- 『사기(史記)』 〈항우본기(項羽本紀)〉

* 壁 벼랑 벽, 垓 땅이름 해, 圍 에워쌀 위, 驚 놀랄 경, 帳 군막 장, 虞 헤아릴 우, 駿 준마 준, 騅 검은말 추, 忼 강개할 강,

慨 분개할 개, 闋 끝날 결, 仰 우러를 앙

항우는 전세가 더욱 악화되자 기병 800명을 이끌고 성을 빠져 나갔으나, 한나라 군사들의 추격을 뿌리치지는 못했다. 결국 오강의 가에 이르러 보니, 20여 기의 기병만이 남아 있을 뿐이었다. 항우는 그곳에서 남은 부하들과 오추마를 배에 태워 보냈는데, 오추마는 배가 강 한가운데에 이르렀을 때 스스로 강물에 몸을 던져 목숨을 끊었다고 한다. 항우는 결국 그곳에서 홀로 장렬한 최후를 마치고 만다. 높은 포상금이 걸려 있던 항우의 몸은 한나라 군사들에 의해 다섯 갈래로 찢겨지기까지 했다고 하니, 영웅의 최후로서는 참으로 참혹한 것이었다.

이 고사에서 연유한 사면초가(四面楚歌)는 '사방에서 초나라의 노랫소리가 들린다' 는 뜻으로 사방이 모두 적으로 둘러싸여 꼼짝할 수 없는 경우에 쓰는 말이다.

垓下之歌 (해하지가 : 해하의 노래)

力拔山兮氣蓋世	역발산혜기개세	힘은 산을 뽑을 만함이여! 기운은 세상을 덮을 만하도다.
時不利兮騅不逝	시불리혜추불서	때가 불리함이여! 오추마도 달리지 않는구나.
騅不逝兮可奈何	추불서혜가내하	오추마도 달리지 않음이여! 이에 어찌 한단 말인가
虞兮虞兮奈若何	우혜우혜내약하	우미인이여! 우미인이여! 이에 임을 어찌 한단 말이오!

*拔 뽑을 발, 兮 어조사 혜, 蓋 덮을 개, 騅 오추마 추, 逝 갈 서, 奈 이에 내, 虞 나라이름 우, 若 너 약

해하(垓下)의 싸움에서 사면초가를 당한 항우는 그의 애첩 우미인과 최후의 만찬을 벌이고, 우미인은 그 만찬의 끝에 끝내 항우의 허리춤에 있던 칼을 빼어 스스로 자결하고 만다.

이 이야기는 사마천의 『사기(史記)』에 실리게 되고, 중국인들 사이에 회자(膾炙)되게 되며, 아울러 이 극적인 장면은 경극 패왕별희로 만들어져 오늘날까지도 전해져 내려오고 있는 것이다. 영웅의 대단한 기세를 나타내는 '力拔山氣蓋世'라는 성어는 이 한시의 첫 번째 구에서 유래한 것이다.

如履薄氷　如 같을 여　履 밟을 리　薄 얇을 박　氷 얼음 빙

직역 : 얇은[薄] 얼음[氷]을 밟는[履] 것 같음[如]

의역 : 몹시 위험하여 조심함을 이르는 말

여리박빙(如履薄氷)이라는 말은 여임심연(如臨深淵)이라는 말과 비슷한 의미로 『시경 소아(詩經 小雅)』〈소민편(小旻篇)〉에 나오는 말이다.

不敢暴虎	불감포호	감히 맨손으로 호랑이를 잡지 못하고,
不敢憑河	불감빙하	감히 걸어서 강을 건너지 못하네.

人知其一　인지기일　　사람들은 그 하나만 알고,

莫知其他　막지기타　　그 다른 것은 알지 못하네.

戰戰兢兢　전전긍긍　　두려워서 벌벌 떨며 조심하기를

如臨深淵　여임심연　　마치 깊은 연못에 임한 듯 하고,

如履薄氷　여리박빙　　살얼음을 밟는 듯 하네.

*暴 해칠 포, 憑 건널 빙, 兢 두려워할 긍, 淵 못 연

▲ 엷은 얼음을 밟는 듯…

임금이 간신의 나쁜 계책에 놀아나 나라가 혼란에 빠졌으니 깊은 연못에 임한 듯이, 엷은 얼음판을 건너듯이 조심하라고 경계한 시이다. 힘센 장사들은 맨손으로 맹수를 때려잡았다고 하지만 보통 사람이 만용을 부리며 호랑이를 잡으려고 하다간 오히려 크게 다칠 뿐이며, 깊은 황하를 배로 건너야지 걸어서 건너다가는 빠져 죽게 된다. 맨손으로 호랑이를 잡는 것이나 걸어서 황하를 건너는 것이나 모두 무모한 용기이며 위험하기 짝이 없는 행동이다. 이 시에서 유래한 여임심연, 여리박빙은 백성들을 대하여 정치를 할 때에는 매우 조심스럽고 신중하게 하라는 뜻이다.

焦眉之急　焦 태울 초　眉 눈썹 미　之 ~하는 지　急 급할 급

직역 : 눈썹[眉]이 타 들어가는 듯한[焦][之] 위급함[急]

의역 : 매우 위급한 상황

초미(焦眉)란 글자 그대로 눈썹이 탄다는 뜻으로 눈썹에 불이 붙은 것과 같이 매우 위급함을 이르는 말이다. 영화에서 몸에 불이 붙은 사람들을 본 일이 있을 것이다. 다급한 나머지 어찌할 바를 모르고

땅바닥에 구르기도 하고, 물에 뛰어들기도 한다. 만약 눈썹에 불이 붙었다고 가정을 한다면 작은 불이지만 바로 눈에 보이기 때문에 그 다급함은 더할 것이다. 초미(焦眉)의 출전이 될 만한 두 가지를 알아보도록 하겠다.

중국의 〈오등회원(五燈會元)〉에 다음과 같은 대화가 실려 있다.

어떤 승려가 장산(蔣山)에게 물었다.
"부처님의 지혜는 어떠한지 한마디로 말해 보시오."
장산이 대답하였다.
"불이 눈썹을 태우는 것과 같습니다. [火燒眉毛]"

《삼국지》에는 이런 대화가 있다.

장소(張昭)가 제갈량(諸葛亮)을 만나서 말하였다.
"선생은 자신을 관영(管嬰)이나 악광(樂廣)에 비교한다고 들은 지 오래입니다. 지금 유비 현덕(劉備 玄德)이 선생을 얻었는데도 신야(新野)를 버리고 번성(樊城)으로 달아났고, 형양(滎陽)에서 패하여 하구(河口)로 달아나 눈썹이 타는 위급함(燃眉之急)에 놓여 있으니 어찌 관영이나 악광의 만분의 일이라도 따라가겠습니까?"

위 예문들에서 소미(燒眉)나 연미(燃眉)는 모두 초미(焦眉)와 같은 말이다. 초미지급은 '눈썹이 타는 듯한 위급함'을 가리키는 말이다. 이처럼 위급한 상황을 뜻하는 우리 속담으로는 "발등에 떨어진 불"이 있다.

風前燈火 風 바람 풍 前 앞 전 燈 등잔 등 火 불 화

직역 : 바람[風] 앞에 놓인[前] 등잔[燈] 불[火]
의역 : 매우 위태로운 처지에 놓여 있음

　풍전등화(風前燈火)라는 말은 바람 앞에 놓인 언제 꺼질지 알 수 없는 등불 같은 처지에 놓여 있는 어려움을 뜻하는 성어이다. 즉 자신의 의지에 의해 꺼지는 것이 아니라 외부의 압력에 의해 어려운 처지에 놓여 있는 상황을 나타내는 성어이다.

　대한제국 말엽 나라의 운명은 서구 열강들에 의해 좌지우지되고, 검은 야욕을 가진 일본에 의해 국권이 언제 침탈될지 모르는 지경에 놓이게 된다. 바로 이런 상황을 두고 풍전등화와 같은 나라의 운명이라는 표현을 쓸 수 있다.

성어를 만들어 보자

다음 글상자 안에 있는 한자를 가지고 네 글자로 이루어진 사자성어를 만들어 보자. 한 번 쓰인 한자가 여러 번 쓰일 수도 있다. 모두 몇 개의 성어가 숨어 있는지 찾아보자.

숨어 있는 성어는 고사성어가 될 수도 있다. 하지만 여러분들이 직접 새로운 성어를 만들어 낼 수도 있다.

一, 二, 三, 四, 百, 千, 交, 友, 水, 之, 魚, 風, 金, 斷, 前, 火, 竹, 故, 馬, 尺, 面, 兩, 竿, 歌, 楚, 頭

♠ 숨어 있는 고사성어 찾아내기(세 개씩 찾아보자.)

고사성어	독 음(讀 音)	풀 이

♠ 내가 만들어 본 성어 : 한 글자로 이루어진 것에서 네 글자로 이루어진 것까지 새롭게 만들어 보자.

한자 수	만들어 본 성어	독 음(讀 音)	풀 이
一 字			
二 字			
三 字			
四 字			

김부식과 정지상

시중(侍中) 김부식(金富軾)과 학사(學士) 정지상(鄭知常)은 뛰어난 문장으로
당시에 이름을 나란히 하던 사람들이었다.
그러나 두 사람은 서로 다투고 잘 지내지를 못했다.
사람들에게 전해지는 다음과 같은 이야기가 있다.

정지상이 다음과 같은 시구를 지었다.

琳宮梵語罷　　구슬 달린 궁궐에 염불소리 마칠 때에
天色淨琉璃　　하늘빛이 유리처럼 맑아라.

김부식이 보고서 좋아하며 그 시구를 골라 자기 시로 하고자 했으나, 정지상
이 끝내 허락하지 않았다. 훗날 정지상이 김부식에게 죽임을 당하여 귀신이
되었는데, 김부식이 어느 날 봄날을 노래하며 시를 지었다.

柳色千絲綠　　버들색이 천 가닥 실처럼 푸르고,
桃花萬點紅　　복사꽃이 일만 점 붉기도 하네.

홀연히 공중에서 정지상 귀신이 나타나 김부식의 뺨을 치며 말했다.
"千絲萬點(천 가닥의 실, 일만 개의 꽃송이)을 누가 그걸 세어봤단 말이냐?

어찌하여

'柳色絲絲綠 버들색이 줄기마다 푸르고, 桃花點點紅 복사꽃이 송이마다

붉기도 하네.'라 하지 않는가?"

김부식의 마음속에 정지상을 더욱 시기하는 마음이 생겼다.

뒤에 김부식이 어떤 절에 갔다가 우연히 변소에 가게 되었다.

이때 정지상 귀신이 나타나 김부식의 불알을 뒤로 잡아당기며 물었다.

"술을 마시지도 않았는데 어찌 그리 얼굴이 붉어지느냐?"

"건너편 언덕 단풍이 얼굴에 비추어 붉어진 것이다[隔岸丹楓照面紅]."

정지상 귀신이 불알을 더욱 세게 잡아당기며 말했다.

"무슨 가죽으로 만든 주머니냐?"

"너의 애비는 철로 만들었다더냐?"

김부식이 얼굴색도 변하지 않고 버티자, 정지상 귀신이 불알을 더욱 힘주어

잡아당겼고, 김부식은 마침내 변소에서 죽고 말았다.

- 『백운소설(白雲小說)』

어떤 일에 일관성이 없음

高麗公事三日 高 높을 **고** 麗 고울 **려**
公 공변될 **공** 事 일 **사** 三 석 **삼** 日 날 **일**

직역 : 고려(高麗)의 공사(公事)는 삼일(三日)을 못 감
의역 : 인내심이 부족하여 일을 자주 변경함

高麗公事三日(고려공사삼일)이라는 말은 〈세종실록(世宗實錄)〉에 처음으로 등장한다.

세종대왕이 평안도 관찰사에게 말하기를 "대개 사람이 처음에는 근면하다가도 끝에 가면 태만해지는 것이 사람의 상정(常情)이기는 하나, 유독 우리나라 사람의 경우 이것이 고질병이다." 그러므로 속담에 이르기를, '고려의 공사는 사흘을 못 간다[高麗公事三日]'고 하였으니 이 말이 정녕 헛된 말은 아니다."

여기서 高麗公事三日은 '우리나라 사람의 성격이 처음에는 잘 하다가 조금 지난 후에는 흐지부지 해진다' 는 뜻으로 쓰이게 되었다. 하지만 오늘날처럼 이 말이 '어떤 일이 일관성 없이 자주 바뀐다' 는 뜻으로 쓰이게 된 것은 인조 때 유몽인(柳夢寅)의 『어우야담(於于野談)』에서 비롯된 '조선공사삼일(朝鮮公事三日)' 의 영향을 받은 것이다.

서애(西厓) 유성룡이 도체찰사(都體察使)로 있을 때, 각 고을에 발송할 공문이 있어서 역리(驛吏)에게 주었다. 하지만 공문을 보낸 후 사흘 뒤에 그 공문을 다시 고칠 필요가 있어서 회수시켰더니 그 역리는 공문을 발송하지도 않고 있다가 고스란히 그대로 가지고 왔다. 유성룡이

화를 내며 "너는 어찌 사흘이 지나도록 공문을 발송하지 않았느냐?"라고 꾸짖으니 역리가 대답하기를 "속담에 조선공사삼일이란 말이 있어 소인의 소견으로 사흘 후에 다시 고칠 것을 예상하였기에 사흘을 기다리느라고 보내지 않았습니다." 이 말을 들은 유성룡은 "가히 세상을 깨우칠 말이다. 나의 잘못이다."라며 공문을 고친 뒤 반포하였다.

국가의 법령, 정치, 행정을 공사(公事)라고 한다. 공사는 중대사안인 만큼 멀리 내다보고 심사숙고해서 기획하고 시행해야 한다. 근시안적인 행정은 반드시 폐단이 생긴다. 오늘은 전화공사로 도로를 파고, 내일은 수도공사로, 그 다음날은 가스공사로 도로를 팠다가 다시 메우는 행동이 바로 이 성어가 주는 의미와 통한다고 할 것이다.

朝令暮改 朝 아침 **조** 令 명령 **령** 暮 저물 **모** 改 고칠 **개**

직역 : 아침[朝]에 내린 명령과 법령[令]이 저녁[暮]에 다시 바뀜[改]
의역 : 상부에서 내린 법령이 일관성 없이 자주 바뀜

한나라 문제(文帝) 때 어사대부(御史大夫)를 지낸 조착은 조세와 부역으로 고달파하는 백성들의 비참한 생활상을 담은 〈논귀속소(論貴粟疏)〉라는 글을 왕께 올렸다.

지금 다섯 가족의 농가에서는 부역이 너무 무겁기 때문에 여기에 매어 사는 사람이 둘 이상에 이르고 밭갈이하는 농지도 겨우 백 묘를 넘지 못합니다. 그들은 관청을 수리하고 부역에 불려 나가는 등 사철 쉴 날이 없습니다. 도 사람을 보내고 맞이하며 죽은 이의 장례를 치르고 병든 자를 위문하며 아이들을 돌보는 등 일이 태산 같아 힘들고 괴롭습니다. 이렇게 살아가기 힘든 형편에 다시 홍수와 가뭄의 재난이 밀어닥치고, 뜻하지 않은 조세와 부역에 응하지 않으면 안 됩니다. 조세와 부역에 관한 규정이 자주 변해서 아침에 내려온 명령이 저녁이면 바뀝니다[朝令暮改]. 잡힐 전답이 있는 사람은 반값에 팔아 버리고, 그것도 없는 사람은 돈을 빌어 원금과 같이 이자를 냅니다. 이리하여 논밭과 집을 팔고 나중에는 자식과 손자를 팔아 빚을 갚는 사람이 생겨나게 되었습니다.

조령모개(朝令暮改)는 조착의 이 상소문에서 유래한 말로서 관청의 명령이 일관성과 지속성이 없이 자주 바뀜을 비난하는 말이다.

朝三暮四 朝 아침 조 三 석 삼 暮 저물 모 四 넉 사

직역 : 아침[朝]에 세[三] 개 저녁[暮]에 네[四] 개
의역 : 간사한 잔꾀로 남을 속임. 눈앞에 보이는 차이만 알고 결과가 같음을 모르는 어리석음

조삼모사(朝三暮四)는 앞에 소개한 고려공사삼일(高麗公事三日)이나 조령모개(朝令暮改), 조변석개(朝變夕改)와 같은 뜻은 아니다. 하지만 '朝[아침 조]' 와 '暮[저물 모] 가 들어 있다는 이유로 그 뜻이 같은 것으로 혼동하는 경우가 있다. 때문에 이 장에서 함께 소개를 하고자 한다.

성어를 보면 하나의 성어가 보는 관점에 따라서 매우 다른 뜻으로 쓰이는 경우가 있다. 조삼모사의 경우도 그렇다. 저공(狙公)과 원숭이의 입장이 되어 각각 고사성어가 어떻게 다른 뜻으로 쓰이게 되는지 알아보도록 하자. 제자백가(諸子百家) 중에 하나인 『열자(列子)』에 다음과 같은 이야기가 실려 있다.

송나라에 저공(狙公)이라는 사람이 있었다. 저(狙)는 원숭이를 가리키는데, 저공이란 사람은 무척이나 원숭이를 좋아하고 또 많이 기르는 사람이다. 그는 많은 원숭이를 기르고 있었는데 가족의 양식까지 가져다가 먹일 정도로 원숭이를 좋아했다. 그래서 원숭이들은 저공을 따랐고 마음까지 서로 통할 정도였다. 그런데 워낙 많은 원숭이를 기르다 보니 먹이를 대는 일이 날로 어려워졌다. 하지만 먹이를 줄이면 원숭이들이 자기를 싫어할 것 같아 꾀를 내었다. 먼저 원숭이들을 속일 생각으로 말하기를 "너희들에게 도토리를 주는데 앞으로는 '아침에 세

개, 저녁에 네 개씩' 주면 충분하겠느냐?"

그러자 여러 원숭이들이 모두 벌떡 일어서서 화를 냈다. 그러나 저공이 잠시 후에 다시 말하기를, "그럼 너희들에게 도토리를 주되 아침에 네 개, 저녁에 세 개씩 주면 충분하겠느냐?" 하니, 원숭들이 모두 엎드려 절하며 좋아했다. 성인이 지혜로 어리석은 무리들을 감싸는 것이 또한 저공이 지혜로 여러 원숭이들을 감싸는 것과 같다.

原　文

先誑之曰 "與若芋호대 朝三而暮四면 足乎아?" 衆狙皆起而怒어늘 俄而曰 "與若芋에 朝四而暮三이면 足乎아?" 하니 衆狙皆伏而喜하더라. 聖人以智籠群愚 亦猶狙公之以智籠衆狙也라.

- 『열자(列子)』 〈황제 편(皇帝篇)〉

* 芋 도토리 서, 狙 원숭이 저, 皆 모두 개, 俄 잠깐 아, 籠 가둘 롱

저공이 원숭이들에게 준 도토리의 개수는 두 경우 모두 7개이지만, 저공은 원숭이의 어리석음을 이용해 잔꾀를 부렸던 것이다. 조삼모사(朝三暮四)는 이 고사에서 유래하였는데, 저공처럼 간사한 꾀로써 남을 속인다는 뜻, 또는 원숭이처럼 눈앞에 보이는 차이만 알고 결과가 같음을 모르는 어리석음을 말하는 것이다.

그림과 가장 잘 어울리는 성어를 다음 보기를 보고 찾아 써넣어 보자

해당되는 성어 :

해당되는 성어 :

해당되는 성어 :

[보기]　高麗公事三日，朝三暮四，朝令暮改，朝四暮三

융통성 없이 매우 고지식함

刻舟求劍 刻 새길 **각** 舟 배 **주** 求 찾을 **구** 劍 칼 **검**

직역 : 배[舟]에 새기고서[刻] 칼[劍]을 찾음[求]
의역 : 시대나 상황의 변화를 모르는 어리석음. 시대착오적인 발상

중국의 많은 고사성어에서 송나라와 초나라 사람들은 어리석은 인간상을 대표한다. 『여씨춘추(呂氏春秋)』에 이런 초나라 사람을 비유하여 잘못된 정치를 비유한 다음과 같은 이야기가 실려 있다.

초나라 사람 중에 배를 타고 강을 건너는 사람이 있었는데 허리에 찼던 칼을 그만 강물에 빠뜨리고 말았다. 그는 재빨리 뱃전에 새기면서 말하기를 "이곳은 내 칼이 떨어진 곳이다." 하고, 잠시 후 배가 나루터에 닿자마자 뱃전에 표시된 곳을 확인하고 물 속에 들어가 칼을 찾았다. 그러나 배는 이미 지나왔고 칼은 애초에 떨어진 자리에 가라앉아 있으니 칼 찾는 방법을 이와 같이 한다면 또한 의혹스럽지 않겠는가? 옛날 법으로 그 나라를 다스린다면 이와 더불어 같다. 시대는 이미 흘러갔는데 법은 옮겨가지 않으니, 옛날 법으로 정치를 하면 어찌 어렵지 않겠는가? 나라를 다스림에 법이 없으면 혼란스럽게 되고, 법을 고수하고 변혁시키지 않으면 나라가 어그러지게 된다. 이렇게 되면 나라를 유지할 수 없게 된다.

原 文

楚人에 有涉江者러니 其劍自舟中으로 墜於水어늘 遽刻其舟曰 "是吾劍之所從墜也라." 하고 舟止에 從其所刻者하야 入水求之라. 舟已行矣로되 而劍不行이니 求劍若此면 不亦惑乎아? 故

法으로 爲其國하면 與此로 同이라. 時己徙矣로되 而法不徙니, 以此爲治면 豈不難哉리오? 治國
無法則亂하고 守法而不變則悖라. 悖亂이면 不可以持國이니라.

- 『여씨춘추(呂氏春秋)』〈찰금편(察今篇)〉

*涉 건널 섭, 自 ~로부터 자, 墜 떨어질 추, 遽 갑자기 거, 徙 옮길 사, 悖 어그러질 패

　여기에서 유래한 각주구검(刻舟求劍)은 고지식하여 시대의 흐름을 알지 못하거나 옛 관습에 얽매
여 융통성이 없는 것을 말한다.

膠柱鼓瑟 膠 아교 교 柱 기러기발 주 鼓 탈 고 瑟 거문고 슬

직역 : 기러기발[柱]을 아교[膠]로 붙여 놓고 거문고[瑟]를 탐[鼓]
의역 : 융통성이 없고 고집스러움

　주(柱)는 현악기의 음의 높낮이를 조절하는 데 사용하는 도구로서 기러기의 발 모양과 비슷하다 하
여 '기러기발' 이라고 한다. 현악기를 가락에 맞추어 타려면 이 기러기발을 이리저리 옮겨 조율해야
한다. 고(鼓)는 보통 '북' 이라는 뜻으로 쓰이지만, 여기서는 '타다', '연주하다' 의 의미로 쓰였다. 교
주고슬(膠柱鼓瑟)이란 아교풀로 기러기발을 고정시키고 거문고를 타는 것으로, 세태의 흐름에 적절히
맞추어 행하지 못하고 융통성 없이 고지식한 경우를 비유적으로 이야기한 것이다.

　조나라의 명장 조사(趙奢)에게는 괄(括)이라는 아들이 있었는데, 어릴 때부터 병서(兵書)에 밝
아 부자가 군사를 부리는 법에 관한 토론을 하면 이론으로는 아버지가 아들을 따라가지 못하
였다. 조사의 부인은 이런 아들을 보고 매우 기뻐하였지만 조사는 오히려 "전쟁이란 죽고 사
는 마당이어서 이론만으로는 승부가 결정되는 것이 아니다. 그런데 괄이 이론만 가지고 이러
니저러니 하는 것은 매우 삼가야 할 일이다. 앞으로 괄이 조나라의 대장이 되는 날에는 조나
라는 크게 망할 것이다."라고 하였다. 그때 진나라가 조나라를 자주 침략해와 명장이며 문경

지교(刎頸之交)의 주인공이기도 한 염파(廉頗)가 나가 싸웠으나 힘이 모자라 진지를 굳게 닫고 방어에만 주력하였다. 이에 진나라는 어떻게 해볼 도리가 없자 첩자를 보내어 헛소문을 퍼뜨렸다. "진나라 사람은 괄을 가장 무서워한다. 염파는 이제 늙어서 싸울 기력이 없다." 이 말을 들은 조나라 왕은 귀가 솔깃해져 괄을 대장에 임명하려 하였다. 이에 인상여(藺相如)가 반대했다. "임금께서 이름만 듣고 괄을 쓰시려 하는 것은 마치 기러기발을 아교로 붙여 두고 거문고를 타는 것[膠柱而鼓瑟]과 같습니다. 괄은 아버지가 전해준 책을 읽었을 뿐, 상황에 맞추어 응용할 줄은 모릅니다." 그러나 왕은 이런 충고를 받아들이지 않고 괄을 대장으로 임명하였다. 괄은 이때부터 참모들의 의견을 무시한 채 병법대로만 밀고 나갔다. 그러다가 결국 진나라에 크게 패하였다.

인상여의 말에서 연유한 교주고슬(膠柱鼓瑟)은 상황에 따라 변통할 줄 모르는 고지식함을 이르는 말이다.

尾生之信 尾 꼬리 미 生 날 생 之 ~의 지 信 믿을 신

직역 : 미생(尾生)의[之] 믿음[信]
의역 : 고지식하고 융통성 없는 행위 혹은 신의가 두터움

미생(尾生)의 이름은 고(高)인데 책 읽고 공부하는 서생(書生)이었다. 그는 노나라 사람으로서 약속을 잘 지키기로 유명하였다. 어느 날 미생은 사랑하는 여자와 다리 아래에서 만나기로 약속했는데, 아무리 기다려도 여자는 오지 않았다. 그런데 별안간 억수 같은 장대비가 쏟아져 물이 급격히 불어나기 시작했다. 그래도 그는 연인과의 약속을 지키기 위해 그 자리를 떠나지 않고 다리 기둥을 꼭 껴안은 채 기다리다가 결국 물에 빠져 죽었다.

『사기(史記)』〈소진전(蘇秦傳)〉에서는 소진(蘇秦)이 연나라 소왕(昭王)에게 신의가 두터운 사람의 본보기로 미생을 들었다.

그러나 미생의 행동에 대해 장자(莊子)는 〈도척편(盜跖篇)〉에서 '인간의 본성에 역행하는 위선적이고 고지식한 행위' 라고 비판하였다. 미생이 신의와 명분만을 지나치게 중시하고 현실 상황을 가벼이여겨 귀한 생명을 잃었다고 호되게 비판한 것이다.

미생의 행동은 후대 사람들에게도 두 가지 평을 들었는데, 하나는 신의가 매우 두텁다는 면에서 찬양을 받았고, 다른 하나는 지나치게 고지식하다는 면에서 비난을 받았다.

原 文

尾生與女子로 期於梁下러니 女子不來한대 水至不去하고 抱梁柱而死러라.

－『사기(史記)』〈소진열전(蘇秦列傳)〉

*梁 다리 량, 抱 안을 포, 柱 기둥 주

守株待兎 守 지킬 수 株 그루터기 주 待 기다릴 대 兎 토끼 토

직역 : 그루터기[株]를 지키면서[待] 토끼[兎]를 기다림[待]
의역 : 옛날 관습에만 젖어 사리판단이 어둡고 융통성이 없는 경우를 가리키는 말

중국 춘추전국시대에 법가(法家) 사상의 창시자인 한비자(韓非子)는 수주대토(守株待兎)라는 짤막한 고사를 통하여 세상일은 변하는 것이며 그에 따라 새로운 사상과 제도가 필요하다는 것을 말하였다. 그 이야기는 다음과 같다.

춘추전국시대 때 송나라에 한 농부가 있었다. 농부의 밭 가운데에는 나무의 그루터기가 있었는데, 어느 날 토끼가 달려가다가 그루터기를 들이받아 목이 부러져서 죽었다. 결국 그 농부는 별 노력 없이 토끼 한 마리를 잡았다. 농부는 그로부터 밭을 갈 생각은 하지 않고, 쟁기를 내려놓고서 그 나무 그루터기를 지키면서 또다시 토끼가 부딪쳐 죽기만을 기다렸다. 그러나 그 이후로는 토끼를 얻을 수 없었고, 그 농부는 송나라 사람들의 웃음거리가 되었다.

"지금 만약 옛 선왕들의 정치 방법으로 현재의 백성들을 다스리고자 한다면 이것은 그루터기만을 지키면서 토끼를 기다리는 것과 같다."

宋人에 有耕田者러니, 田中有株한대 兎走觸株하야 折頸而死라. 因釋其耒而守株하고 冀復得兎나 兎不可復得 而身爲宋國笑라. 今欲以先王之政으로 治當世之民이 皆守株之類也라.

- 『한비자(韓非子)』〈오두편(五蠹篇)〉

* 耕 밭갈 경, 觸 부딪칠 촉, 折 부러질 절, 頸 목 경, 冀 바랄 기

송나라의 농부처럼 과거의 일에만 얽매어 변통할 줄 모르거나 사리 판단이 어둡고 융통성이 적다면 매우 곤란할 것이다.

학문(學問)과 관련된 성어

曲學阿世　曲 굽을 **곡**　學 배울 **학**　阿 아첨할 **아**　世 세상 **세**

직역 : 배운 학문[學]을 왜곡하여[曲] 세상[世]에 아첨함[阿]
의역 : 진리를 왜곡한 부정한 학문으로 세상에 아첨함

　항간에 민주당 추미애 의원과 소설가 이문열 씨 간의 설전(舌戰)이 화제가 된 적이 있었다. 추미애 의원이 이문열 씨를 향해 날린 직격탄에 '곡학아세(曲學阿世)' 라는 고사성어가 쓰여 화제가 되기도 했다. 곡학아세는 자신이 알고 있는, 배운 학문을 왜곡하여 세상 사람들을 현혹한다는 뜻을 지니고 있다.

　전한(前漢) 때 청하왕(淸河王)의 태부(太傅 : 스승)인 원고생(轅固生)은 제나라 출신으로 『시경(詩經)』에 뛰어나, 경제(景帝)가 박사(博士)로 삼았다. 원고생은 나이가 90이 넘었는데도 자신이 옳다고 생각하는 일에는 절대 굽히지 않는 강직한 사람이었다. 경제의 어머니인 두태후(竇太后)가 『노자(老子)』를 좋아하여 원고생을 불러 『노자』에 대해 물었다. 원고생이 대답하기를, "이 책은 보통 시정잡배의 것에 지나지 않을 뿐입니다." 이 말을 들은 두태후가 화가 나서 원고생을 사나운 돼지우리 안에 처넣었다. 경제는 두태후가 화가 나서 그랬을 뿐 원고생에게는 죄가 없음을 알았다. 그래서 몰래 원고생에게 예리한 칼을 건네주었고, 원고생은 돼지의 심장을 정통으로 찔러 쓰러뜨렸다. 그 후 경제는 원고생을 청렴하고 곧은 선비라 하여 청하왕의 태부로 삼았으나 원고생이 병이 들어 사직하였다.

　무제(武帝)가 처음 왕위에 올랐을 때, 다시 현명하고 어질다하여 원고생을 불러들였다. 그러나 여러 아첨하는 이들이 원고생을 질투하고 시기하여 "원고생은 늙었습니다."라고 말하자,

무제는 원고생을 다시 고향으로 돌려보냈다. 당시에 원고생은 이미 90여 살이었다. 원고생을 부를 때 설(薛) 땅 사람인 공손홍(公孫弘)을 함께 불렀는데, 그는 원고생을 흘겨보며 무시했다. 원고생이 말하였다.

"공손자 그대는 올바른 학문에 힘써 말하도록 하시오. 배운 학문을 왜곡하여 세상에 아첨해서는 아니 될 것이오!"

이때부터 제나라 말에 '시(詩)'를 일컫는 것은 모두 원고생에서 유래된 것이다. 모든 제나라 사람들이 '시'를 귀하게 여겼으니, 모두 원고생의 제자들이기 때문이다.

今上初卽位하야 復以賢良徵固한대 諸諛儒多疾毁固하야 曰"固老라." 하야 罷歸之라. 時에 固已九十餘矣라. 固之徵也에 薛人公孫弘亦徵한대 側目而視固라. 固曰"公孫子는 務正學以言이오. 無曲學以阿世하라!" 自是之後로 齊言詩皆本轅固生也니 諸齊人以詩顯貴는 皆固之弟子也라.

－『사기 열전(史記 列傳)』〈유림전(儒林傳)〉

*徵 부를 징, 諸 모두 제, 諛 아첨할 유, 罷 그만둘 파, 薛 땅이름 설, 轅 끌채 원

刮目相對　刮 비빌 괄　目 눈 목　相 서로 상　對 마주 대할 대

직역 : 눈[目]을 비비고[刮] 서로[相] 대함[對]
의역 : 학식이나 재주가 매우 늘어 눈을 비비고 다시 볼 정도임

유명한 삼국지의 배경이 된 위·촉·오 삼국이 자리를 잡고서 격렬하게 대립을 하고 있던 무렵, 오나라 손권의 부하로서 관우를 생포했다가 죽인 것으로 유명한 여몽(呂蒙)이라는 장수가 있었다. 그는 매우 무식하였으나, 무척 용맹하였고 마침내 전쟁의 공으로 인해 장군이 되었다.

손권은 여몽의 학식이 부족한 것을 염려하여 그에게 공부할 것을 권하였다. 얼마 후 손권의 부하

중 가장 학식이 뛰어난 노숙(魯肅)이라는 사람이 여몽을 찾아갔다. 여몽과는 오랜 친구였던 노숙은 여몽과 이야기하는 사이에 그의 박식함에 그만 깜짝 놀라고 말았다.

"아니, 자네 언제 그렇게 공부했는가? 예전의 그 무식한 여몽이 아니군 그래. 이제 학식이 이렇게 대단하니 옛날에 오의 시골구석에 있던 여몽이 아닐세."

그러자 여몽은 이렇게 대답하였다.

"모름지기 선비란 헤어진 지 사흘이 지나면 눈을 비비고 다시 대할 만큼 달라져 있어야 하는 법이라네."

孫權將呂蒙은 初不學인데 權이 勸蒙讀書라. 魯肅後與蒙으로 論議하고 大驚曰 "卿非復吳下阿蒙이라." 蒙曰 "士別三日이면 卽當刮目相對라." 하더라.

- 『삼국지』〈위지 여몽전(魏志 呂蒙傳)〉

* 權 권세 권, 蒙 뒤집어쓸 몽, 勸 권할 권, 魯 성 노, 肅 엄숙할 숙, 驚 놀랄 경, 阿 언덕 아

여몽의 말에서 유래한 괄목상대(刮目相對)는 학식이나 재주가 눈을 비비고 다시 볼 정도로 갑자기 향상된 사람을 이야기할 때 쓰는 말이다. 우리가 흔히 사용하는 '일취월장(日就月將 : 날[日]로 나아가고[進] 달[月]로 나아감[將])'이라는 말과도 그 뜻이 서로 통한다.

多岐亡羊　多 많을 **다**　岐 갈림길 **기**　亡 잃을 **망**　羊 양 **양**

직역 : 갈림길[岐]이 많아서[多] 찾던 양(羊)을 잃어버림[亡]
의역 : 학문의 길은 여러 갈래여서 올바른 길을 찾기가 어려움

우리는 학문의 진리란 명확하여 쉽게 찾아낼 수 있는 것이라 생각하곤 한다. 옛 사람들은 학문의 진리에 대해서 어떤 생각을 가지고 있었을까? 중국의 전국시대 때 극단적 이기주의(利己主義)로 유명한 양자(楊子)의 이야기에서 옛 사람들의 학문에 대한 생각을 알아보도록 하자.

　양자의 이웃에 사는 사람이 기르던 양을 잃어버려 자기 가족은 물론 양자에게 부탁하여 양자의 하인들까지 데리고 양을 찾으러 나섰다. 양자가 이웃 사람에게 잃어버린 양은 한 마리인데 찾는 사람이 왜 이리 많이 필요하냐고 물으니 "갈림길이 많아 여러 사람이 필요합니다."라고 대답하였다. 한참 후에 양을 찾아 나섰던 사람들이 돌아와 양을 찾았는지 물으니 그들은 갈림길마다 또 갈림길이 있어서 놓쳐 버렸다고 한숨지었다. 그 말을 듣고 양자는 근심스러운 얼굴빛으로 아무 말도 하지 않고 하루 종일 웃지도 않았다. 그 모습을 보고 양자의 제자들은 이상히 여겨 "양은 중요한 가축도 아니고 더구나 선생님의 것도 아닌데 왜 그렇게 말씀도 안 하시고 웃지도 않으십니까?" 하고 물었다.

　그 제자들 중 한 명인 맹손양(孟孫陽)은 그 자리를 물러나 심도자(心都子)에게 그 얘기를 전해 주었고 그 뒤 어느 날 심도자는 맹손양과 함께 양자를 찾아가서 물었다.

　"옛날에 삼형제가 있었는데 모두 같은 스승 밑에서 유학(儒學)을 공부하고 돌아왔습니다. 그 아버지가 유학의 도(道)에 대해서 물으니 첫째는 명예보다는 몸을 소중히 하는 것이라 했고, 둘째는 몸은 죽더라도 명예를 얻는 것이 중요하다고 했고, 셋째는 몸과 명예를 함께 얻는 것이라고 했습니다. 같은 유학을 배운 세 형제의 대답이 서로 다른데 누가 옳고 누가 틀린 것입니까?"

　그러자 양자가 되물었다.

　"황하(黃河)가에 사는 어떤 사람이 수영을 잘 했기 때문에 그에게는 수영을 배우러 온 사람들이 많았다. 그런데 그 중 절반 가량의 사람들이 물에 빠져 죽고 말았다고 한다. 그들은 원래 수영을 배우러 온 것이지 물에 빠져 죽으러 온 것은 아니었다. 그런데도 결과가 이와 같이 다르니 너희들이 생각하기엔 어느 쪽이 옳고 어느 쪽이 그르다고 생각하느냐?"

　이를 들은 심도자는 맹손양과 함께 물러 나왔다. 그러나 맹손양이 양자와 심도자의 문답이 도대체 무엇을 뜻하는지를 몰라서 다시 심도자에게 묻자

　"큰길에서 갈림길이 많아 양을 잃어버린 것처럼 배우는 사람에게 있어서도 목표를 향하는 방법이 여러 가지여서 여기저기 헤매다가 결국 진리를 얻지도 못하고 생을 마치게 된다네. 학문하는 방법도 원래는 서로 같은 것이며 하나의 길이지만 이 길 저 길로 갈팡질팡하다 보면 그 끝은 서로 달라지게 되지. 스승님의 말씀은 같은 방법으로 오로지 하나의 길을 가다 보면 결국 헤매지 않고 진리를 깨우칠 수 있다는 뜻이라네."라고 심도자가 대답했다.

楊子之隣人이 亡羊한대 旣率其黨하고 又請楊子之豎追之라. 楊子曰 "嘻라! 亡一羊인대 何追者之衆고?" 隣人曰 "多岐路라." 旣反에 問獲羊乎하니 曰 "亡之矣라." 曰 "奚亡之오?" 曰 "岐路之中하고 又有岐焉이라. 吾不知所之하야 所以反也라." 都子曰 大道以多岐亡羊하고 學者以多方喪生이라. 學非本不同이오. 非本不一 而末異若是라. 唯歸同反一 爲亡得喪이라.

-『열자(列子)』〈설부편(說符篇)〉

*隣 이웃 린, 黨 무리 당, 嘻 감탄할 희, 奚 어찌 해, 喪 잃을 상

망양지탄(亡羊之歎 : 양을 잃어버린 탄식)도 이 일화에서 유래한 성어이다. 갈림길이 많아 양을 잃었듯이, 학문의 길도 복잡하여 진리의 길을 찾기란 매우 어려운 것에 대한 탄식이다.

切磋琢磨 切 끊을 절 磋 갈 차 琢 쪼을 탁 磨 갈 마

직역 : 뼈나 뿔을 자르고[切] 갈며[磋] 옥돌을 쪼고[琢] 갈아서[磨] 장신구나 도구를 만듦
의역 : 학문이나 재주 따위를 끊임없이 갈고 닦음

『논어』〈학이편(學而篇)〉에 실린 이야기이다. 공자의 제자인 자공(子貢)이 어느 날 공자에게 이렇게 물었다.

"선생님, 가난하더라도 남에게 아첨하지 않으며 부유하더라도 교만하지 않는 사람이 있다면 그 사람은 어떤 사람일까요?"

"좋긴 하지만, 가난하면서도 도를 즐기고 부유하더라도 예를 좋아하는 사람만은 못 하느니라."

"『시경』에 '뼈나 뿔을 자르듯 가는 듯 하며, 또한 옥돌을 쪼듯 가는 듯 밝게 빛나는 것 같다.'고 하였는데, 선생님께서는 이를 두고 하신 말씀인가 봅니다."

"사(賜 : 자공)야. 이제 비로소 함께 시를 말할 수 있는 정도가 되었구나. 지나간 것을 일러주

니 올 것을 아는구나."

子貢曰 "貧而無諂하며 富而無驕면 何如하니잇고?" 子曰 "可也나 未若貧而樂하며 富而好禮者也니라." 子貢曰 "詩云 '如切如磋하며, 如琢如磨라' 하니, 其斯之謂與인저?" 子曰 "賜也는 始可與言詩已矣로다. 告諸往而知來者온여."

　　　　　　　　　　　　　　　　　　　　　　　　　　　　　　 -『논어』〈학이편(學而篇)〉

* 諂 아첨할 첨, 驕 교만할 교, 斯 이 사, 與 어조사 여, 賜 줄 사, 諸 어조사 저

자공이 인용한 시는『시경 위풍(詩經 衛風)』〈기오편(淇奧篇)〉의 일부이다. 이 시는 끊임없이 덕행을 닦아 위엄 있고 의젓한 군자의 덕을 칭송한 것인데, 절차탁마는 이 시에서 유래하였다.

절차(切磋)는 뼈나 뿔을 가공하는 것이다. 절(切)은 일단 모양을 갖추기 위해서 대충 자르는 것이요, 차(磋)는 이에 그치지 않고 정밀하고 아름답게 갈고 다듬는 것이다.

탁마(琢磨)는 옥돌을 가공하는 것이다. 탁(琢)은 옥돌의 모양을 쪼아 형태를 갖추도록 하는 것인데, 마(磨)는 이에 그치지 않고 사포나 줄 따위로 매끄럽게 갈아 윤기를 내고 모양을 가다듬는 것이다.

그러니까 절(切)이나 탁(琢)이 일차적인 가공이라면 차와 마는 이보다 정밀한 이차, 삼차의 과정이다. 자공의 말처럼 '가난하나 아첨하지 않고 부유하나 교만하지 않은 것' 만으로도 이미 상당한 경지에 이른 것이나 이것은 절이나 탁의 수준이요, 이에 만족하지 않고 더 나아가 '도를 즐기고 예를 좋아하는 것' 은 차(磋)와 마(磨)의 수준이다. 절차탁마(切磋琢磨)란 이처럼 끊임없이 학문과 덕행을 닦는 것이다.

螢雪之功　螢 반딧불 형 雪 눈 설 之 ~의 지 功 공 공

직역 : 반딧불[螢]과 눈[雪]으로 쌓은[之] 공(功)
의역 : 어려운 처지에서도 학문에 힘써 이룬 공

흔히 어려운 상황에서 공부해서 이룬 공을 형설지공(螢雪之功)이라고 한다. 이는 중국 동진(東晉) 때

의 사람 차윤(車胤)과 손강(孫康)의 고사에서 비롯되었다.

진나라 때 손강은 집이 가난하여 기름을 살 돈이 없어, 항상 눈빛에 책을 비추어 읽었다. 젊을 때부터 청렴결백하여 사귀고 노는 것이 잡되지 않았다. 뒤에 벼슬이 어사대부(御史大夫)에까지 이르렀다. 진나라 때 차윤은 자(字)를 무자(武子)라고 하였는데, 항상 공경하고 힘써 게으르지 않았다. 널리 보고 많은 것에 능통하였으나 집이 가난하여 항상 기름을 얻을 수는 없었다. 이에 여름밤이면 반딧불을 얇은 비단 주머니에 수십 마리씩 넣어, 그것으로 비춰 가며 밤낮으로 책을 읽었다. 이때에 차윤이 손강과 더불어 고학과 박학으로써 이름이 세상에 알려지게 되었고, 사람들은 차윤과 더불어 모이는 것을 즐겨 하였는데 차윤이 없게 되면 다 같이 말하기를 "그가 없으면 즐겁지 않다."고 하였다. 차윤은 벼슬이 이부상서(吏部尚書)에 이르렀다.

晉의 車胤이 幼에 恭勤博覽할 새 不常得油라. 夏日에 以練囊으로 盛數十螢火하여 照書讀之하여 以夜繼日이러니 後에 官至尚書郞하니라. 今人이 以書窓으로 爲螢窓은 由此也니라. 晉의 孫康이 少에 淸介하여 交遊不雜이나 家貧無油하여 嘗映雪讀書러니 後에 官至御史大夫하니라. 今人이 以書案으로 爲螢案은 由此也니라.

－『진서(晉書)』

*晉 나라이름 진, 胤 이을 윤, 覽 볼 람, 練 명주 연, 囊 주머니 낭, 盛 담을 성, 螢 개똥벌레 형, 康 편안할 강, 映 비출 영

형설지공(螢雪之功)은 이 고사에서 유래하였으며 어려운 환경에서도 힘들게 공부하여 이룬 공이란 뜻이다. 다른 표현으로 '형창설안(螢窓雪案)' 이라고도 한다.

그림과 가장 잘 어울리는 성어를 연결해 보자

독서(讀書)와 관련된 성어

讀書亡羊　讀 읽을 **독**　書 책 서　亡 잃을 **망**　羊 양 **양**

직역 : 책[書]을 읽다[讀] 양(羊)을 잃어버림[亡]
의역 : ① 다른 일에 정신을 팔다가 중요한 일을 망침
② 원인에 상관없이 잘못은 잘못이다

'독서망양(讀書亡羊)' 은 '책을 읽다 양을 잃어버리다' 라는 뜻으로 독서와는 직접적으로 연관이 있는 성어는 아니나, 혼동할 우려가 있어 실어본다.

『장자(莊子)』〈변무편(騈拇篇)〉에 실린 이야기이다.

장(臧)과 곡(穀) 두 사람이 서로 더불어 양을 길렀는데, 두 사람 모두 기르던 양을 잃어버렸다. 장에게 어찌된 일이냐고 물으니, 책을 읽다가 그랬다고 했다. 곡에게 어찌된 일이냐고 물으니, 주사위를 가지고 던지며 놀다가 그랬다고 했다. 두 사람이 그 이유는 같지 않으나 양을 잃어버렸다는 점에서는 똑같다.

原　文

臧與穀二人이 相與牧羊而俱亡其羊이라. 問臧奚事, 則挾筴讀書라 하고 問穀奚事, 則博塞以遊라. 二人者, 事業不同이나 其於亡羊均也라.

*臧 감출 장, 穀 곡식 곡, 牧 기를 목, 挾 낄 협, 筴 점대 책, 塞 주사위 새, 均 고를 균

장자는 뒤이어 "백이(伯夷)가 대의명분 때문에 수양산(首陽山) 아래에서 죽었고, 도둑인 도척이 이익을 위해 동릉(東陵)의 위에서 죽었다. 두 사람이 죽은 이유는 다르나, 목숨을 해치고 성품을 상하게 했다는 점에서는 같은데 어찌 백이는 옳고, 도척은 잘못되었다고 할 수 있겠는가?" 하였다. 사람들은 대의명분을 위한 사람을 군자(君子)라 하고 이익을 추구한 사람을 소인(小人)이라 하는데, 이 구분에 대해서도 장자는 의구심을 나타낸다. 곧 유가(儒家)의 가치기준에 대해 반박을 하는 것이다.

讀書百遍意自見　讀 읽을 독 書 글 서 百 일백 백 遍 횟수 편　意 뜻 의 自 저절로 자 見 드러날 현

직역 : 글[書]을 백(百) 번[遍] 읽으면[讀] 뜻[意]이 저절로[自] 드러남[見]
의역 : 책을 읽을 때 이해가 안 되는 부분도 반복해 읽다보면 저절로 뜻을 알게 됨

삼국시대 때 위나라 조조의 아들인 조비(曹丕)는 한나라의 마지막 임금인 헌제(獻帝)를 협박해서 왕위를 차지하고 위나라를 세웠다.

헌제가 왕위에 있을 때에 동우(董遇)라는 학자가 있었는데, 그는 어디를 가든지 항상 책을 들고 다닐 정도로 학문에 몰두하였다. 그리고 그러한 소문이 헌제에게 알려졌고 헌제는 동우를 황문시랑(黃門侍郞 : 임금을 모시던 관리)에 앉히고, 그에게 경서(經書)를 배웠다.

▲ 배운 내용을 여러 번 읽으면 저절로 뜻이 이해된다

동우는 자신에게 엄격하여 공부를 게을리 하지 않았을 뿐더러 그의 제자들에게도 항상 학문에 최선을 다하도록 권장했다.

그가 제자들에게 가르친 공부 방법 중의 하나는 "반드시 먼저 책을 백 번을 읽어라[必當先讀百遍]. 책을 백 번 읽으면 뜻이 저절로 드러난다[讀書百遍而義自見]."는 것이었다. 제자들이 그럴 만한 시간이 없다고 하면, 그는 삼여(三餘 : 공부하기 좋은 세 가지 여유로운 때)를 이용하라고 했다. 동우가 말한 삼여는

겨울, 밤, 흐리거나 비 올 때이다.

동우의 이 지침은 후대 사람들의 학습에 중요한 영향을 미쳤다. 옛날 우리나라에서도 글을 배우는 학생들은 스승으로부터 배운 내용을 반드시 그 날로 백 번씩 읽어 완전히 외운 뒤에야 하루의 공부를 마쳤다.

手不釋卷　手 손 수　不 아니 불　釋 놓을 석　卷 책 권

직역 : 손[手]에서 책[卷]을 놓지[釋] 않음[不]
의역 : 늘 책을 가까이하여 부지런히 공부함

요즘 학생들은 핸드폰을 손에서 떼어놓지 않고 항상 지니고 다닌다. 핸드폰을 손에서 놓지 않듯 배우기를 좋아하는 사람은 늘 손에서 책을 놓지 않는데, 이를 수불석권(手不釋卷)이라고 한다. 이 말은 중국이나 우리나라의 여러 문헌에서 볼 수 있는데, 흔히 열악한 환경에서도 늘 책을 가까이하고 독서하는 경우를 일컬었다.

위·촉·오 삼국이 정립하여 격렬한 대립을 하고 있을 무렵, 괄목상대의 주인공인 오나라 장수 여몽과 얽힌 이야기이다.

손권이 여몽의 학식이 부족한 것을 염려하여 그에게 공부할 것을 권하자 여몽은 "군문(軍門)에 일이 많아 독서할 겨를이 없습니다."라고 하였다. 손권은 "경이 일이 많기로 소니 과인보다 더하겠는가?" 하고는, 자기가 젊어서 부지런히 독서하던 경험을 들려주고 덧붙이기를 "광무제(光武帝)는 변방의 일로 그렇게 바쁘실 때도 책을 놓지 않았고[手不釋卷] 조조 역시 늙어서도 배우기를 좋아하였네."라고 하였다.

그 후 손권의 충고를 받아들인 여몽은 괄목상대의 발전을 이루게 되었다. 이처럼 수불석권은 손권이 여몽에게 배우기를 권장하면서 했던 말에서 유래하였다. 수불석권은 손에서 책을 놓지 않는다는 말이니, 늘 열심히 공부한다는 뜻이다.

韋編三絶　韋 가죽 **위** 編 책끈 **편** 三 석 **삼** 絶 끊을 **절**

직역 : 가죽[韋]으로 묶은 책끈[編]이 세[三] 번이나 끊어짐[絶]
의역 : 질긴 가죽 끈이 세 번이나 끊어질 만큼 열심히 책을 읽음

  중국에서 종이가 발명되기 이전까지 책을 엮는데 중요한 재료 중에 하나는 대나무였다. 대나무를 가르고 다듬어 그 조각을 서로 이어서 아래와 위를 가죽 끈으로 엮어 만든 책을 죽간이라 한다. 책을 한자로 '冊' 이라 쓰는 것도 이런 이유 때문이다.
  『사기』〈공자세가(孔子世家)〉에 다음과 같은 이야기가 전해진다.

  공자께서는 말년에 역경(易經)을 좋아하여, 역경을 읽음에 가죽 끈이 세 번이나 끊어졌다. 말씀하시기를, "나에게 몇 년을 더 살게 해주어 주역을 공부할 수 있게 한다면, 삶이 조화를 이루어 허물이 없게 될 것이다."라고 하셨다.

原　文

孔子晩而喜易하야 讀易에 韋編三絶이라. 曰 "假我數年이면 若是 我於易則彬彬矣리라.
                                        -『사기』〈공자세가(孔子世家)〉

*晩 늦을 만, 假 빌릴 가, 彬 빛날, 문채조화이룰 빈

  이로써 위편삼절(韋編三絶)은 책의 끈이 끊어질 정도로 독서를 많이 한다는 뜻으로 쓰이게 되었다.

一日不讀書口中生荊棘

一 한 일 日 날 일 不 아니 부 讀 읽을 독
書 책 서 口 입 구 中 가운데 중 生 날 생
荊 가시나무 형 棘 가시나무 극

직역 : 하루[一日]라도 책[書]을 읽지[讀] 않으면[不] 입안[口中]에 가시[荊棘]가 돋는다[生]
의역 : 책 읽기를 게을리 하지 말 것을 경계한 말. 독서는 매일 꾸준히 해야 함

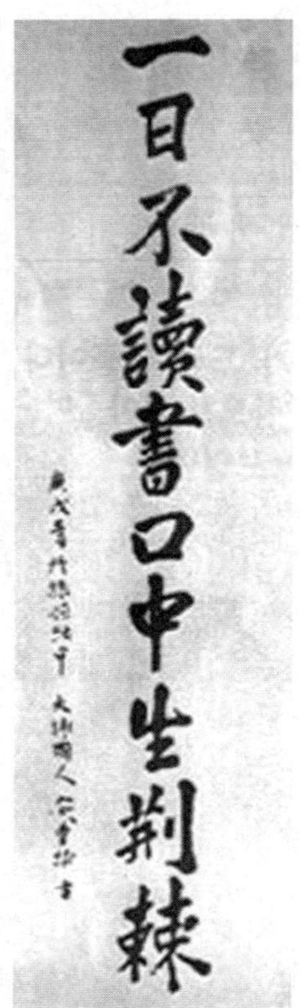

▶ 안중근 의사의 친필

一日不讀書면 口中生荊棘이라.
하루라도 책을 읽지 않으면 입안에 가시가 돋는다.

안중근 의사의 독창성이 돋보이는 유명한 글귀로, 독립운동이라는 실천 운동에 참여하면서도 학문을 게을리 해서는 안 된다는 경구(警句 : 경계하는 말. 깨우침의 말)라 할 수 있다.

이와 비슷한 내용의 글귀는 옛 선현들의 글에서도 찾아볼 수 있다. 즉 "하루의 독서는 천 년의 보배요, 백년간 물질만 탐하는 것은 하루아침의 티끌과 같다."는 글귀이다.

汗牛充棟 汗 땀 **한** 牛 소 **우** 充 채울 **충** 棟 마룻대 **동**

직역 : 수레에 실으면 소[牛]가 땀을 흘리고[汗],
집안에 쌓으면 마룻대[棟]까지 채울 만큼[充] 책이 많음
의역 : 소장하고 있는 책이 매우 많음

훌륭한 학자가 되기 위해서는 흉중(胸中)에 만 권의 책이 담겨 있어야 한다는 말이 있다. 수많은 책을 소유하고 이를 섭렵하는 것은 학자의 당연한 바람이다. 당나라의 유종원(柳宗元)은 〈육문통묘표(陸文通墓表)〉에서 다음과 같이 말하였다.

공자께서 『춘추(春秋)』를 지으신 지 1,500년이 지났다. 지금 춘추를 대하여 읽고 생각하여 주석을 붙인 자가 수천 명에 이르렀다. 그런데 그들의 성품은 뒤틀리고 굽어서 말로써 서로를 공격하며 서로의 숨은 단점들을 들추어내기에 바쁘다. 그러나 그들이 지은 책은 집안에 두면 마룻대까지 가득 차고, 그것을 옮기려고 내놓으면 소와 말이 땀을 흘릴 정도이다. 공자의 『춘추』를 연구하고 쓴 이러한 책들 중에 공자의 뜻에 맞는 것은 묻히고, 오히려 뜻에 어긋나는 책들이 세상에 드러난다. 그래서 이 책들을 보는 후세의 학자들이 늙도록 좌우를 둘러보아도 춘추의 근본을 얻지 못했다. 그것을 배우는 것에만 전념을 하여 서로 다른 바를 비방하고, 아버지와 아들이 서로를 해치고, 임금과 신하가 서로 배반하기에 이르는 경우가 많아졌다. 심하도다! 성인 공자의 뜻을 알기가 어렵구나.

孔子作春秋 千五百年하야 以名爲傳者五家에 今用其三焉이라. 秉觚牘하고 焦思慮하야 以爲讀注疏說者 百千人矣라. 攻訏狠怒하야 以辭氣相擊排冒沒者 其爲書 處則充棟宇하고 出則汗牛馬라. 或合而隱하고 或乖而顯하니 後之學者는 窮老盡氣 左視右顧라도 莫得其本하고 則專其所學하야 以訛其所異하고, 黨枯竹하고 護朽骨하야 以至於父子傷夷하고 君臣詆悖者 前世多有之

라. 甚矣라! 聖人之難知也로다.

- 〈육문통묘표(陸文通墓表)〉

*秉 잡을 병, 觚 술잔 고, 牘 편지 독, 疏 트일 소, 訏 클 우, 詆 꾸짖을 저, 悖 어그러질 패

공자가 『춘추』를 지은 본뜻을 제대로 파악하지 못한 채 함부로 지은 책들이 세상에 만연하여 한우충동(汗牛充棟)할 지경임을 개탄한 말이다. 여기서 유래한 한우충동은 책이 하도 많아서 그 책을 옮기려면 소가 땀을 흘려야 하고, 또 그 책을 쌓아 놓으면 마룻대까지 가득 찰 정도임을 뜻한다.

주변 환경의 중요성

近墨者黑 近 가까울 **근** 墨 먹 **묵** 者 사람 **자** 黑 검을 **흑**

직역 : 먹[墨]을 가까이 하는[近] 사람[者]은 검어진다[黑]

의역 : 사람은 주변의 환경이나 친구의 영향을 받아 변하게 된다

진나라의 학자 부현(傅玄)이 지은 『태자소부잠(太子少傅箴)』에 이런 글귀가 있다.

주사(朱砂 : 붉은 빛의 광물로, 정제하여 물감으로 씀)를 가까이 하는 사람은 붉은 물이 들고, 먹을 가까이 하는 사람은 먹물이 든다. 소리가 조화로우면 울림도 맑고, 형체가 바르면 그림자도 곧다.

原 文

近朱者赤이오 近墨者黑이라. 聲和則響淸이오 形正則影直이라.

*聲 소리 성, 響 울림 향, 影 그림자 영

이 말은 사람은 주변 환경의 영향을 받게 되어, 좋은 환경에 살면 좋게 변하고 나쁜 환경에 살면 나쁘게 변한다는 뜻이다. 공자도 "살 곳은 반드시 그 이웃을 잘 가려서 살아라.[居必擇隣]"라고 하였다.

南橘北枳　南 남녘 **남** 橘 귤나무 **귤** 北 북녘 **북** 枳 탱자 **지**

직역 : 남쪽 지방[南]의 귤[橘]이 북쪽 지방[北]으로 넘어오면 탱자[枳]가 됨

의역 : 사람은 처한 상황에 따라 성품이 변함

중국은 회수(淮水)를 경계로 남과 북의 기후와 토양이 매우 다르다. 귤은 원래 회수 이남에서 잘 자라는데 토양과 기후가 다른 북쪽에 옮겨 심으면 귤의 열매가 제대로 크지 못해 마치 탱자처럼 작고 보잘 것 없게 열린다고 한다. 귤이 탱자처럼 된 것은 주위 환경이 변했기 때문이다. 『안자춘추(晏子春秋)』에 보면 다음과 같은 이야기가 있다.

춘추시대 말기, 제나라에 안영이란 유명한 재상이 있었다. 어느 해, 초나라의 영왕(靈王)이 그를 초청했다. 안영이 너무 유명하니까 만나보고 싶은 욕망과 코를 납작하게 만들고 싶은 심술이 작용한 것이다. 인사가 끝난 후 영왕이 물었다.

"제나라에는 그렇게도 사람이 없소?"

"사람이야 많이 있지요."

"그렇다면 경과 같은 사람밖에 사신으로 보낼 수 없소?"

안영의 키가 너무 작은 것을 비웃는 영왕의 말이었다. 그러나 안영은 태연하게 대꾸했다.

"예, 저의 나라에선 사신을 보낼 때 상대방 나라에 맞게 사람을 골라 보내는 관례가 있습니다. 작은 나라에는 작은 사람을, 큰 나라에는 큰 사람을 보내는데 신(臣)은 그 중에서도 가장 작은 편에 속하기 때문에 뽑혀서 초나라로 왔습니다."

그때 마침 간수가 죄인을 끌고 지나갔다.

"여봐라! 그 죄인은 어느 나라 사람이냐?"

"예, 제나라 사람이온데, 절도 죄인입니다."

초왕(楚王)은 안영에게 다시 물었다.

"제나라 사람은 원래 도둑질을 잘 하오?" 하고 안영에게 모욕을 주었다. 그러나 안영은 초연한 태도로 말했다.

"강남에 귤이 있는데 그것을 강북에 옮겨 심으면 탱자가 되고 마는 것은 토질 때문입니다. 제나라 사람이 제(齊)나라에 있을 때는 원래 도둑질이 무엇인지도 모르고 자랐는데 그가 초나라에 와서 도둑질한 것을 보면, 역시 초나라의 풍토 때문인 줄 압니다."

그 기지(機智)와 태연함에 초왕은 안영에게 사과하며 말하기를, "애당초 선생을 욕보일 생각이었는데 결과는 과인이 욕을 당하게 되었구려." 하고는 크게 잔치를 벌여 안영을 환대하는 한편 다시는 제나라를 넘볼 생각을 못 했다.

남귤북지(南橘北枳)의 의미는 확대되어 문화나 개인적인 성품이 주위의 환경 변화로 인해 예전만 못 하게 됨을 뜻하게 되었는데, 일반적으로 긍정적인 변화보다는 부정적인 변화를 뜻하는 말로 많이 쓰인다.

三遷之敎　三 석 삼　遷 옮길 천　之 ~한 지　敎 가르칠 교

직역 : 맹자 어머니가 자식의 교육을 위해 세[三] 번 이사한[遷之] 가르침[敎]

의역 : 교육에는 환경이 중요함

공자의 학문과 사상을 계승한 맹자는 위대한 철학가이자 사상가이다. 그런데 이렇게 훌륭한 분의 뒤에는 자식교육을 위해 헌신한 어머니가 있었다.

맹자의 어머니가 묘지 가까이에 집을 정하니 맹자가 어렸을 적에 놀 때 공동묘지에서 벌어지는 일들을 따라 하며 무덤 위에 올라가기도 하고 매장하는 것을 따라하기도 했다.

맹자 어머니가 말하기를 "이곳은 자식을 교육시킬 만한 곳이 아니다." 하고서는 곧 시장 근처로 집을 옮겼다. 그러자 맹자가 놀 때에 장사치들이 물건 파는 것을 따라 하며 놀았다. 맹자 어머니가 말하기를 "이곳 또한 자식을 교육시킬 만한 곳이 아니다." 하고 곧 집을 서당 옆으로 옮겨가니, 맹자가 놀 때 제기(祭器)들을 벌여 놓고, 인사하고 어른 앞에 나아가고 물러나는 예법을 시늉하니 맹자 어머니가 "이 곳이야 말로 자식을 키울 만한 곳이다." 하고서는 마침내 그곳에 거처를 잡았다.

　孟軻之母는　其舍近墓러니　孟子之少也에　嬉戲할 새　爲墓間之事하여　踊躍築埋어늘　孟母曰 "此非所以居子也라." 하고　乃居舍市하니　其嬉戲에　爲賈衒이어늘　孟母曰 "此非所以居子也라." 하고　乃徙舍學宮之傍하니　其嬉戲에　乃設俎豆하여　揖讓進退어늘　孟母曰 "此眞可以居子矣로 다." 하고　遂居之하니라.

- 『열녀전(烈女傳)』

　*軻 수레 가, 嬉 즐길 희, 戲 놀 희, 踊 뛸 용, 躍 뛸 약, 築 쌓을 축, 埋 묻을 매, 衒 팔 현, 俎 도마 조

　이 고사에서 유래한 맹모삼천(孟母三遷)은 교육에 있어서 환경의 중요성을, 또한 자식의 교육을 위해 헌신하는 부모의 노력을 뜻한다. 그리고 이것이 후세 사람들에게 가르침이 된다고 하여 맹모삼천지교(孟母三遷之敎) 또는 줄여서 삼천지교(三遷之敎)라고 한다.

전쟁에서 유래한 성어

乾坤一擲　乾 하늘 건 坤 땅 곤 一 한 일 擲 던질 척

직역 : 하늘[乾]과 땅[坤]을 걸고 한[一] 번 던짐[擲]
의역 : 천지를 걸고 단판걸이로 승부를 겨룸

　한나라의 유방과 초나라의 항우는 힘을 합쳐 진(秦)나라를 무너뜨렸으나 둘 사이에 서로 천하를 차지하려는 피나는 싸움이 계속 되었다. 그러나 싸움은 좀처럼 승부가 나지 않아 결국 강화를 맺고, 홍구(鴻溝)를 기준으로 유방이 서쪽을 차지하고, 항우가 동쪽을 차지하기로 했다.

　항우는 강화조약이 성립되자 군대를 이끌고 철수하였고, 유방도 군대를 철수시키려고 하자 장량과 진평이 말리며 "지금 초나라 군사는 지쳐 있으며, 식량도 떨어졌습니다. 이제야말로 초나라를 물리칠 수 있는 기회입니다."라고 하였다. 유방은 이 말에 따라 약속을 깨고 말머리를 동쪽으로 돌렸다. 드디어 항우와 일전을 벌여 그를 대패시키고 한왕조를 세웠다.

　당나라의 문장가인 한유(韓愈)는 홍구를 지나면서, 장량과 진평이 유방을 도와 왕업을 이룩한 일이야말로 천지를 건 모험이라 여기고 「과홍구(過鴻溝)」라는 시로서 감회를 읊었다.

龍疲虎困割川原	용피호곤할천원	용은 지치고 범은 곤란하여 내와 들을 가르니
億萬蒼生性命存	억만창생성명존	억만 백성은 생명을 보존하였네.
誰勸君王回馬首	수권군왕회마수	누가 군왕에게 말머리 돌릴 것을 권하여
眞成一擲賭乾坤	진성일척도건곤	진실로 하늘과 땅을 건 도박을 벌였던가.

*疲 피곤할 피, 割 가를 할, 億 억 억, 賭 노름 도

한유는 당시 유방이 천하를 걸고 승부를 겨루었던 일을 건곤일척(乾坤一擲)이라고 평했다. 이 말은 뒷날 운명을 걸고 단판으로 승부를 건다는 뜻으로 쓰이게 되었다.

鷄肋　鷄 닭 **계**　肋 갈비 **륵**

직역 : 닭[鷄] 갈비[肋]
의역 : 특별히 쓸모가 있는 것은 아니지만 버리기는 아까운 사물을 비유

『후한서(後漢書)』〈양수전(楊修傳)〉에 나오는 이야기이다.

위·촉·오 삼국시대로 접어들기 1년 전 후한(後漢) 말이었다. 촉의 유비와 위의 조조가 한중(漢中) 땅을 놓고 서로 치열한 전투를 벌이고 있었다. 양쪽이 몇 달째 별 진전 없는 전투만 벌이고 있는데, 조조 측에서는 보급로가 길어져 더 이상 싸우는 것은 별 소득이 없는 것이었다. 그러던 어느 날 저녁 하후돈이 그날 밤 암호가 무엇인지 묻기 위해 조조를 찾았다. 그러자 조조는 반찬으로 올라온 닭갈비찜을 보고서는 문득 '계륵'이라고 하였다. 하후돈이 암호를 받아 참모와 장수들에게 전달하자 희한한 암호라 여겨 모두들 의아해 했다. 그때 주부(主簿)인 양수(楊修)는 자신의 막사로 돌아가 짐을 꾸리기 시작했다. 그러자 양수의 행동을 의아하게 생각한 다른 장수들이 그 이유를 물었다. 양수가 이렇게 설명했다.

"무릇 닭갈비라는 것은 먹으면 별 소득이 없고, 버리면 아까운 것이오. 주공께서는 돌아갈 계획을 굳히신 것이오. [夫鷄肋은 食之則無所得이오. 棄之則如可惜이라. 公歸計決矣라.]"

양수의 말을 들은 조조의 진영은 술렁거리기 시작했고, 보고를 받은 조조는 유언비어를 퍼뜨린다는 죄명으로 양수의 목을 베어 죽였다. 그로부터 며칠 뒤 조조는 군사들에게 철수할 것을 명령했다.

이 이야기에서 유래한 '계륵(鷄肋)'은 자신이 가지자니 별 이득이 없고, 남에게 주자니 아까운 경우'에 쓰이는 고사성어이다. 또한 계륵은 자신에게 해가 되면 대의명분에 상관없이 남을 짓밟는 조조의 행동이 잘 드러나는 고사성어이기도 하다.

苦肉之策 苦 괴로울 **고** 肉 고기 **육** 之 ~하는 **지** 策 꾀 **책**

직역 : 제 몸[肉]을 괴롭게[苦] 하는[之] 계책[策]
의역 : 어찌할 수 없어 자신을 희생해 가면서까지 내는 계책

『삼국지』에 나오는 싸움 중 가장 큰 싸움인 적벽대전(赤壁大戰). 이 싸움에서 오의 손권과 촉한(蜀漢) 유비의 연합군은 조조의 대군을 화공(火攻)으로 대파한다.

오나라의 젊고 패기에 찬 도독인 주유(周瑜)는 방통(龐統)을 거짓 투항시켜 조조의 배들을 모두 쇠사슬로 엮는 연환계(連環計)를 쓰도록 한다. 또한 나이 많은 장수 황개(黃蓋)가 자신에게 대들었다고 거짓으로 꾸며 곤장을 때리는 벌을 준다. 이에 황개는 기회를 보아 조조에게 투항하겠다는 거짓 편지를 보내고, 조조도 첩자를 통해 정황을 확인한 뒤 그의 투항을 받아들인다. 제갈공명의 제사 의식이 끝난 후 바람의 방향이 오나라 쪽에서 조조군 쪽으로 바뀌자 황개는 인화 물질을 배에 싣고 조조에게 투항하는 척하다가 적선에 다가가 일시에 화공을 감행해 조조의 모든 군선을 불태워 적벽대전의 대승리를 이루어 내게 된다.

여기서 황개처럼 뜻을 이루기 위해 자신을 희생시키는 계책을 고육지책이라 한다.

捲土重來 捲 말 **권** 土 흙 **토** 重 다시 **중** 來 올 **래**

직역 : 힘을 길러 흙[土]을 말 듯한[捲] 기세로 다시[重] 옴[來]
의역 : 패한 사람이 세력을 길러 대단한 기세로 재차 공격해 옴

기원 전 202년 해하(垓下)에서 사면초가에 빠졌던 항우는 800여 명의 기병을 이끌고 포위망을 뚫고

빠져나갔다. 쫓고 쫓기는 가운데 항우가 해하를 건넜을 때는 군사가 100여 명밖에 남지 않았고, 동성에 이르렀을 때는 28명밖에 남지 않았다. 이에 항우는 28명을 넷으로 나누어 돌진하게 하고 자신도 한나라 군대의 장수들을 비롯해 100여 명을 베었다. 드디어 포위를 뚫고 오강(烏江)가에 이르렀다. 오강의 정장(亭長)은 이미 배를 대어놓고 항우에게 청했다.

"강동(江東)이 비록 작다고는 하지만 아직 천리 땅이 있고 몇 십만의 백성들이 있으니, 그곳에 가서도 왕업을 도모할 수 있습니다. 빨리 강을 건너십시오."

그러나 항우는 웃으면서 대답했다.

"내가 당초에 강동에서 군사를 일으켜 서쪽으로 진군하면서 이끌고 간 8000여 자제 중에 지금 한 사람도 남아 있지 않다. 내가 이제 무슨 면목으로 강동의 노인들을 대하겠는가?"

항우는 이렇게 말한 뒤 타고 있던 오추마를 정장에게 주고, 기병들은 모두 말에서 내려 배에 오르도록 명하였다. 항우는 이때 뒤쫓아온 유방의 군사를 100여 명이나 베었고, 자신도 20여 군데나 상처를 입어 온몸이 피투성이가 되었다. 그러던 중에 항우는 전부터 알고 있던 유방의 장수 여마동(呂馬童)을 발견하고는 큰소리로 외쳤다. "한군(漢軍)은 내 목에 황금 5000과 고을 일만 호를 걸었다고 하니, 어서 내 목을 가져다 바치게."

항우는 말을 마치자 목을 찔러 자결했다. 그의 나이 31세요, 군사를 일으킨 지 8년 만이었다.

당나라 때의 시인인 두목(杜牧)은 오강을 유람하다가, 당시 항우가 오강을 건너 강동으로 가지 않은 것을 아쉬워하면서 「오강정(烏江亭)」이라는 시를 지었다.

勝敗兵家事不期	승패병가사불기	병가의 이기고 지는 것은 기약할 수 없으니,
包羞忍敗是男兒	포수인패시남아	부끄러움 안고 패배를 참는 것도 대장부이네.
江東子弟多才俊	강동자제다재준	강동의 자제는 뛰어난 인재가 많으니,
捲土重來未可知	권토중래미가지	권토중래를 알 수 없었는데.

이 시에서 유래한 권토중래(捲土重來)는 실패한 사람에게 용기를 주어 재기할 수 있도록 격려하는 경우에 자주 사용한다.

多多益善 多 많을 다 多 많을 다 益 더할 익 善 좋을 선

직역 : 많으면[多] 많을수록[多] 더욱[益] 좋음[善]

의역 : 양이나 수가 많을수록 더욱 좋음

초패왕(楚覇王) 항우의 군대를 격파하고 중국을 통일한 한 고조(漢高祖)는 한신(韓信) 장군을 초왕으로 임명했다. 그러나 고조는 한신의 능력을 알고 있었기에 늘 그를 경계했다. 그리고 6년 후 한신이 역모를 꾀한다는 혐의가 있어, 강등시켜 회음(淮陰)의 제후로 삼았다.

고조가 물었다.

"나는 몇 명의 군사나 거느릴 수 있겠는가?"

한신이 대답하였다.

"폐하께서는 불과 십만의 군사밖에는 거느리실 수 없습니다."

고조가 말했다.

"그대는 어떠한가?"

"저는 많으면 많을수록 더욱 좋습니다."

原 文

上問曰 "如我能將幾何오?" 하니, 信曰 "陛下不過能將十萬이니이다." 上曰 "於君何如오?" 曰 "臣多多益善耳니이다."

- 『사기』〈회음후전(淮陰侯傳)〉

*幾 몇 기, 陛 섬돌 폐, 過 지나칠 과

"그런 그대는 어찌 나에게 사로 잡혔던고?"

"폐하 그것은 얘기가 다릅니다. 폐하께서는 병졸들의 장수는 될 수 없으나 장군들의 우두머리는 될 수 있는 분입니다. 그것이 바로 제가 폐하께 잡히게 된 까닭입니다. 더구나 폐하의 능력은 하늘이 내리신 것이라 사람의 힘으로는 어떻게 할 수가 없는 것입니다."

다다익선은 이처럼 한 고조와 한신 장군 사이의 대화에서 연유한 것이다.

背水陣 背 등질 배 水 물 수 陣 진칠 진

직역 : 물[水]을 등지고[背] 치는 진[陣]
의역 : 어떤 일에 죽기를 각오하고 정면으로 맞섬

배수진(背水陣)은 물을 등지고 치는 진이다. 이는 진법(陣法)의 기본이라 할 수 있는 배산임수(背山臨水)와는 정반대의 진법으로서 한 고조 유방을 도와 천하를 통일한 한신 장군이 시도한 것이다.

한나라 유방이 제위에 오르기 2년 전인 204년, 명장 한신은 유방의 명령에 따라 장이(張耳)와 함께 위나라를 격파한 여세를 몰아 병사 수만 명을 이끌고 조나라를 공격하였다. 조나라는 군사 20만 명을 동원하여 한나라가 쳐들어올 길목에 방어선을 구축하였다. 조나라의 군사전략가 이좌거(李左車)가 재상 진여(陳餘)에게 길목에서 기다리고 있다가 지나가는 한나라 군사를 공격하자고 건의하였으나 기습을 별로 좋아하지 않은 진여에 의해 건의가 묵살되었다. 이 정보를 입수한 한신은 기병 2000명을 조나라가 쌓은 성채 바로 뒤편에 매복시켰다. 그러면서 한신은 "우리가 달아나는 것을 보면 조나라 군사들은 우리를 쫓아올 것이다. 이때 조나라 누벽에 들어가 한나라의 붉은 깃발을 꽂아라." 또한 병사 일만 명으로 하여금 먼저 가게 하고 정경의 입구에서 나와 강을 등지고 진을 치게 하였다. 이에 조나라 군사들은 이를 바라보며 크게 웃었다.

조나라 군사들이 성에서 나와 공격하자 한신은 거짓으로 배수진까지 후퇴하였다. 여러 차례 접전을 치르면서 한나라 군사는 배수진에서 우군과 합류하였다. 한편 기세를 제압하였다고 판단한 조나라 군사들은 한신을 맹렬히 추격했다. 이때를 노려 한신은 매복시켜 둔 군사에게 조나라의 성채를 점령하도록 하였고, 나머지 군사는 배수진을 친 곳에서 필사적으로 싸웠다. 한나라의 결사적인 항전에 지친 조나라 군사들이 견디지 못하고 성채로 돌아와 보니 성채에는 이미 한나라의 깃발이 꽂혀 있었다.결국 한신의 승리로 돌아간 것이다.

　배수진은 오랜 원정을 거듭해 조나라보다도 전력이 떨어진 한신의 전술에서 유래한 말이다. 이처럼 한신의 고사에서 연유한 배수진은 물을 등지고 치는 진이다. "배수진을 치다."라고 하면 죽음을 각오하고 어떤 일에 정면으로 맞서는 것이다.

原　文

　謂軍吏曰　趙已先據便地爲壁하니　此彼未見吾大將旗鼓면　未肯擊前行하리라. 信乃使萬人으로 先出하여　背水陣하니　趙軍이　望見而大笑하더라.

- 『사기』〈회음후전(淮陰候傳)〉

*據 의지할 거, 壁 벽 벽, 旗 기 기, 鼓 북 고, 肯 기꺼이 할 긍

臥薪嘗膽　臥 누울 와　薪 땔나무 신　嘗 맛볼 상　膽 쓸개 담

직역 : 땔나무[薪]에 눕고[臥], 쓸개[膽]를 맛봄[嘗]
의역 : 목적을 달성하기 위해 온갖 고난을 참고 견딤

중국 춘추시대 때의 일이다.

　오나라 왕 합려(闔閭)는 취리에서 월나라 왕 구천(勾踐)과 싸워서 크게 패했다. 합려는 이 싸움에서 월나라 군사의 화살에 손가락을 부상당했는데, 불행히도 상처가 도져서 죽고 말았다. 그런데 죽기 전에 아들 부차(夫差)에게 구천을 쳐서 원수를 갚으라는 유언을 남겼다.

　부차가 복수할 뜻을 지니고서 아침저녁으로 섶으로 만든 자리에 눕고 드나드는 사람으로 하여금 이렇게 외치게 하였다.

　"부차야! 너는 월나라 사람이 너의 애비를 죽인 일을 잊었느냐?"

주나라 경왕 26년에 부차가 부초에서 월나라 군사를 패배시켰는데, 월왕 구천이 남은 병력을 데리고 회계산(會稽山)에 숨어들어서는 신하되기를 간청하였다. 이에 오자서가 안 된다고 했으나, 태재인 백비가 월나라로부터 뇌물을 받고 부차에게 월왕을 사면해 주도록 설득하였다.

구천이 월나라로 돌아와서 자리 위에 쓸개를 매달아 놓고서는 매번 그것을 핥으며 다짐했다.

"너는 회계에서의 치욕을 잊었느냐!"

그리고서는 나라의 정치는 대부인 종에게 부탁하고 범려와 더불어 군대의 일을 다스려서 오나라를 멸망시키고자 도모하였다.

原　文

夫差志復讐하야 朝夕臥薪中하고 出入使人으로 呼曰 "夫差야! 而忘越人之殺而父耶아!"하다. 周敬王二十六年에 夫差敗越于夫椒한대 越王句踐以餘兵으로 樓會稽山하야 請爲臣妻爲妾하니 子胥言不可라 하고 太宰伯嚭受越賂하야 說夫差赦越이라. 句踐이 反國하야 懸膽於坐하고 臥卽仰膽嘗之曰 "女忘會稽之恥耶!"하다. 擧國政하야 屬大夫種而與范蠡로 共治兵事하야 謀吳하다.

- 『십팔사략(十八史略)』

*而 너이, 耶 어조사야, 椒 산초나무초, 樓 깃들일서, 嚭 클비, 賂 뇌물줄뇌, 懸 매달현

그 후 월왕 구천은 오나라를 정복하여 패자(覇者)가 되었고, 오자서의 충고를 듣지 않아 패배한 부차는 강물에 몸을 던져 스스로 목숨을 끊고 말았다.

와신상담(臥薪嘗膽)은 부차의 와신(臥薪)과 구천의 상담(嘗膽)을 합친 말로서, 목적을 달성하기 위하여 갖은 고생과 어려움을 참아낸다는 말이다.

泣斬馬謖 泣 울 읍 斬 벨 참 馬 말 마 謖 일어날 속

직역 : 울면서[泣] 마속(馬謖)의 목을 베다[斬]
의역 : 큰 목적을 위해서는 사사로운 정은 접어둔다

촉나라 건흥(建興) 5년(227), 제갈공명은 한중(漢中)을 점령하고, 후주(後主) 유선(劉禪)에게 출사표(出師表)를 올리고서 북상을 개시했다. 그리고 승승장구하여 겨울에는 기산(祁山)에까지 다다르게 되었다. 이에 위나라 3대 왕인 조예(曹叡)는 사태가 심각함을 파악하고 사마중달(司馬仲達)을 보내어 제갈공명을 막도록 지시했다.

제갈공명에게는 이때 사마중달을 깰 묘책이 있었으나, 한 가지 걱정되는 일은 군량수송로인 가정(街亭)을 지키는 것이었다. 이때 장수 마속(馬謖)이 가정의 수비를 자청하고 나섰다. 마속은 백미(白眉)의 고사성어로 유명한 마량의 동생으로, 마량은 제갈공명과는 절친한 친구 사이었다. 그러므로 마속은 제갈공명에게는 친구의 동생이자, 아끼는 동생이기도 했다.

제갈공명은 가정이 지키기 힘들 뿐만 아니라 상대인 사마중달 역시 만만한 상대가 아니어서 마속에게 맡기기를 망설였다. 더군다나 유비가 마속을 평가하기를, "마속은 말이 그 실제를 따라가지 못하는 사람이니, 크게 기용할 수 없다[馬謖言過其實이니, 不可大用이라]."고 했던 말이 마음에 걸렸다.

이에 마속이 재차 자신을 기용해 줄 것을 간청하며 말했다.

"여태껏 병법을 익혔는데 가정 하나 못 지키겠습니까? 만약 패하면 저는 물론이거니와 일가권속까지 참형을 받아도 원망하지 않겠습니다."

이에 공명은 만일 실패하였을 때에는 군법으로 엄히 다스릴 것을 다짐하고 마속을 가정으로 보냈다. 가정에 도착한 마속은 지형을 살펴보고서 산기슭에 진을 치라는 공명의 명령을 어기고, 산 위에 진을 쳐서 적을 유인할 계책을 썼다. 이때 공명이 만약의 경우를 위해 함께 보낸 왕평(王平)이 반대했으나, 마속은 듣지 않았다. 결국 공격해 오는 적에게 포위당해 물이 끊기고, 참패하여 가정마저 위나라에 빼앗기게 되었다.

공명은 군율을 어긴 마속을 죽이지 않을 수 없었다.

장완(蔣琬)이 도성으로부터 와서 무사가 마속을 죽이려는 것을 보고 크게 놀라 큰소리로 막았다. "멈추시오!" 그리고서는 공명을 보고서 말했다.

"지금 천하가 아직 평정되지 않았는데 지혜로운 꾀 있는 신하를 죽인다니, 어찌 애석한 일이 아니겠습니까?"

공명이 눈물을 흘리며 대답했다.

"옛날 손무가 천하에 능히 승리자가 될 수 있었던 것은 법 적용을 분명히 했기 때문이오. 지금 사방이 나뉘어 다투고 전쟁이 시작되려 하는데, 만약 다시 군법을 흐지부지한다면, 어찌 적을 토벌할 수 있겠소? 마땅히 마속을 목 베어야 하오."

잠시 후에 무사가 마속의 목을 계단 아래에 가져다 놓으니, 공명이 크게 통곡하며 그치지 않았다.

參軍蔣琬自成都至하야 見武士欲斬馬謖하고 大驚하야 高叫 "留人하라!" 하고, 入見孔明曰 "昔楚殺得臣而文公喜라. 今天下未定한대 而戮智謀之臣하니 豈不可惜乎아?" 孔明流涕而答曰 "昔孫武所以能制勝于天下者는 用法明也라. 今四方分爭하야 兵戈方始하니 若復廢法이며 何以討賊耶리오? 合當斬之라." 須臾에 武士獻馬謖首級于階下하니, 孔明大哭不已라.

　*莊 성할 장, 琬 옥돌 완, 叫 부르짖을 규, 戮 죽일 륙, 涕 눈물 체, 耶 어조사 야, 獻 드릴 헌, 級 수급 급, 階 섬돌 계

七縱七擒 七 일곱 **칠** 縱 놓을 **종** 七 일곱 **칠** 擒 사로잡을 **금**

직역 : 일곱[七] 번 놓아줬다가[縱] 일곱[七] 번 사로잡음[擒]
의역 : 상대방을 마음대로 잡았다 풀어줬다 함. 상대편을 마음대로 다룸

촉한의 유비가 죽은 뒤 곳곳에서 내란이 일어났다. 이때 운남(雲南) 지방에서 반란을 일으킨 사람이 바로 남만(南蠻)의 추장인 맹획(孟獲)이었다. 이에 제갈공명은 후주 유선을 설득하여 남만 정벌에 나섰다. 이때 마속이 전송하러 나왔는데, 제갈공명이 이번 전쟁에 쓸 계책을 물었다. 그러자 마속이 답했다.

"성을 공격하는 것은 하책(下策)이고, 마음을 공격하는 것이 상책(上策)이 되어야 합니다."

이것은 일시적인 무력에 의해 상대방을 제압하는 것이 아니라, 마음으로 복종하도록 만들어야 한다는 것을 뜻한다. 이에 제갈공명은 맹획을 죽이지 말고 사로잡으라는 명령을 내리고 촉나라 군사들은 제갈공명의 명령에 따라 유인 작전으로 맹획을 생포했다. 제갈공명은 맹획을 죽이지 않고 촉나라 병영을 보여준 다음 맹획에게 잡힌 이유를 물었다. 이에 맹획은 "지난번에는 허실을 알지 못했소. 때문에 패하여 이 지경에 이르게 된 것이오. 다시 싸운다면 우리가 쉽게 이길 수 있을 것이오."라고 말했다.

그러자 제갈공명은 맹획을 풀어 주었고, 이러기를 일곱 번 하자 맹획은 제갈공명에게 항복하게 되었다.

여기에서 유래한 칠종칠금(七縱七擒)은 '상대를 내 마음대로 좌지우지한다' 는 뜻으로 쓰인다.

겉과 속이 다름

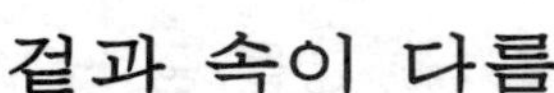

口蜜腹劍　口 입 **구** 蜜 꿀 **밀** 腹 배 **복** 劍 칼 **검**

직역 : 입[口]으로는 꿀[蜜]같이 달콤한 말을 하나 속[腹]에는 칼[劍]을 품음
의역 : 겉으로는 친절한 체하나 속으로는 해칠 생각을 가짐

당나라 현종 때의 이임보(李林甫)라는 재상은 술수에 능하고 교활하여, 자신보다 뛰어난 사람이 있으면 온갖 계략을 써서 제거하였다.

어느 날 현종이 이임보에게 묻기를 "엄정지(嚴挺之)는 지금 어디 있느냐? 그에게 다시 일을 시킬까 한다."라고 하였다.

엄정지는 강직한 인물로 요직에 있다가 이임보의 시기를 사서 지방으로 추방당했는데, 현종이 다시 등용하려 한 것이다. 그러자 이임보는 계략을 써서 서울에 있는 엄정지의 아우 엄손지(嚴損之)를 불러 "황제께서는 자네의 형님을 몹시 칭찬하고 계시네. 황제를 한 번 배알하는 것이 어떨까? 틀림없이 관직을 받을 수 있을 거야. 우선 병을 치료하기 위하여 서울에 이미 돌아왔다는 상소문을 올리는 게 좋다고 생각하는데, 어떨까?"라고 말했다. 엄손지는 매우 고맙게 여기고 시키는 대로 했다. 이때 이임보는 현종에게 "엄정지가 자신은 늙고 병이 깊다는 상소를 올렸습니다. 제 생각으론 중요한 관직을 맡기긴 어려울 것 같으니 한직(閒職)이나 주는 것이 좋겠다고 생각합니다."라고 말했고, 현종은 그렇게 하기로 했다. 나중에 이 사실을 안 엄정지는 결국 화병이 들어 죽고 말았다. 이 일로 인해 당시 사람들은 "이임보의 입에는 꿀이, 뱃속에는 칼이 있다[口有蜜腹有劍]."고 했다고 한다.

이임보처럼 겉으로는 친절한 척하지만 속으로는 해치려 하는 것을 구밀복검(口蜜腹劍)이라고 한다.

原　文

勢位가 將逼己者를 必百計去之하고 尤忌文學之士하여 或陽與之善이라가 以甘言하고 而陰
陷之하니 世謂 林甫는 口有蜜이요 腹有劍이라.

『통감강목(通鑑綱目)』

*逼 닥칠 핍, 陷 빠뜨릴 함

勸上搖木　勸 권할 **권** 上 오를 **상** 搖 흔들 **요** 木 나무 **목**

직역 : 나무[木]에 오르라고[上] 권하고서는[勸] 나무를 흔들어[搖] 댐
의역 : 겉으로는 도와 주는 척하면서 사실은 일을 방해함

　권상요목(勸上搖木)은 특별한 고사가 있는 성어는 아니다. 한자 그대로 풀이해 보면 쉽게 이해할 수
있을 것이다. 예를 들어 두 명의 아이가 있었는데 한 아이가 체구가 약간 작은 아이에게 "네가 몸무게
가 적게 나가니까 저 감나무에 올라가서 감을 따와."라고 권하고서는 막상 그 아이가 나무에 오르자
밑에서 나무를 흔들어 대는 것과 같은 것이다. 또 다른 예를 들면, 어서 공부하라고 해놓고서는 옆에
서 TV 볼륨을 크게 하는 행동과도 같다.
　권상요목은 겉으로는 도와 주는 것처럼 하면서 사실은 일이 잘되지 않도록 훼방 놓는 것을 뜻한다.

面從腹背 面 얼굴 **면** 從 따를 **종** 腹 배 **복** 背 등질 **배**

직역 : 얼굴[面]로는 따르는[從] 척하나 속[腹]으로는 배반함[背]
의역 : 겉으로는 따르는 척하나 속마음으로는 배반할 생각을 가짐

　면종복배(面從腹背)에서 '面'은 겉으로 드러나는 행동과 표정을 의미하고, '腹'은 속에 품고 있는 마음을 뜻한다. 곧 면종복배의 의미는 어떤 사람, 주로 윗사람에게 겉으로는 행동이나 말에 복종하고 의견을 따르는 척하면서 마음속으로는 언젠가는 힘을 길러 배반할 생각을 가지고 있는 경우를 뜻한다. 우리 속담에 "열 길 물 속은 알아도 한 길 사람 속은 모른다."라는 말이 있다. 바로 이 성어와 그 의미가 통한다고 할 수 있다. 세상에서 가장 알기 어려운 것은 사람의 마음이지요.

羊頭狗肉 羊 양 **양** 頭 머리 **두** 狗 개 **구** 肉 고기 **육**

직역 : 양(羊)의 머리[頭]를 내걸어 놓고 개고기[狗肉]를 팜.
의역 : 겉은 훌륭하게 보이나 속은 변변치 않음.

　양의 머리를 내걸어 놓고 양고기를 파는 척하면서 실제로는 개고기를 파는 것처럼, 선전하는 것과 실제가 일치하지 않는 경우를 양두구육(羊頭狗肉)이라고 한다.
　양두구육은 아주 고대로부터 사용하던 말인데, 문헌에 따라 말이 조금씩 다르다.
　『안자춘추(晏子春秋)』에는 "소머리를 내걸고 말고기를 판다[牛首馬肉].", 『후한서(後漢書)』〈광무기(光武紀)〉에는 "양머리를 걸고 말고기를 판다[羊頭馬脯].", 『설원(說苑)』에는 "양머리를 걸고 개고기를 판다[羊頭狗肉]."

이처럼 문헌마다 조금씩 다르기는 하지만 그 의미는 같다.

이 중에서 『안자춘추』에 실린 고사를 알아보자.

춘추시대 때 제나라의 영공(靈公)은 여자들에게 남자 옷 입히기를 좋아하였다. 그러자 나라 사람들이 모두 남장을 하게 되었다. 이에 영공이 관리들로 하여금 그것을 금지하게 하였다.

"여인들이 남장을 하면 그 옷을 찢고, 허리띠를 끊도록 하라."

옷을 찢고 허리띠를 끊는데도 백성들은 서로 남장하기를 멈추지 않았다.

안자(晏子)가 영공을 찾아오니, 영공이 물었다.

"과인이 관리들로 하여금 여자가 남자 옷 입는 것을 금지하는 명령을 위반할 때에는 옷을 찢고 허리띠를 끊도록 했는데도 백성들이 그만두지 않는 것은 무엇 때문이오?"

안자가 대답하였다.

"임금께서 궁궐 안에서는 남장을 하게 하고, 궁궐 밖에서는 금하도록 하는 것은 소머리를 문 밖에 내걸고서 안에서는 말고기를 파는 것과 같습니다. 임금께서는 어찌 궁궐 안에 있는 사람들에게 남장하는 것을 금하지 않으십니까? 그렇게 하시면 궁궐 밖에서도 감히 남장을 하지 못할 것입니다."

영공이 말하였다.

"좋습니다!"

영공이 궁중에서 남장을 하지 못하도록 하니, 한달이 지나자 나라 안에 남장을 하는 사람이 없어지게 되었다.

原　文

靈公이 好婦人而丈夫飾者하니, 國人盡服之라. 公이 使吏禁之曰 "女子而男飾者는 裂其衣斷其帶리라." 裂衣斷帶라도 相望而不止라. 晏子見한대 公問曰 "寡人使吏로 禁女子而男子飾하야 裂斷其衣帶라 한대 相望而不止者는 何也오?" 晏子對曰 "君使服之於內하고 而禁之於外는 猶懸牛首于門 而賣馬肉於內也라. 公何以不使內로 勿服고? 則外莫敢爲也리라." 公曰 "善이라!" 하고, 使內勿服하니 踰月而國莫之服이라.

*飾 꾸밀 식, 帶 띠 대, 晏 늦을 안, 懸 매달 현, 賣 팔 매, 踰 넘을 유

안자의 대답 중에 나온 "문 밖에는 소머리를 걸어놓고 안에서는 말고기를 파는 것"과 같이 겉으로는 좋은 물건을 내걸어 놓고 안에서는 나쁜 물건을 파는 경우, 겉은 훌륭해 보이나 속은 형편없는 경우처럼 겉과 속이 일치하지 않는 경우를 '양두구육(羊頭狗肉)'이라고 한다.

表裏不同 表 겉 **표** 裏 속 **리** 不 아니 **부** 同 한 가지 **동**

직역 : 겉[表]과 속[裏]이 같지[同] 않음[不]
의역 : 겉으로 보이는 것과 속이 일치하지 않음

표리부동(表裏不同)이라는 말은 한자 그대로의 말만으로도 그 의미가 파악된다고 할 수 있다. 겉과 속이 같지 않다, 곧 겉으로 드러나는 모습과 내실이 일치하지 않음을 뜻하는 것이다. 예를 들어 과일 가게에서 딸기를 파는데 싱싱하고 정말로 맛있어 보였다. 그런데 막상 먹어보니 당도가 너무 떨어져 아무 맛도 없는 경우가 여기에 해당된다고 할 수 있다. 사람에 있어서는 말과 행동이 일치하지 않는 사람이 여기에 해당되겠다.

여럿 중에서 뛰어남. 뛰어난 인재

群鷄一鶴 群 무리 **군** 鷄 닭 **계** 一 한 **일** 鶴 학 **학**

직역 : 많은[群] 닭[鷄] 중에 한[一] 마리의 학(鶴)

의역 : 수많은 사람들 가운데 걸출한 한 사람

죽림칠현(竹林七賢) 중에 혜강이란 사람이 있었는데 모함을 받아 죽었다. 10살에 아버지를 잃은 혜강의 아들 혜소는 홀어머니를 모시고 지내게 되었다. 그러던 중 당시 죽림칠현의 한 사람이었던 산도(山濤)가 이를 안타깝게 여겨 무제(武帝)에게 간(諫)했다.

"서경(書經)에 '아버지의 죄는 아들에게 미치지 않으며 아들의 죄는 곧 아버지에게 미치지 않는다.'고 되어 있습니다. 비록 혜소가 혜강의 아들이나 지혜가 매우 뛰어나니 그에게 비서랑(秘書郞)의 벼슬을 주십시오."

▲ 여러 마리 닭 중에 한 마리의 학

그러자 무제는 "그대가 추천할 만한 인물이라면 승(丞)을 시켜도 무난하겠소." 하며 비서랑보다 한 단계 높은 비서승(秘書丞)에 등용하였다.

혜소가 등용된 뒤 처음으로 많은 사람들 속에 섞여 출근을 했다. 이 모습을 지켜본 어떤 사람이 죽림칠현의 한 사람인 왕융(王戎)에게 "그저께 많은 사람들 중에 있는 혜소를 처음 보았는데 그의 높은 기개와 혈기가 마치 닭의 무리 속에 있는 한 마리의 학[群鷄一鶴]과 같았습니다."라고 했다. 그러자 왕융은 "그대는 혜소의 아버지를 본 적이 없겠지. 그는 혜소보다 훨씬 더 늠름했다네."라고 대답했다.

이때부터 군계일학(群鷄一鶴)이란 말은 무리 속에서 우뚝 솟아 있는 사람이나 매우 뛰어난 사람을 가리키는 말로 사용되었다.

囊中之錐 囊 주머니 **낭** 中 가운데 **중** 之 ~의 **지** 錐 송곳 **추**

직역 : 주머니[囊] 속[中]의[之] 송곳[錐]
의역 : 유능한 사람은 숨어 있어도 자연히 그 존재가 드러나게 됨

『사기 열전(史記列傳)』〈평원군전(平原君傳)〉을 소개한다.

평원군 조승(趙勝)은 조나라 혜문왕(惠文王)의 동생으로, 조나라 공자(公子) 중의 한 사람이었다. 평원군은 많은 식객을 거느리고 있었다.

어느 날 조나라가 진나라의 공격을 받아 수도 한단(邯鄲)이 포위되었고 평원군이 초나라에 도움을 요청하기 위해 사신으로 가게 되었다. 그래서 식객 중 지용(智勇)을 겸비한 사람 20명을 뽑아 동행하고자 했지만 한 사람이 부족했다. 그 때 모수가 스스로 자신을 추천하였다.

평원군이 말하였다.

"대저 현명한 선비가 세상을 대처함은 비유컨대 주머니 속에 있는 송곳과 같아서 그 끝이 반드시 나타나게 되는 것이다. 지금 선생이 내 집에 들어와서 여기에서 3년이 되었으나, 내가 들은 바가 없으니 이것은 선생이 가진 재주가 없는 것이다."

그러자 모수가 반박하며 말했다.

"저는 이제야 오늘 처음으로 주머니 속에 넣어 달라는 것입니다. 저로 하여금 일찍 주머니 속에 넣어 주셨더라면 송곳자루까지 나와 있었을 것입니다."라고 대답하였다.

平原君曰 "夫賢士之處世也는 譬若錐之處囊中하여 其末立見이라. 今先生이 處勝之門下하여

三年於此矣라 勝이 未有所聞하니 是先生無所有也라."毛遂曰 "臣乃今日請處囊中耳니이다. 使
遂蚤得處囊中하니 乃穎脫而出하니 非特其末見而耳니다."

-『사기』〈평원군전(平原君傳)〉

*譬 비유할 비, 遂 이룰 수, 蚤 일찍 조, 穎 이삭 영

　이리하여 모수는 초나라에 갈 수 있었다. 그리고 조나라와 초나라 사이의 동맹을 맺는 문제가 어려
움에 부딪칠 때마다 모수의 용기와 설득력으로 성공했다.

棟梁之材　棟 마룻대 동　梁 들보 량　之 ~할 지　材 재목 재

직역 : 마룻대[棟]와 대들보 같은[梁之] 인재[材]
의역 : 국가의 중책을 맡을 빼어난 인재

　『오월춘추(吳越春秋)』의 〈구천입신외전(勾踐入臣外傳)〉에 이런 구절이 있다.

　대부인 예용(曳庸)이 말하기를 "대부 문종(文種)은 나라의 동량(棟梁)이요, 임금의 조아(爪牙)입
니다."라고 했다.

　여기서 조아(爪牙)란 호랑이의 날카로운 발톱과 어금니처럼 임금을 든든하게 지켜주는 신하란 뜻이
요, 동량(棟梁)은 집의 마룻대와 들보처럼 매우 중요한 역할을 담당하는 신하를 뜻한다.
　마룻대는 서까래를 지탱하며 집의 중앙을 횡으로 지지하는 가로 막대이다. 산마루에서 알 수 있듯
이 마루는 정상을 뜻하는데, 마룻대란 집의 정상에 해당하는 중요한 대이다. 이 마룻대가 옆으로 뻗어
올라 집의 풍채를 한껏 웅장하게 해주는 것이 용마루이다. 들보는 기둥과 기둥 사이에 얹히는 굵은 막
대로서 집의 상단부를 받치는 중요한 역할을 한다. 여러 개의 들보 중에서도 가장 굵고 힘을 쓰는 것
을 대들보라고 한다.
　이처럼 마룻대와 들보는 집을 지탱하는 매우 중요한 요소들이다.

동량지재(棟梁之材)란 마룻대[棟]와 들보[梁]처럼 국가의 중책을 맡을 만한 빼어난 인재[材]란 뜻이다.

白眉 白 흰 백 眉 눈썹 미

직역 : 흰[白] 눈썹[眉]
의역 : 여럿 가운데서 가장 뛰어남

『삼국지 촉지(三國志 蜀志)』〈마량전(馬良傳)〉에 소개된 마량은 촉나라 유비의 참모로 문무를 겸비하고 지략이 뛰어난 인물이었다.

제갈량과도 남다른 친교를 맺은 바 있었던 마량은 형제가 다섯 명이었다.
마량의 자(字)는 계상(季常)이며, 양양 의성 사람이었다. 형제 다섯 사람이 모두 재주로 이름이 있어서, 마을 사람들이 흔히들 이렇게 말했다.
"마씨 오형제 중에 백미(白眉)가 가장 뛰어나다."
마량의 눈썹 가운데에 흰 털이 있었기 때문에 그렇게 부르게 된 것이다.

原 文

馬良의 字는 季常이니 襄陽宜城人也라. 兄弟五人이 竝有才名하야 鄕里爲之諺曰 "馬氏五常에 白眉最良이라." 하니, 良眉中有白毛라. 故로 以稱之라.

－『삼국지』〈촉서 마량전(蜀書 馬良傳)〉

이로부터 사람들은 여럿 중에 가장 뛰어난 사물, 여러 사람 중에 가장 빼어난 사람을 백미(白眉)라고 부르게 되었다.
제갈량이 눈물을 흘리면서 목을 베었던 마속은 바로 마량의 아우였다.

鐵中錚錚　鐵 쇠 **철**　中 가운데 **중**　錚 쇳소리 **쟁**　錚 쇳소리 **쟁**

직역 : 여러 쇠붙이[鐵] 가운데[中] 유난히 맑은 소리를 냄[錚錚]
의역 : 평범한 사람 가운데 특별히 뛰어난 사람

『후한서(後漢書)』〈유분자전(劉盆子傳)〉에 실린 이야기이다.

　후한 때 광무제(光武帝)의 이야기이다. 그 당시는 매우 혼란한 정세였는데, 장안(長安)에 적미(赤眉), 농서에 외효, 하서(河西)에 공손술(公孫述), 수양(雎陽)에 유영(劉永), 노강(盧江)에 이헌(李憲), 임치(臨淄)에 장보(張步) 등이 막강한 영향력을 행사하고 있었다.

　황제는 먼저 적미 토벌을 시도했다. 적미는 전한 경제(景帝)의 자손인 유분자(劉盆子)를 황제에 추대하고 있었다. 황제는 등우(鄧禹)와 풍이(馮異)를 보냈으나 전세가 불리해지자 황제가 몸소 출정하여 겨우 항복을 받아낼 수 있었다. 그들은 대장 번숭(樊崇)이 유분자를 데리고 웃통을 벗은 후 스스로를 벌하는 모습을 보고 항복해 온 것이다.

　황제가 먼저 유분자에게 물어 보았다.

　"그대는 자기가 마땅히 죽어야 한다고 생각하느냐? 그렇지 않느냐?"

　"죄는 마땅히 죽어야 할 줄 아오니, 폐하께서 가엾게 여겨 사면해 주시기만을 빌 뿐이옵니다."

　"이 교활한 놈. 너는 왕실을 웃음거리로 만들었도다."

　이어 번숭에게 물어 보았다.

　"항복한 것을 후회하지 않느냐? 내가 지금이라도 그대들을 돌려보내, 군사들을 부리게 하여 승부를 다시 결정지으려 한다. 억지로 복종하지는 말라."

　참모 서선(徐宣)이 머리를 땅에 찧으면서 말했다.

"저희들이 오늘 항복한 것은 호랑이 입에서 벗어나 자애로운 어머니의 품에 돌아온 것과 같다고 생각합니다. 항복한 것을 만족스럽게 생각할 뿐, 후회하는 것은 없습니다."

이에 광무제가 말하였다.

"그대들은 이른바 철중쟁쟁(鐵中錚錚), 용중교교(庸中佼佼)한 자들이로다."

'용중교교(庸中 佼佼)'란 '평범한 사람(庸 용렬할 용) 가운데서[中 가운데 중] 좀 나은[佼 교활할 교, 佼佼: 뛰어난 모양) 사람' 이라는 뜻이다. 철중쟁쟁과 함께 그만그만한 사람 중에서 좀 나은 사람을 말한다.

광무제는 정말 유능한 사람이라면 시세의 추이를 통찰해 벌써 항복했을 것이고, 천하의 대세를 분별 못 하는 어리석은 사람이라면 아직도 항복을 받아들이지 않고 버티고 있을 것이라고 생각한 것이다. 항복한 시기는 결코 이르다고는 할 수 없지만, 아직도 고집을 부리고 있는 어리석은 사람에 비하면 차라리 낫다고 본 것이다.

泰山北斗　泰 클 태　山 산 산　北 북녘 북　斗 별자리 두

다음은 『당서(唐書)』〈한유전(韓愈傳)〉의 일부이다.

"당나라가 흥성한 이래로 한유는 육경(六經)을 가지고 여러 학자들의 스승이 되었다. 한유가 죽은 뒤 그의 학문과 문장은 더욱 유명해져서 학자들은 그를 마치 태산북두(泰山北斗)처럼 추앙했다."

原 文

愈가 以六經之文으로 爲諸儒倡하다. 自愈沒에 其學盛行하여 學者仰之하며 如泰山北斗云하다.

　태산은 중국 제일의 명산 중의 하나로 산둥성(山東省)의 태안(泰安)에 위치해 있는데, 중국인들은 예로부터 태산을 성스러운 산으로 추앙해 왔다. 공자는 일찍이 말하기를 "태산에 올라 본 후에야 비로소 천하가 넓은 줄을 알겠다."라고 하였을 정도였고, 우리나라에도 그 명성이 널리 알려져 "태산이 높다 하되 하늘 아래 뫼이로다."라는 시조가 나올 정도였다.

　북두(北斗)는 북두성(北斗星)이다. 북두는 주변의 뭇별들이 중심으로 삼아 도는 별이기에, 흔히 북두라고 하면 남에게 추앙받는 인물을 뜻한다.

　태산북두(泰山北斗)란 이처럼 세상 사람들로부터 널리 우러름을 받거나 가장 존경받는 사람을 가리키는 말인데, 이를 줄여서 태두(泰斗)라고 한다.

불교(佛敎)에서 탄생한 성어

群盲撫象 群 무리 군 盲 소경 맹 撫 어루만질 무 象 코끼리 상

직역 : 여러[群] 소경[盲]이 코끼리[象]를 어루만짐[撫]
의역 : 사물을 전체적으로 보지 못하고 일부분에만 집착함

인도의 경면왕(鏡面王)이 어느 날 장님들에게 코끼리를 가르쳐 주기 위해 그들을 궁중으로 불러 모았다. 그리고 신하를 시켜 코끼리를 끌어오게 한 다음 장님들에게 만져보게 한 후 물었다.

"이제 코끼리가 어떻게 생겼는지 알았느냐?"
그러자 장님들은 입을 모아 그렇다고 대답했다.
"그러면 어디 한 사람씩 말해 보아라."
상아를 만진 사람은 "무와 같습니다."
귀를 만진 사람은 "키와 같나이다."
머리를 만진 사람은 "돌과 같사옵니다."
코를 만진 사람은 "절구공이 같사옵니다."
다리를 만진 사람은 "기둥과 같나이다."
배를 만진 사람은 "기둥과 같나이다."
꼬리를 만진 사람은 "새끼줄과 같나이다."

　장님들의 대답은 이처럼 만져본 부위에 따라 제각기 달랐다. 이 이야기에서 등장하는 코끼리는 석가모니를 비유한 것이고, 장님들은 중생들을 비유한 것이다. 중생들은 장님이 코끼리를 만지듯이 석가모니를 부분적으로밖에 이해할 수 없다는 것이고, 한편으로는 중생들에게 각기 석가모니가 따로 있다는 뜻이기도 하다.

▲ '장님 코끼리 만지기' 사물을 전체적으로 보지 못하고 자신이 보는 부분에만 집착함

拈花微笑　拈 잡을 **염(념)** 花 꽃 **화** 微 작을 **미** 笑 웃을 **소**

직역 : 꽃[花]을 집자[拈] 살짝[微] 웃음[笑]
의역 : 마음에서 마음으로 전함

　어느 날 석가세존(釋迦世尊)이 영산(靈山)에서 제자들을 모아 놓고 설교를 하다가, 갑자기 연꽃 한 송이를 들어 제자들에게 보였다. 설교를 듣던 제자들은 그 뜻을 알지 못하고 어리둥절해 하고 있는데, 그 중 가섭존자(迦葉尊自)만이 그 뜻을 깨닫고는 살짝 미소를 지어 보였다. 그러자 석가세존은 "나는 글로 기록하지 않고, 가르침 외에 따로 전하는 것이 있다[不立文字 敎外別傳]. 그것을 가섭에게 전하노라." 하고는 그에게 불교의 진리를 전수하였다고 한다.

　여기서 유래한 염화미소(拈花微笑)는 석가세존이 꽃을 집어 들자 가섭이 살짝 웃었다는 말인데, 가르침의 방법이 말이나 글이 아닌 마음에서 마음으로 전함을 이른다.

　염화미소(拈花微笑), **교외별전**(敎外別傳), **불립문자**(不立文字), **이심전심**(以心傳心), **심심상인**(心心相印)은 석가세존이 가섭존자에게 가르침을 전함에 말이나 글이 아니라 마음에서 마음으로 전하였다는 데서 유래한 말들이다.

不可思議　不 아니 **불**　可 할 수 있을 **가**　思 생각 **사**　議 의논할 **의**

직역 : 생각[思]이나 의논[議]조차 할 수[可] 없는[不] 일
의역 : 마음으로 생각할 수 없고, 말로 형용할 수 없는 것

『화엄경(華嚴經)』에 "부처의 지혜는 허공처럼 끝이 없고 그 법(法)인 몸은 불가사의하다."는 말이 나온다. 또 이 경전의 〈불가사의품(不可思議品)〉에 따르면 부처에게는 불국토[刹土], 청정한 원력[淨願], 종성(種姓), 출세(出世), 법신(法身), 음성, 지혜, 신력자재(神力自在), 무애주(無碍住), 해탈 등의 열 가지 불가사의가 있다고 한다. 부처의 몸이나 지혜ㆍ가르침은 불가사의하여 중생의 몸으로는 헤아릴 수 없다는 말이다.

여기서 유래한 불가사의라는 말은 불가의 용어로서보다는 '세계 7대 불가사의' 라는 말로 더 널리 쓰인다.

阿鼻叫喚　阿 언덕 **아**　鼻 코 **비**　叫 부르짖을 **규**　喚 부를 **환**

직역 : 아비지옥(阿鼻地獄)과 규환지옥(叫喚地獄).
의역 : 계속되는 심한 고통으로 울부짖는 참상을 형용하는 말

아비규환(阿鼻叫喚)은 아비지옥과 규환지옥의 결합어로, 아비(阿鼻)와 규환(叫喚)은 모두 불가(佛家)에서 말하는 8대 열지옥(熱地獄) 중의 하나이다.

아비는 범어(梵語) 'Avici' 의 음역(音譯)으로 阿는 無, 鼻는 求의 뜻이다. 즉 '전혀 구제받을 수 없다' 는 뜻을 지니고 있다. 또 이것은 8대 지옥 중 가장 아래에 있는데, 괴로움을 받는 것이 끊임없으므

로 무간(無間)이라고 번역되기도 한다.

무간지옥(無間地獄)은 남섬부주(南贍浮洲) 아래 2만 유순(由旬)되는 곳에 있는 몹시 괴롭다는 지옥이다. 이곳에 떨어지면 옥졸이 죄인을 붙들고 살가죽을 벗기며, 그 베껴낸 가죽으로 죄인을 꽁꽁 묶어 불 수레에 싣고, 훨훨 타는 불 속에 던져 태우기도 한다고 한다. 또 야차(夜叉 : 악마)들이 큰 쇠창을 불에 달구어서 죄인의 몸에 꿰거나, 쇠로 된 매가 죄인의 눈을 파먹기도 한다고 한다. 그래서 이곳에 떨어지는 순간부터 하루에 수천 번씩 죽었다가 되살아나는 고통을 받게 되는데 잠시의 평온도 누릴 수 없고, 고통은 죄의 대가를 다 치른 후에야 끝난다고 한다.

규환은 '울부짖다' 는 뜻으로, 범어 'Raurava' 에서 유래된 말이다. 8대 지옥 중 네 번째 지옥으로 누갈(樓喝)이라고 음역하기도 한다. 이곳엔 전생(前生)에 살생, 질투, 절도, 음탕, 음주를 일삼은 자들이 떨어지게 되는데, 물이 펄펄 끓는 거대한 가마솥에 빠지거나 불이 활활 타오르는 쇠로 된 방에 들어가 뜨거운 열기에 고통을 받아야 한다고 한다. 이때 워낙 고통스러워 소리를 지르기 때문에 규환지옥(叫喚地獄)이라고 한다.

이런 끔찍한 지옥을 뜻하는 말에서 유래한 '아비규환' 은 '매우 처참한 사고현장' 을 묘사할 때 흔히 쓰이는 말이다.

一切唯心造 ― 한 **일** 切 온통 **체** 唯 오직 **유** 心 마음 **심** 造 지을 **조**

직역 : 모든 것[一切]은 오직[唯] 마음[心]이 만들어 내는 것이다[造]
의역 : 세상의 모든 법은 마음 먹기에 달려 있다

『화엄경』〈보살설계품(菩薩設戒品)〉에 다음과 같은 4구의 게송(偈頌 : 불교의 가르침을 함축하여 표현하는 운문체의 짧은 시구)이 나온다.

若人欲了知 약인욕료지

三世一切佛 삼세일체불

應觀法界性 응관법계성

一切唯心造 일체유심조

만일 삼세의 모든 붓다를 알고자 한다면

마땅히 법계의 본성(本性)을 관(觀)해서

일체의 모든 것은 오직 마음이 지었음을 알아야 한다.

이것이 유명한 『화엄경』의 4구게(四句偈)이다. 과거·현재·미래의 붓다를 알고자 하는 사람은 마땅히 다음과 같이 관(觀)해야 한다는 것이다. 우리의 마음이 일체를 만든다는 사실을 알아야 한다는 것이다.

'일체유심조(一切唯心造)' 하면 원효 스님과 해골바가지 속의 물에 대한 일화가 떠오른다. 똑같은 물임에도 모르고 마셨을 때는 달콤한 감로수(甘露水)가 되었으나, 썩은 물인 줄 알고 나니 속이 뒤틀린 것이다. 이것이 바로 '일체유심조', 마음의 힘이다.

天上天下唯我獨尊 天 하늘 천 上 위 상 天 하늘 천
下 아래 하 唯 오직 유 我 나 아 獨 홀로 독 尊 존귀할 존

직역 : 하늘[天] 위[上] 하늘[天] 아래[下]에서 오직[唯] 나[我]만 홀로[獨] 존귀함[尊]

의역 : 사람의 성품이 존엄한 것임을 뜻함

'천상천하유아독존(天上天下唯我獨尊 ; Aggo ham asmi lokassa)'은 석가모니가 탄생하면서 말씀하신 게송이라고 한다.

부처님 오신 날에 부처님이 태어나서 한 손으로 하늘을 가리키고 한 손으로 땅을 가리키며 "천상천하유아독존"이라고 하셨다는 불상(佛像)에 관욕(灌浴)하는 의식이 있다. 이 천상천하유아독존에 관한 해석이 여러 가지 있다. 이 말씀을 현상론적(現狀論的)으로 해석하면 '유아독존'에 관하여 부정적으로 이해하기 쉽다.

그러나 그 의미를 자세히 살펴보면, 이 우주 사이에 나보다 높은 이가 없으니, 존엄하게 수양해야 한다는 뜻을 지니고 있다고 풀이할 수도 있다.

∶∶∶∶∶

꿈 같은 덧없는 인생이여[夢]

우리는 매일 밤 잠자리에 든다. 그리고 꿈을 꾸곤 한다.
사람에 따라서는 미래의 모습을 보기도 하고,
보고 싶은 이들을 보기도 하며,
자신이 꿈꾸는 세상을 경험하기도 한다.
이제 옛 사람들의 꿈을 들여다보도록 하자.

南柯一夢 南 남녘 **남** 柯 나뭇가지 **가** 一 한 일 夢 꿈 몽

직역 : 남쪽[南]으로 뻗은 나뭇가지[柯] 밑에서의 한바탕[一] 꿈[夢]
의역 : 한바탕 덧없는 꿈 같은 인생. 부귀영화의 덧없음

중국 당나라 덕종(德宗) 때 광릉(廣陵) 땅에 순우분(淳于棼)이라는 사람이 살고 있었다. 그의 집 남쪽에는 큰 홰나무(槐木) 한 그루가 있었다. 순우분은 이 홰나무 밑에서 친구들과 자주 술자리를 마련해 쉬기를 즐겼다.

어느 날 순우분은 평소와 마찬가지로 친구들을 불러 술자리를 열어 잔뜩 취한 채 이 나무 밑에서 잠이 들었는데, 자줏빛 옷을 입은 두 남자가 나타나 엎드리며 말했다. "저희는 괴안국(槐安國) 왕의 명령을 받들어 당신을 모시러 왔습니다." 이에 순우분은 그 두 사람을 따라 수레를 타고 나무 밑 구멍으로 들어갔다. 그리고 도착한 곳에는 대괴안국(大槐安國)이라는 큰 표지가 보였고, 왕이 나와서 반갑게 맞이하였다. 순우분은 공주와 결혼하여 부마가 되고, 왕의 총애를 받았다. 이윽고 왕은 순우분을 남가군(南柯郡 : 남쪽 나뭇가지에 있는 고을)의 태수로 임명하였다. 남가군은 순우분의 선정(善政)으로 태평성

대를 누리게 되고, 백성들은 태수인 순우분을 믿고 따르게 되었다. 그렇게 20년이 지난 그 해에 단라국(檀羅國)의 군대가 침입을 해와 순우분은 맞서 싸웠으나 크게 패하고 말았다. 게다가 아내마저 병으로 죽게 되자, 그는 실망하여 서울로 돌아오게 되었다.

순우분은 사람들의 모함을 받아 칩거를 하던 중 임금의 권유로 3년 뒤에 만날 것을 기약하고 속세로 돌아왔다. 그를 괴안국으로 데려갔던 사람들이 데려다 주어 집으로 돌아와 보니 자기가 추녀 끝에서 자고 있는 모습이 보였다. 이에 깜짝 놀라서 그 자리에서 움직이지 못하고 있을 때, 데려다 준 사람들이 큰소리로 그의 이름을 불렀다. 이에 순우분이 깜짝 놀라 눈을 떠보니 술에 취해 누웠던 그 자리에 자신이 함께 술을 마신 친구 두 사람과 함께 누워 있었다.

꿈이 워낙 생시(生時) 같아 나무 밑을 파 보니, 큰 홰나무의 뿌리 쪽에 성 모양을 한 개미집이 있고 빨간 머리의 큰 개미 두 마리를 수십 마리의 큰 개미들이 지키고 있었다. 이것이 바로 대괴안국의 왕궁이었다. 다시 구멍을 따라 남쪽으로 내려가니, 네모 모양의 개미집이 있었는데, 그곳이 바로 남가군이었다. 순우분은 감개무량하여 개미집을 원래대로 잘 덮어두었지만, 밤새 태풍이 불어 다음날 흔적도 없이 사라지고 말았다.

인생의 덧없음을 경험한 순우분은 도술(道術)을 익히고, 3년 뒤 그 종적을 감추었다. 바로 괴안국의 왕과 약속한 기한이 다 되었던 것이다.

순우분의 꿈 이야기에서 유래한 남가일몽(南柯一夢)은 꿈속에서 누렸던 20여 년의 부귀영화가 한낱 꿈에 불과했음을 의미하는 말이다. 이 이야기는 물론 상상으로 꾸며진 이야기이기는 하지만, 부귀영화를 좇는 사람들의 욕심을 경계한 것이라 할 것이다.

邯鄲之夢 邯 고을 **한** 鄲 고을 **단** 之 ~의 지 夢 꿈 몽

직역 : 한단[邯鄲] 땅에서의[之] 꿈[夢]
의역 : 인생과 부귀영화의 덧없음. 인생무상(人生無常)

우리가 흔히 쓰는 말 중에 인생무상(人生無常)이라는 말이 있다. 이 말을 한자로 풀어보면 '사람이[人] 살아가는데[生] 일정한[常] 법칙이 없다[無]' 가 된다. '한단지몽'은 바로 인생의 덧없음을 뜻하는 성어이다. 심기제(沈旣濟)가 지은 『침중기(枕中記)』에 보면 다음과 같은 이야기가 실려 있다.

당나라 현종 때의 일이다. 도사 여옹(呂翁)이 한단(邯鄲)의 어떤 주막에서 쉬고 있다가 한 청년을 만나게 되었다. 그는 산둥에 사는 노생(盧生)이라는 젊은이로 자신의 신세를 한탄하다가 금세 잠이 들고 말았다. 여옹이 보따리 속에서 양쪽에 구멍이 뚫린 도자기 베개를 꺼내 주자 노생은 그것을 베고 잠이 들었다.

꿈속에서 노생이 점점 커지는 그 베개의 구멍 속으로 들어가 보니 고래등 같은 기와집이 있었는데, 그 집은 최씨라는 명문가의 집이었다. 최씨의 마음에 든 노생은 그 집 딸과 결혼하고 과거에 급제한 뒤 벼슬길에 나아가 승진을 거듭하여 경조윤(京兆尹)을 거쳐 어사대부(御使大夫) 겸 이부시랑(吏部侍郎)에 올랐다. 그러던 중 당시 재상의 모함을 받아 좌천되게 되지만, 이후 다시 왕의 신임을 얻어 재상이 되어 이후 10여 년 간 명재상으로 이름을 날리게 되었다. 그러던 어느 날 변방의 장군과 역모를 꾀했다는 혐의를 받고 역적으로 몰려 억울한 심정에 자결하려 하지만, 아내와 아들이 말리는 바람에 죽지 못하게 되었다.

노생과 함께 잡힌 이들은 처형을 당하게 되나, 노생만은 평소 절친했던 환관의 도움으로 유배를 당한다. 몇 년 후 억울한 누명임이 밝혀져 노생은 유배에서 풀려나 중서령을 제수 받고 연국공에 봉해진다. 그후 노생은 여러 권문세가들과 혼인을 맺었고, 다섯 아들들은 모두 높은 관직에 올라 번창한 가문을 이루게 된다. 평온한 말년을 보내던 노생은 80세가 되어 천

수(天壽)를 누리고 생애를 마친다.

그런데 노생이 잠에서 깨어 보니 한바탕 꿈이었다. 옆에는 여전히 여옹이 앉아 있었고 주막집 주인이 짓고 있던 기장밥도 아직 다 되지 않았다. 노생을 바라보던 여옹이 웃으며 말했다. "인생이란 다 그런 것이라네." 노생은 여옹에게 작별 인사를 하고 한단을 떠났다.

生이 于寢中에 娶淸河崔氏女하고 擧進士登甲科하여 累遷하여 拜中書侍郎同中書門下平章事하다. 三十餘年出入中外하니 崇盛無比라. 老乞骸骨하니 不許하다. 卒于官하고 欠伸而寤하다.

*寢 잠잘 침, 娶 장가들 취, 拜 벼슬 내릴 배, 崇 높을 숭, 骸 뼈 해, 伸 펼 신

평생을 한바탕 꿈으로 꾼 노생의 이야기에서 유래한 한단지몽은 '사람들이 좇는 부귀영화가 헛된 한바탕 꿈과 같다' 라는 의미로 쓰이게 되었다. 아울러 꿈에서 꾼 긴 인생이 현실에서는 겨우 기장밥을 지을 동안의 짧은 시간이었음에서 유래하여 '一炊之夢(한[一] 번 밥 지을[炊] 동안의[之] 꿈[夢])' 이라 하기도 하며, 도사 여옹이 꺼내어준 돌베개를 베고 잔 노생의 이야기라는 데에서 '呂翁枕(여옹의 베개)' 이라고도 한다.

蝴蝶夢　蝴 나비 호　蝶 나비 접　夢 꿈 몽

직역 : 나비[蝴蝶]의 꿈[夢]
의역 : 인생무상(人生無常). 인생의 덧없음

잠이 들면 많은 사람들은 꿈에 빠져들곤 한다. 어떤 경우에는 꿈인지, 생시(生時)인지 분간이 힘들 때도 있다. 그래서인지 예전에《나이트메어》라는 공포영화는 꿈에서 처한 상황이 현실에 그대로 드러난다는 설정을 하기도 했다. 지금 소개하는 '胡蝶夢' 은 바로 이런 꿈 이야기를 하고 있다.

옛적 어느 날 장주(장자)는 꿈에 나비가 되었다. 훨훨 나는 나비였다. 스스로 즐거워서 날아다니다 보니 자신이 장자인 줄을 몰랐다. 그러다가 얼마 후에 잠에서 깨어나 보니, 자신은 여전히 움직이는 장자였다.

장자의 꿈에 나비가 된 것인가 아니면 나비의 꿈에 장자가 된 것인가? 그러나 장자는 장자일 뿐이요, 나비는 나비일 뿐이어서 반드시 서로 구분이 있을 것이니, 이것을 일러 물화(物化 : 사물의 끝없는 변화)라고 한다.

昔者에 莊周夢爲胡蝶하니 栩栩 然胡蝶也라. 自喩適志與인저! 不知周也라. 俄然覺則蘧 然周也라. 不知周之夢爲胡蝶이오. 胡蝶之夢爲周與아? 周與胡蝶則必有分矣라. 此之謂物化니라.

* 昔 예 석, 莊 성 장, 栩 기쁠 허, 栩栩 기뻐하는 모양, 喩 깨우칠 유, 俄 갑자기 아, 蘧 놀랄 거, 蘧蘧 놀란 모양

호접몽은 '호접지몽(胡蝶之夢)' 이라고도 하는데, 장자가 자신의 만물제동(萬物齊同 : 만물은 가지런하게 같다)사상을 우화로 나타낸 것이다. 장자가 궁극적으로 말하려고 하는 것은 세상의 모든 것은 그 구분이 무의미하다는 것이다. 물화의 오묘한 이치가 담긴 이 성어는 '만물은 하나임(萬物齊同)' 또는 '인생의 무상함' 을 뜻하는 성어로 쓰인다.

◀ 나비 꿈속에 인간인가, 인간 꿈속에 나비인가?

華胥之夢　華 빛날 **화**　胥 서로 **서**　之 ~의 **지**　夢 꿈 **몽**

직역 : 화서씨[華胥] 땅에서의[之] 꿈[夢]
의역 : 달게 잔 낮잠. 좋은 꿈을 이르는 말

　낮에 잔 달콤한 낮잠은 다른 어느 것과도 비교할 수 없는 상쾌함을 준다. 고대 중국의 제왕(帝王) 중에 황제(黃帝)가 있었다. 어느 날 그는 달콤한 낮잠을 즐기게 되고 꿈속에서 이상적인 정치에 대한 해법을 찾게 되었다. 춘추전국시대 때 제자서(諸子書) 중 하나인 『열자(列子)』〈황제편(黃帝篇)〉에 다음과 같은 구절이 있다.

　중국 고대의 임금으로 알려진 황제가 제위에 오른 지 15년. 그는 세상 사람들이 모두 자기에게 순종하고 있는 것을 보고 만족해했다. 그래서 이후부터는 내 몸을 기르자고 생각하고 이목구비(耳目口鼻)를 즐겁게 하는 데에 힘썼다. 그런데 몸의 기운은 조절되지 않고, 피부가 검어지고 수척해졌으며, 오정(五情 : 喜怒哀樂怨)이 혼미해졌다. 또 다시 15년이 지나서 천하가 다스려지지 않음을 근심하여 전심전력(全心全力)을 다하여 백성을 다스리자, 피부가 더욱 검어지고 수척해졌다. 황제가 이에 탄식하며 말했다. "내가 지나치게 도리에 어긋났도다. 내 몸 하나 양생(養生)하기 힘든 것이 이와 같고, 만물을 다스리기 힘들기가 이와 같도다." 이에 정무에서 물러나고, 궁전에서 벗어나, 악기도 거두어 들였다. 또한 식사량도 줄이고 한가로이 대정 씨(大庭氏)의 저택에 기거하며 마음을 정결히 하고 삼 개월 동안 직접 정치에 관여하지 않았다.

　어느 날 낮잠을 자는데 화서씨(華胥氏)의 나라로 놀러 가는 꿈을 꾸었다. 화서씨의 나라는 엄주(弇州)의 서쪽 태주(台州)의 북쪽에 있는데, 이 나라의 크기는 알 수 없고 배나 수레를 타고서, 걸어서 갈 수 있는 곳이 아니고 오직 정신만이 갈 수 있는 곳이었다. 그 나라에는 우두머리도 높은 사람도 없이 저절로 다스려지며, 백성들은 좋아하고 욕심내는 것도 없으며, 삶을 좋아할 줄도 죽음을 싫어할 줄도 몰라서 일찍 요절하는 것도 없었다. 또한 자기를 아낄지도,

남을 멀리할지도 몰라서 사랑하거나 미워하는 일도 없었다. 배반하거나 남을 무조건 따르는 것도 몰라서 이해의 득실도 없었다. 모든 것에 애석해하는 것도, 두려워하여 꺼리는 것도 없었다. 물에 들어가도 빠져 죽지 않고, 불 속에서도 타 죽지 않으며, 몽둥이로 맞아도 다치거나 아프지 않고, 손가락으로 찔러도 간지럽지가 않았다. 공중에 떠 있어도 걸어다니는 듯 하고, 누워 있어도 침대에 있는 듯 했다. 구름과 안개가 눈에 거슬리지도 않고, 천둥소리와 번개가 혼란스럽지도 않았다. 아름다움과 미움이 마음을 어지럽게 하지도 않고, 산이나 골짜기가 걸음을 어렵게 하지도 않으니, 정신이 갈 뿐이었다.

황제가 잠에서 깨어, 스스로 터득한 것이 있어 여러 신하들을 불러 모아 놓고 말했다. "내가 삼 개월을 쉬면서 마음을 정갈히 하고 몸을 조절하며, 내 몸을 양생하고 만물을 다스리는 길을 생각했으나 그 방법을 얻지 못했다. 그러던 중 피곤해서 잠이 들었는데 꿈꾼 것이 이와 같도다." 황제는 그 후 자신이 터득한 대로 정치를 하여 천하를 잘 다스렸다.

畫寢而夢한대 遊於華胥氏之國이라. 華胥氏之國은 在弇州之西 台州之北하니 不知斯齊國幾千萬里오. 蓋非舟車足力之所及이오. 神遊而已라. 其國은 無師長하니 自然而已오. 其民無嗜欲하니 自然而已라. 不知樂生하고 不知惡死라. 故無夭殤이오. 不知親己하고 不知疏物이라. 故無愛憎이라. 不知背逆하고 不知向順이라. 故無利害오. 都無所愛惜하고 都無所畏忌라. 入水不溺하고 入火不熱하며 斫撻無傷痛하고 指擿無痟癢이라. 乘空如履實하고 寢虛若處床이라. 雲霧不礙其視하고 雷霆不亂其聽하며 美惡不滑其心하고 山谷不躓其步하니 神行而已라.

* 弇 덮을 엄, 台 별 태, 幾 거의 기, 嗜 좋아할 기, 夭 젊을 요, 殤 일찍 죽을 상, 都 모두 도, 忌 꺼릴 기, 斫 찍을 작, 礙 가로막을 애, 霆 천둥소리 정, 滑 미끄러울 활, 躓 넘어질 지

잊지 못할 나의 님이여[愛情]

琴瑟之樂 琴 거문고 **금** 瑟 비파 **슬** 之 ~의 **지** 樂 즐거울 **락**

직역 : 거문고[琴]와 비파[瑟]의[之] 즐거움[樂]
의역 : 화목하고 조화를 잘 이루는 부부간의 즐거움

우리가 흔히 쓰는 말 중에 "부부간에 금실이 좋다."라는 말이 있다. 이때의 '금실'이 바로 '琴瑟之樂(금슬지락)'의 '琴瑟(금슬)'이다. 이는 '금슬'이 발음상 어려워 시간이 지나면서 자연스레 '금실'이 되었기 때문이다. 琴과 瑟은 모두 중국에서 궁중의 아악 연주에 사용되었던 현악기의 일종이다. 일반적으로 '琴'은 '거문고', '瑟'은 '비파'라고 말하는데, 사실 이는 해석상 적절한 것을 적용한 것이지, 실제로는 거문고나 비파와는 그 모양새가 동일하지는 않다. 금과 슬은 예로부터 서로 음의 조화가 잘 이루어지는 것으로 평해진다. 그래서 부부간에 서로 화목함을 금슬에 비유한 것이다. 삼경(三經)의 하나인 『시경 국풍(詩經 國風)』〈관저편(關雎 篇)〉에 다음과 같은 시가 있다.

參差荇菜	참치행채	올망졸망 마름풀을
左右采之	좌우채지	이리저리 헤치며 캐는
窈窕淑女	요조숙녀	저 아리따운 아가씨
琴瑟友之	금슬우지	금슬처럼 벗하고 싶구나.

마지막 구절에 나오는 금슬우지(琴瑟友之)라는 말에서 유래한 금슬지락(琴瑟之樂)은 부부간에 서로 화목하고 조화를 잘 이루는 관계를 지칭하여 쓰이게 되었다. 음악을 연주할 때 여러 악기가 쓰여도 어

색하거나 부조화를 이루지 않듯 사람과 사람 사이의 관계도 듣기 좋은 음악같이 보이는 경우에 쓰이게 된다.

比翼連理　比 나란히 할 비 翼 날개 익 連 이을 련 理 결 리

직역 : 날개[翼]를 나란히[比] 하는 새와 나무의 결[理]이 하나로 이어진[連] 가지
의역 : 부부간의 애정이 매우 깊음을 비유. 떨어질 수 없는 연인 사이

몇 해 전 큰 인기를 끌었던 류시화 시인의 시(詩) 「외눈박이 물고기의 사랑」에 보면 다음과 같은 구절이 있다.

외눈박이 물고기처럼 살고 싶다 외눈박이 물고기처럼 사랑하고 싶다 두눈박이 물고기처럼 세상을 살기 위해 평생을 두 마리가 함께 붙어 다녔다는 외눈박이 물고기 비목처럼 사랑하고 싶다

시에 등장하는 비목(比目)이라는 물고기가 바로 두 마리가 함께 붙어 다녀야 하는 외눈박이 물고기이다. 중국의 전설에 의하면 동쪽 바다에는 비목어(比目魚)가 살고 남쪽 바다에는 비익조(比翼鳥)가 산다고 한다. 비목어는 눈이 한쪽에만 있기 때문에 두 마리가 좌우로 같이 있어야만 비로소 헤엄을 칠 수가 있고, 비익조는 눈 · 날개 · 다리가 한쪽에만 있어 암수가 함께 있어야만 비로소 날 수 있다고 한다.

연리지(連理枝)는 각각 다른 뿌리에서 난 나무의 줄기나 가지가 서로 접해 나뭇결이 하나로 된 것을 말한다. 이처럼 '비익'이나 '연리' 모두 그 말이 가져다주는 이미지와 같이 남녀간의 떨어지기 힘든 결합을 뜻한다. 이 두 말을 결합하여 '比翼連理'라는 고사성어가 만들어 진 것은 당나라 시대의 시인 백거이의 장편 서사시 '장한가(長恨歌)'에 그 근거를 두고 있다. 다음은 장한가의 마지막 부분이다.

七月七日長生殿　칠월칠일장생전　　칠월 칠일 장생전에서
夜半無人話語時　야반무인화어시　　인적 없는 깊은 밤 속삭이던 말

在天原作比翼鳥　재천원작비익조　하늘에서는 비익조가 되기를 원하고

在地願爲連理枝　재지원위연리지　땅에서는 연리지가 되기를 원하네.

天長地久有時盡　천장지구유시진　영원하다는 하늘 땅도 다할 때가 있거늘

此恨綿綿無絶期　차한면면무절기　이내 한은 이어져 끊어질 기약 없네.

장한가(長恨歌 : 긴[長] 서러움[恨]의 노래[歌])는 중국 최고의 미인으로 손꼽히는 양귀비와 당 현종과의 애틋한 사랑 이야기를 노래하고 있다. 위에 인용한 구절은 당 현종이 안록산의 난으로 죽임을 당한 양귀비를 잊지 못해 법력으로 선녀가 된 양귀비의 혼을 불러오자, 그녀가 읊은 구절이다. 백거이는 시인으로서의 상상력을 무한히 발휘하여 시를 지었고, 두 사람의 사랑을 잘 표현한 것으로 유명하다.

雲雨之情　雲 구름 운　雨 비 우　之 ~한 지　情 정 정

직역 : 구름[雲]과 비[雨]와 같은[之] 정(情)
의역 : 남녀간의 육체적인 사랑

남녀간의 사랑과 애정을 나타내는 성어들은 대부분 고상한 것들이 많다. 하지만 여기에서 소개하는 운우지정(雲雨之情)은 '에로틱러브', 즉 '남녀간의 육체적인 사랑'을 뜻하는 성어이다.

중국의 전설 속에 나오는 신농씨(神農氏)의 막내딸 요희는 시집갈 꽃다운 나이에 그만 세상을 떠나고 말았다. 얼마 안 가서 고요산 중턱에 가련한 노란 꽃이 피었는데, 그 열매를 따 먹은 사람은 누구나 이성의 사랑을 받게 되었다.

요희의 슬픈 운명을 위로하기 위해 하늘은 그녀를 사천성의 무산(巫山)으로 보내 구름과 비의 신이 되게 하였다. 그 후 요희는 아침에는 한 조각의 아름다운 구름이 되어 산골짜기를 어루만졌고, 저녁에는 보슬비가 되어 온 세상에 내려가 가슴속의 뜨거운 마음을 진정시켰다.

그런데 전국시대 때 초나라의 회왕이 운몽[雲夢 : 지금의 둥팅 호(洞庭湖)] 호수에서 논 적이 있었다.

약간 피곤해 잠시 낮잠에 빠졌는데 꿈속에서 아리따운 선녀가 나타나 "저는 무산에 사는 조운(朝雲)이라는 여자이온데 왕께서 오셨다기에 일부러 찾아왔습니다. 하룻밤만 모시고 갔으면 합니다." 하고 말했다. 그리고 왕은 그녀와 꿈 같은 하룻밤을 지내게 되었다. 이후 남녀의 정사를 '운우지정(雲雨之情)' 혹은 '운우지락(雲雨之樂)'이라 부르게 되었다. 혹은 운우(雲雨)라는 말 자체로도 남녀간의 육체적인 사랑을 뜻하기도 한다.

寤寐不忘　寤 잠깰 **오**　寐 잠잘 **매**　不 아니 **불**　忘 잊을 **망**

직역 : 잠을 자나[寐] 깨나[寤] 잊지[忘] 못함[不]
의역 : 너무도 사랑하여 언제나 잊지 못함

'현철'이라는 가수가 부른 전통가요 중에 '앉으나 서나 당신 생각'이라는 노래가 있다. 언제 어디서든, 어떤 일을 하든 사랑하는 당신 생각이 난다는 내용의 가사를 지니고 있다. 이와 비슷한 의미로 쓰일 수 있는 성어가 바로 오매불망(寤寐不忘)이다. 잠이 들었을 때나 깨어 있을 때나 할 것 없이 항상 사랑하는 임 생각에 애태우는 것을 뜻한다.

『시경 국풍』〈관저편〉에 나오는 시를 소개한다.

關關雎鳩	관관저구	구욱구욱 저구새는
在河之洲	재하지주	강가 숲 속에서 우는구나.
窈窕淑女	요조숙녀	아리따운 아가씨는
君子好逑	군자호구	군자의 좋은 짝이로다.
參差荇菜	참치행채	들쭉날쭉한 마름풀을
左右流之	좌우유지	이리저리 헤치며 찾는구나.
窈窕淑女	요조숙녀	아리따운 숙녀를

寤寐求之　오매구지　　자나 깨나 찾는구나.

求之不得　구지부득　　찾아도 얻지 못한지라.
寤寐思服　오매사복　　자나 깨나 생각하네.
悠哉悠哉　유재유재　　생각하고 또 생각하며
輾轉反側　전전반측　　뒤척이며 잠 못 이루네.

　아리따운 숙녀인 요조숙녀를 애타게 기다리는 심정이 드러나 있는 시이다. 여기서 오매사복(寤寐思服)이라는 말이 나오는데 '寤寐'는 '잠잘 때나 깼을 때나'라는 뜻이고, '思服'은 '늘 생각하여 잊지 아니하다'라는 뜻이다. 오매불망은 여기에서 유래한 말로서 사랑하는 임을 그리워하여 언제나 생각한다는 의미이다. 그러니, 잠인들 제대로 잘 수 있겠는가? 그래서 나온 말이 마지막 구절에 보이는 전전반측이다. 사랑하는 임을 그리워하다 잠에 들었지만 온통 임 생각밖에는 없다. 그래서 뒤척인다. '輾'은 옆으로 눕는 것이고, '轉'은 한 바퀴 뒹구는 것, '反'은 뒤집는 것, '側'은 다시 옆으로 눕는 것이다. 임 생각에 애태워하는 모습이 눈앞에 그려지는 듯 하다.

糟糠之妻　糟 술지게미 조　糠 쌀겨 강　之 ~한 지　妻 아내 처

> 직역 : 술지게미[糟]와 쌀겨[糠]를 함께 먹은[之] 아내[妻]
> 의역 : 어려운 시절을 함께 한 아내. 맨 처음 결혼한 아내

　후한 광무제 때의 일이다. 송홍(宋弘)은 광무제를 섬겨 건무(建武) 2년(26년)에 대사공(大司空)이라는 재상의 반열에 오르게 되었다. 그는 온후하고 강직한 인품을 지닌 사람으로 소문나 있었다.

　어느 날 광무제는 남편을 잃고 홀로 된 누이 호양공주(湖陽公主)를 불러 신하 중 누구를 마음에 두고 있는지 속마음을 떠보았다. 그랬더니 공주는 송홍을 마음에 두고 있었다. 광무제는 송홍과 누이를 맺어주고 싶은 생각에 누이를 병풍 뒤에 앉혀 두고서 송홍을 불렀다.

"속담에 부유해지면 사귐을 바꾸고, 지위가 존귀해지면 아내를 바꾼다고들 하는데 인지상정(人之常情) 아니겠는가?" 송홍이 말하기를 "제가 듣자오니 가난하고 천했을 때 사귀었던 벗은 잊을 수 없고, 술지게미와 쌀겨를 먹던 어려움을 함께 한 아내는 집에서 내쫓을 수 없다고 했습니다."

上曰 "諺曰 富易交하고 貴易妻라 하니 人情乎."아 弘曰 "臣聞한대 貧賤之交는 不可忘이오. 糟糠之妻는 不下堂."이라.

이 말을 들은 호양공주는 송홍과 함께 할 수 없음에 크게 실망했다고 한다.

송홍의 말에서 유래한 조강지처는 곡식이 없어 술지게미나 쌀겨를 먹던 어려움을 함께 한 아내라는 뜻으로, 흔히 처음 결혼한 부인을 칭하는 말로 쓰인다. 술지게미나 쌀겨는 보릿고개가 있던 어려운 시절 우리네 아버지, 어머니들도 드시던 힘든 생활의 대표적인 먹거리라 할 수 있다.

破鏡重圓 破 깨질 **파** 鏡 거울 **경** 重 거듭 **중** 圓 둥글 **원**

직역 : 깨어졌던[破] 거울[鏡]이 다시[重] 둥글게[圓] 합쳐짐
의역 : 헤어졌던 부부나 연인이 다시 결합함

스포츠 신문에 보면 1면 기사로 자주 등장하는 말이 '파경(破鏡)'이라는 성어이다. "영화배우 갑순양이 가수 갑돌 군과 파경을 맞이하다."라는 식으로 말이다. 여기에서 쓰인 '파경'이라는 말은 원래 '파경중원(破鏡重圓)'이라는 말에서 유래한 것이다. 『태평광기(太平廣記)』〈의기(義氣)〉에 보면 다음과 같은 이야기가 실려 있다.

남북조시대 때 진나라의 태자사인(太子舍人)인 서덕언(徐德言)의 아내는 후주(后主) 숙보(叔寶)

의 여동생이다. 악창공주(樂昌公主)에 봉해졌는데 재주와 미모가 으뜸이었다. 덕언이 태자사인이 되었을 때 바야흐로 시국이 어지러워서 부부가 서로 살펴주지 못할 것을 걱정하여 아내에게 말했다.

"나라가 망한다면 당신의 용모와 재주 때문에 반드시 권세 있는 집으로 끌려갈 것이니 이것은 영원한 이별이 될 것이오. 혹시라도 인연이 끊어지지 않는다면 오히려 서로 볼 날을 기약할 수 있을 것이니, 마땅히 믿을 수 있는 징표가 있어야 할 것이오."

이에 거울을 쪼개서 각각 그 절반씩을 지니고 약속을 하였다.

"훗날 반드시 정월 대보름날에 시장에서 팔도록 하시오. 만약 내가 그곳에 있는다면 곧 그날로 당신을 찾아가리다."

진나라가 멸망을 하자 덕언의 아내는 과연 양소(楊素)의 집으로 끌려가게 되고, 덕언은 떠돌아다니다가 온갖 고생 끝에 겨우 서울에 도착할 수 있게 되었다. 마침내 정월 대보름날에 시장에 가보니 어떤 사내가 반쪽 거울을 팔고 있는데, 그 값을 지나치게 높게 불러서 사람들이 모두 그를 비웃고 있었다. 덕언이 곧바로 그 사내를 데리고 자신의 거처로 가서 밥을 주며 자세히 사연을 말해주고 반쪽 거울을 꺼내어 하나로 합쳤다. 그리고 곧 〈파경시(破鏡詩)〉한 수를 적어주었다.

鏡與人俱去	경여인구거	사람과 거울이 함께 떠나갔는데
鏡歸人不歸	경귀인불귀	거울은 돌아왔으나 사람은 돌아오질 않네.
無復嫦娥影	무부항아영	다시 항아의 그림자 없고
空留明月耀	공류명월요	부질없이 밝은 달빛만 머무네.

덕언의 아내가 시를 보고서는 울며 밥도 먹지 않으니, 양소가 그 연유를 알고 곧 덕언을 불러서 그 아내를 돌려보내니, 덕언과 함께 강남으로 돌아가서 백년해로(百年偕老)하였다.

陳太子舍人徐德言之妻는 后主叔寶之妹라. 封樂昌公主하니 才色冠絕이라. 德言爲太子舍人한대 方屬時亂하야 恐不相保라. 謂其妻曰 "以君之才容로 國亡하면 必入權豪之家하야 斯永絕矣

리라. 儻情緣未斷이면 猶冀相見이리니 宜有以信之라."하고 乃破一鏡하야 各執其半하고 約曰 "他日 必以正月望에 賣於都市면 我當在하야 卽以是日訪之리라." 及陳亡에 其妻果入楊素之家라. 德言은 遊離辛苦하야 僅能至京이라. 遂以正月望에 訪於都市하니 有蒼頭賣半鏡者한대 大高其價하야 人皆笑之어늘 德言直引至其居하야 予食하며 具言其故하고 出半鏡以合之라. 仍題詩曰 "鏡與人俱去 鏡歸人不歸 無復嫦娥影 空留明月耀" 陳氏得詩하고 涕泣不食한대 素知之하고 卽召德言하야 還其妻하니 遂與德言歸江南하야 竟以終老라.

*屬 엮을 속, 儻 만일 당, 冀 바랄 기, 僅 겨우 근, 蒼 푸를 창, 仍 인할 잉, 嫦 항아 항, 娥 예쁠 아, 耀 빛날 요, 竟 마침내 경

이러한 이야기에서 유래된 성어가 파경중원이다. 우리가 흔히 쓰는 파경이라는 성어는 본래 헤어졌던 부부 혹은 남녀가 다시 결합한다는 긍정적인 뜻에서 유래되었으나, 현재는 부정적인 의미로 많이 쓰고 있는 것이다.

원수(怨讐)와 은혜(恩惠)

結草報恩 結 맺을 **결** 草 풀 **초** 報 갚을 **보** 恩 은혜 **은**

직역 : 풀[草]을 맺어[結] 은혜[恩]를 갚음[報]
의역 : 죽어서도 잊지 않고 은혜를 갚음. 한 번 입은 은혜는 반드시 갚음

사람들이 흔히 하는 말 중에 "죽어서도 이 은혜는 잊지 않겠습니다."라는 말이 있다. 결초보은(結草報恩)은 바로 이 말을 실천에 옮긴 노인의 이야기에서 유래된 성어이다. 은혜를 입으면 갚은 줄 아는 것. 속고 속이는 것이 일반화된 요즘 사회에서 한 번쯤 돌이켜볼 이야기가 아닌가 한다.

『춘추좌씨전(春秋左氏傳)』에 다음과 같은 이야기가 실려 있다.

▲ 은혜를 잊지 않고 풀을 묶어 갚음

춘추시대 때 진(晉)나라에 위무자(魏武子)라는 사람에게는 애첩이 있었는데, 자식이 없었다. 무자는 병이 들자 본처 아들인 과(顆)에게 "반드시 애첩을 시집보내도록 해라."라고 유언을 했다. 그런데 병이 깊어지자 "내가 죽거든 반드시 그녀를 함께 묻도록 해라."라고 했다. 무자가 죽자 아들 과는 애첩을 시집보내며 이렇게 말했다. "병이 심해지면 마음이 어지러우니, 나는 올바른 정신이었을 때의 유언을 따르리라." 하였다.

진(晉)나라와 진(秦)나라가 전쟁을 하게 되어 과(顆) 역시 전쟁터에 나가게 되었는데, 적장 두

회(杜回)에게 쫓기게 되었다. 이때 어떤 노인이 두회 앞에서 풀을 묶는 걸 볼 수 있었다. 결국 두회는 묶여진 풀에 걸려 넘어지게 되었고, 과는 적장을 사로잡을 수 있게 되었다. 그 날 밤에 꿈을 꾸니, 노인이 말하기를 "저는 당신이 시집보낸 첩의 애비되는 사람이온데, 그대가 선친의 올바른 정신일 때의 유언을 따르는 바람에 내 딸이 목숨을 보전할 수 있었소. 이 때문에 내가 풀을 묶어 은혜를 갚은 것이오."라고 하였다.

魏武子 有嬖妾하야 無子러니 武子疾에 命顆하야 曰 "必嫁是하라." 하고, 疾病에 則曰 "必以爲殉하라." 하거늘 及卒에 顆嫁之 曰 "疾病則亂하나니 吾從其治也라." 하더니 及輔氏之役에 顆見老人이 結草以亢杜回하니 杜回躓而顚이라. 故獲之하니라. 夜에 夢之하니 曰 "余는 而所嫁婦人之父也니 爾用先人之治命할 새 余是以報라." 하니라.

* 魏 나라 이름 위, 嬖 사랑할 폐, 顆 낟알 과, 嫁 시집갈 가, 殉 따라 죽을 순, 顚 넘어질 전, 爾 너 이

이 이야기에서 노인은 살아 있는 사람이 아닌 죽은 사람이었다. 그러니 죽어서도 딸을 살려준 은혜를 고마워하여 풀을 묶어 은혜를 갚게 된 것이다. 흔히들 다른 사람에게 빌려준 돈은 기억하지만 빌린 돈은 기억하지 못한다고 한다. 은혜 역시 그렇게 되어서는 안 되겠지요!!

吳越同舟　吳 나라 오　越 나라 월　同 함께 동　舟 배 주

직역 : 오나라[吳] 사람과 월나라[越] 사람이 함께[同] 배[舟]를 탐
의역 : ① 원수가 되는 사람끼리 함께 한자리에 모임
② 원수 사이라도 어려운 상황을 당하면 함께 힘을 합쳐 이겨냄

선거 때만 되면 지역감정 때문에 말들이 많다. 중국도 예외는 아니어서 예로부터 내려오는 원수지간인 나라가 있다. 바로 춘추전국시대 때 오나라와 월나라이다. 오월동주(吳越同舟)는 오나라와 월나

라에 얽힌 고사성어이다. 와신상담(臥薪嘗膽) 역시 원수지간인 오나라 부차와 월나라 구천이 서로 원수를 갚는 과정에서 탄생한 고사성어이다. 『손자병법』〈구지편(九地篇)〉에 다음과 같은 이야기가 실려 있다.

군사를 잘 쓰는 사람을 비유하자면 솔연(率然)과 같다. 솔연이라는 것은 상산(常山)의 뱀이니 그 머리를 치면 꼬리가 와서 공격하고, 그 꼬리를 치면 머리가 와서 대응하며, 그 몸통을 치면 머리와 꼬리가 함께 와서 맞서 싸운다. 감히 묻노니, "병사를 솔연과 같이 부릴 수 있겠는가?" "할 수 있다."

오나라 사람과 월나라 사람은 서로 미워하는 원수 사이이지만 함께 배를 타고 물을 건너다가 풍랑을 만나면 왼손, 오른손처럼 돕게 된다.

故로 善用兵者는 譬如率然이라. 率然者는 常山之蛇也니 擊其首則尾至하고 擊其尾則首至하며 擊其中則首尾俱至라. 敢問 "兵可使如率然乎아?" 曰 "可라." 夫吳人與越人은 相惡也나 當其同舟而濟라가 遇風이면 其相救也 如左右手라.

*譬 비유할 비, 擊 칠 겨, 俱 함께 구, 濟 건널 제, 遇 만날 우

위와 같은 『손자병법』의 글에서 나온 오월동주는 원래는 오나라 사람과 월나라 사람처럼 '원수 사이라도 함께 배를 타고 가다가 폭풍우를 만나면 함께 도와 어려움을 이겨낸다.'는 뜻으로 쓰인다. 여기에 덧붙여 '원수 사이가 되는 사람끼리 한자리에 있음.'을 나타내는 뜻으로 쓰이기도 한다. 우리 속담을 예로 든다면 "원수는 외나무다리에서 만난다."라는 뜻으로 넓게 적용될 수도 있다.

不俱戴天 不 아니 **불** 俱 함께 **구** 戴 일 **대** 天 하늘 **천**

직역 : 함께[俱] 하늘[天]을 일[戴] 수 없는[不] 원수
의역 : 부모를 죽인 원수. 서로 함께 할 수 없는 원수 사이

"나는 너 같은 사람하고는 같은 공기를 마시고 싶지도 않다." 정말 밉고 화가 났을 때 상대방에게 하는 말이다. 이런 뜻을 지닌 성어가 있다.

『예기(禮記)』〈곡례(曲禮)〉에 다음과 같은 글이 있다.

아버지의 원수는 더불어 함께 하늘 아래 살 수 없고, 형제의 원수는 칼을 돌이키지 않으며, 친구의 원수는 같은 나라에 살지 않는다.

原 文

父之讐는 弗與共戴天이요, 兄弟之讐는 不反兵이요, 交友之讐는 不同國이라.

불구대천(不俱戴天)이라는 성어는 '불구대천지수(不俱戴天之讐 : 함께 하늘을 이고 살 수 없는 원수)'로 쓰기도 한다. 함께 하늘을 이고 살 수 없다는 뜻은 곧 상대방을 죽이든지 내가 죽든지 해야 한다는 뜻이다. 결국 반드시 죽여 없애야 하는 큰 원수를 뜻하는 말이다. 구체적으로는 부모를 죽인 원수를 지칭하는 말로 쓰인다. 옛날 중국에서는 아버지를 죽인 원수는 죽여서 인육(人肉)젓을 담아 등에 지고 다니기도 했다고 한다. 그만큼 부모를 죽인 원수와 함께 살아가는 것을 치욕으로 생각했던 것이다.

탄식(歎息)을 나타내는 성어

望洋之嘆　望 바라볼 **망**　洋 큰 바다 **양**　之 ~한 **지**　嘆 한숨 쉴 **탄**

직역 : 넓은 바다[洋]를 바라보고[望] 하는[之] 탄식[嘆]
의역 : 자신이 부족함을 부끄럽게 여김. 힘이 모자라 어찌해야 좋을지 몰라 탄식함

바다를 보지 못한 사람은 바다가 넓다는 것을 알지 못한다. 마치 우물 안에 있는 개구리가 넓은 바다가 있는지조차 모르는 것처럼 망양지탄(望洋之嘆)은 우리가 알고 있는 "우물 안 개구리"라는 속담이 유래한 성어이다. 하늘을 우물의 주둥이만한 것으로 여긴 개구리처럼 넓은 바다가 있다는 것을 알지 못한 황하(黃河)의 신 하백(河伯)에 대한 우화(寓話)이다. 하백은 말 그대로 '강[河] 중에 맏[伯]'이니, 강 중에서 가장 큰 황하의 하신(河神)이다. 『장자(莊子)』〈추수편(秋水篇)〉에 다음과 같은 이야기가 실려 있다.

가을이 되면 물이 불어난 모든 냇물이 황하로 흘러드는데, 그 물줄기의 호대함이란 양쪽 물가의 사이가 반대쪽에 있는 소나 말을 구별할 수 없을 정도이다. 하백(河伯 : 황하의 신)이 매우 기뻐하면서, 천하의 아름다움이 모두 자기에게 있다고 생각하였다.

(하백이)물의 흐름을 따라 동쪽으로 가다보니, 북해에까지 이르게 되었다. 그리고 동쪽을 바라보니 물의 끝이 보이지 않았다. 이에 하백은 비로소 빙 둘러 바다를 바라보고 약(若 : 북해의 신)을 바라보며 탄식하며 말했다.

"속담에 백 가지 도리를 들으면 자기만한 사람이 없다고 생각한다던데, 나를 두고 한 말이로구나. 또 나는 일찍이 공자의 학식을 낮게 평가하고, 백이의 절의를 가볍게 여기는 이야기

를 들은 적이 있는데, 이제까지 나는 그 말을 믿지 않고 있었소. 지금 당신의 무궁한 모습을 보니 내가 당신의 문하로 찾아오지 않았다면 위태로웠을 것이오. 오랫동안 도를 깨달은 사람들의 비웃음거리가 될 뻔하였소."

북해의 약이 말하였다.

"우물 안의 개구리가 바다에 대해 말할 수 없는 것은 허상에 얽매여 있기 때문이오. 여름 벌레가 얼음에 대해 말할 수 없는 것은 시간에 굳어져 있기 때문이오. 시골 선비가 도에 대해 말할 수 없는 것은 자신이 배운 것에만 묶여 있기 때문이오. 지금 그대가 물가에서 나와 큰 바다를 보았으니, 곧 당신의 부족한 부분을 알게 된 것이오. 그러니 장차 그대와 더불어 큰 이치를 말할 수 있게 될 것이오."

原　文

秋水時至하야 百川灌河 涇流之大 兩涘渚涯之間에 不辨牛馬라. 於是焉에 河伯欣然自喜하야 以天下之美爲盡在己라. 順流而東行하야 至於北海한대 東面而視하니 不見水端이라. 於是焉에 河伯始旋其面目하고 望洋向若而歎曰 "野語有之曰 '聞道百以爲莫己若者라.' 하더니, 我之謂也라. 且夫我嘗聞少仲尼之聞而輕伯夷之義者에 始吾弗信이나 今我睹者之難窮也라. 吾非至於子之門則殆矣라. 吾長見笑於大方之家라." 北海若曰 "井蛙不可以語於海者는 拘於虛也오. 夏蟲不可以語於氷者는 篤於時也오. 曲士不可以語於道者는 束於敎也라. 今爾出於涯涘하야 觀於大海하니 乃知爾醜라. 爾將可與語大理矣라."

＊ 灌 물댈 관, 涇 물흐를 경, 涘 물가 사, 渚 물가 저, 涯 물가 애, 欣 기뻐할 흔, 端 끝 단, 殆 위태할 태, 蛙 개구리 와,

篤 굳을 독, 醜 추할 추

장자가 황하의 신 하백을 빗대어 식견이 좁은 사람의 모습을 이야기한 것은, 당시 사람들의 유학에 대한 집착과 학문을 하는 사람들의 고지식함을 빗대어 말한 것이다.

직역 : 보리[麥]이삭[秀]이 무성함을 보고하는[之] 탄식[嘆]
의역 : 나라를 잃은 망국인(亡國人)들의 탄식

　동양에서는 정치를 잘 한 임금으로 요(堯) 임금과 순(舜) 임금을 꼽는다. 그래서 정치가 잘되어 평온한 시절을 요순시대(堯舜時代)에 비유하기도 한다. 이에 반해 정치를 잘 하지 못하고 포악한 임금의 대명사로는 걸(桀) 임금과 주(紂) 임금을 말한다. 맥수지탄(麥秀之嘆)은 바로 폭군의 대명사인 은나라의 주 임금과 관련된 성어이다.

　주 임금이 주지육림(酒池肉林)에 빠져 정치를 소홀히 하자, 백성들은 도탄(塗炭)에 빠지게 되었다. 그러자 충성스러운 신하였던 미자(微子), 기자(箕子), 비간(比干) 등이 목숨을 걸고 간언(諫言)을 올렸지만 주 임금은 귀 기울여 듣지 않고 오히려 비간의 심장을 꺼내 죽이기까지 하였다. 결국 주 임금은 주(周)나라의 무왕(武王)에 의해 패망하게 된다. 은나라가 멸망한 후 기자는 주나라의 조정으로 들어가게 되는데, 주 무왕의 부름을 받고 주나라 도읍으로 가던 중, 은나라의 옛 도읍지를 지나가다 왕궁이 있던 자리를 거쳐 가게 되었다. 화려한 왕궁이 있던 자리는 폐허가 되었고, 빈터에는 보리와 수수만이 무성했다. 기자는 북받쳐 오르는 감정과 비통한 심정을 가눌 길이 없어 다음과 같은 시 한 수를 읊게 되었다.

麥秀漸漸兮	맥수점점혜	보리 이삭은 차차 잘 자라고
禾黍油油兮	화서유유혜	벼와 기장은 윤기가 흐르는구나.
彼狡童兮	피교동혜	저 교활한 녀석이여!
不與我好兮	불여아호혜	나와 더불어 좋지 못함이여!

　여기서 노래한 교활한 녀석은 바로 주 임금을 두고 욕한 것이다. 이 맥수지가(麥秀之歌)를 전해들은

은나라 백성들은 모두 눈물을 흘렸다고 한다. 나라의 힘이 약해 국권을 잃었던 우리 민족도 바로 이 맥수지탄을 느꼈을 것이다.

風樹之嘆 風 바람 풍 樹 나무 수 之 ~의 지 嘆 탄식할 탄

직역 : 바람[風]에 나부끼는 나무[樹]의[之] 탄식[嘆]
의역 : 부모님이 돌아가신 후 후회하는 자식의 탄식

남자들이 군대를 가면 힘든 상황에서 부르게 하는 노래가 '어머님의 은혜'이다. 나이가 어리든 많든 간에 듣기만 해도 가슴 찡하면서도 친근한 단어가 어머니일 것이다. 자신을 효자라고 자신 있게 말할 수 있는 사람은 그리 많지 않을 것이다. '불효자는 웁니다.' 라는 문구는 들어봤어도 효자를 자칭하는 문구는 없는 것도 그 때문일 것이다. 풍수지탄(風樹之嘆)은 부모님을 잘 모시지 못한 불효자의 가슴 아픈 탄식이다. 『한시외전(韓詩外傳)』에 다음과 같은 이야기가 전해진다.

공자가 길을 가다가 매우 슬픈 울음소리를 듣고서 "수레를 빨리 몰도록 해라. 앞에 어진 사람이 있구나."라고 말했다. 도착해 보니 고어(皐魚)라는 사람이 있었는데, 베옷을 입고, 낫을 안은 채 길가에서 곡을 하고 있었다. 공자가 수레에서 내려 물었다. "그대는 초상을 당하지도 않았는데 어찌 그리도 슬피 우는가?" 고어가 대답하였다. "저는 잃은 것이 세 가지 있습니다. 젊어 학문을 좋아하여 두루 제후들을 찾아다녀 내 부모를 잃은 것이 첫 번째 잃은 것이요, 뜻을 고상하게 여기고 내 일은 작게 여겨 평범한 군주를 섬기지 않다가 일만 늦어져 이룬 것이 없는 것이 두 번째 잃은 것이요, 친구와 친하게 지내다가 도중에 절교한 것이 세 번째 잃은 것입니다. 나무는 고요하고자 하나 바람이 그치지 아니하고, 자식은 봉양하고자 하나 부모님은 기다려 주지 않는 것입니다. 지나가 버리면 쫓을 수 없는 것이 나이요, 가버리면 뵐 수 없는 것이 부모님입니다. 나는 이 말을 따르고자 합니다." 하고서는 그 자리에서 목숨을 끊었다. 공자가 말하기를 "제자들아 이 일을 기억하여 교훈으로 삼도록 하여라."

孔子出行이라가 聞哭聲甚悲라. 孔子曰 "驅之驅之하라. 前有賢者라." 至則皐魚也니 被褐擁鎌하고 哭于道傍이라. 孔子避車하고 與之言曰 "子非有喪이어늘 何哭之悲也오?" 皐魚曰 "吾失之三矣니 少而好學하야 周游諸候하야 以殁吾親 失之一也요, 高尙吾志하고 簡吾事하야 不事庸君而晩事無成 失之二也요, 與友厚而中絶之 失之三矣라. 夫樹欲靜而風不止하고 子欲養而親不待라. 往而不可追者年也요, 去而不見者親也라. 吾請從此辭矣리라." 하고 立槁而死라. 孔子曰 "弟子識之하야 足以誡矣하라."

*哭 울 곡, 驅 몰 구, 皐 고할 고, 褐 베옷 갈, 擁 낄 옹, 鎌 낫 겸, 避 피할 피, 殁 죽을 몰, 尙 높일 상, 庸 범상할 용, 槁 마를 고, 誡 경계할 계

고어의 이런 탄식에서 나온 풍수지탄은 나무가 흔들리는 것은 바람 때문이듯, 자식이 봉양하고자 해도 부모님은 언제나 그 자리에 계시는 것이 아니라는 교훈을 우리에게 던져주고 있다. 최상의 효도, 그것은 바로 지금 이 순간에 실천에 옮기는 것이라 할 수 있다.

髀肉之嘆　髀 넓적다리 비　肉 고기 육　之 ~하는 지　嘆 탄식할 탄

직역 : 넓적다리[髀] 살[肉]이 찐 것을 보고하는[之] 탄식[嘆]
의역 : 큰일을 도모하지 못하고 헛되이 시간만 낭비함을 탄식함

우리가 즐겨 읽는 『삼국지』는 사실 엄밀히 이야기하자면 『삼국지연의(三國志演義)』라고 해야 맞다. '삼국지' 라 하면 정사(正史 : 정확한 사실의 역사)로 쓰인 책을 지칭하는 것이고, 그 역사를 바탕으로 하여 재구성한 것이 '三國志演義' 라는 소설이기 때문이다. 비육지탄(髀肉之嘆)은 『삼국지연의』에 나오는 고사성어로 촉한의 유비와 관련된 것이다.

촉한의 유비는 황건적의 난을 토벌하기 위하여 한나라 황실의 후예임을 자칭하고 의형제인 관우, 장비와 함께 의병을 일으켰다. 유비는 조조와 협력하여 여포를 하비성에서 격파하고, 조조의 휘하로

들어갔다. 그러던 중 황제를 위협하는 조조를 동승(董承)과 결탁하여 암살하려다가 그만 탄로나서 황족의 한 사람인 형주(荊州)의 유표(劉表)에게로 가서 몸을 의탁하게 된다. 유표는 유비에게 신야성(新野城)이라는 작은 성을 맡기고, 유비는 그곳에서 한 황실(漢皇室)의 부흥과 중원평정(中原平定)이라는 큰 뜻도 펴보지 못한 채 세월만 보내고 있었다.

그러던 어느 날 유표가 유비를 위로하기 위해 신야성을 방문하여 술자리를 마련하였다.

유비 현덕(玄德)이 몸을 일으켜 화장실에 갔다가 자신의 몸에 넓적다리 살이 다시 찐 것을 보고서는 자기도 모르게 눈물을 흘렸다. 잠시 후에 다시 자리로 돌아오니 유표가 현덕이 눈물을 흘린 것을 보고서 괴이하게 여겨 그 까닭을 물으니, 현덕이 길게 한숨쉬며 말했다. "저는 지난날 항상 몸이 말안장에서 떠나지 않아 넓적다리 살이 없었는데, 지금 오래도록 말을 타지 않으니 넓적다리에 군살이 생겼습니다. 세월은 흘러 늙음이 장차 이르려 하는데, 공업을 세우지 못하였으니, 이것이 슬플 뿐입니다."

玄德自知語失하고 遂起身如厠이라가 因見己身髀肉復生하고 亦不覺潸然流淚라. 少頃에 復入席하니 表見玄德有淚容하고 怪問之라. 玄德長歎曰 "備往常身不離鞍하여 髀肉皆散한대 今久不騎하니 髀裡肉生이라. 日月蹉跎하여 老將至矣한대 而功業不建하니 是以悲耳라."

* 如 갈 여, 厠 뒷간 측, 潸 눈물 흐를 산, 淚 눈물 루, 鞍 안장 안, 裡 속 리, 蹉 넘어질 차, 跎 헛디딜 타

낮고 못함을 가릴 수 없는 상대

難兄難弟 難 어려울 **난** 兄 맏 **형** 難 어려울 **난** 弟 아우 **제**

직역 : 누구를 형(兄)이라 하기도 어렵고[難] 아우[弟]라 하기도 어려움[難]

의역 : 실력이 모두 뛰어나 둘의 낮고 못함을 가리기 어려움

중국 후한(後漢)말 진식(陳寔)은 학식과 덕망이 높아 그의 두 아들 원방(元方), 계방(季方)과 더불어 삼군자(三君子)로 불렸다. 『세설신어(世說新語)』〈덕행편(德行篇)〉에 다음과 같은 구절이 나온다.

진원방의 아들 장문이 영특한 재주가 있었는데 계방의 아들 효선과 함께 각각 그 아버지의 공덕을 논하는데 있어 다투어 결론을 내지 못하였다. 결국 할아버지인 진식에게 가서 물으니, 진식이 답하기를 "원방을 형이라 하기도 어렵고, 계방을 동생이라 하기도 어렵다."

陳元方子長文有英才하야　與季方子孝先으로　各論其父功德한대　爭之不能決하야　咨於太丘라. 太丘曰 "元方難爲兄이오. 季方難爲弟라."

여기서 유래한 난형난제(難兄難弟)는 실력이 뛰어난 상대끼리 서로 우열을 가릴 수 없을 경우에 쓰는 고사성어이다. 그러니 오십보백보(五十步百步)와는 그 뜻을 구별하여 써야 할 것이다.

伯仲之間 伯 맏 **백** 仲 버금 **중** 之 ~의 **지** 間 사이 **간**

직역 : 맏이[伯]와 둘째[仲]의[之] 사이[間]
의역 : 세력이 서로 비슷하여 우열을 가릴 수 없는 사이

백중지간(伯仲之間)은 백중지세(伯仲之勢)라고도 한다. 백중(伯仲)이라는 말은 형제간의 순서를 정하는 말에서 유래했다.

같은 부모의 형과 누나를 백부(伯父)와 백모(伯母)라 하고, 남동생과 여동생을 숙부(叔父)와 숙모(叔母)라고 부르는 것은, 옛날부터의 중국 관습을 따른 것이다. 중국에서는 형제의 순서를 다시 세분하여 '백(伯)·중(仲)·숙(叔)·계(季)'로 부른다.

『예기(禮記)』〈단궁 상편(壇弓 上篇)〉에 다음과 같은 구절이 있다.

어려서 이름을 짓고, 관례(冠禮)를 하고서 자(字)를 붙이고, 50에 백중(伯仲)으로써 하고, 죽으면 시호(諡號)를 내리는 것은 주(周)나라의 도리이다.

幼名하고 冠字하며 五十以伯仲하고 死諡는 周道也라.

'伯仲'이란 형제의 순서를 나타내는 말에서 유래한 것으로, 형제는 비슷하게 닮았고 더군다나 쉰 살 정도가 되면 서로 낫고 못함을 가릴 수 없기 때문에 쓰게 된 것이다.

백중지간(伯仲之間)이란 말이 처음으로 보이는 곳은 위나라 문제(文帝)인 조비가 지었다는 『전론(典論)』이라는 책에서 이다.

文人들이 서로 가볍게 여기는 것은 옛날부터 그러했다. 부의(傅儀)와 반고(班固)에 있어서는 백중지간일 뿐이다.

文人相輕이 自古而然이라. 傅儀之於班固 伯仲之間耳라.

한나라의 대문장가인 부의와 반고의 실력이 서로 우열을 가릴 수 없을 정도로 둘 다 뛰어남을 뜻하는 말로 쓰인 것이 바로 백중지간이다. 원문에 보이는 '문인상경(文人相輕)'이라는 말은 '글을 쓰는 사람들은 모름지기 자기야말로 제1인자라고 자부하여, 글쓰는 사람끼리는 서로 상대를 경멸한다.'는 뜻으로 반고가 부의의 실력이 자신과 대등한데도 불구하고 동생인 반초(班超)에게 쓴 글에서 부의를 높게 평가하지 않은 데서 유래한 성어이다.

五十步百步　五 다섯 **오**　十 열 **십**　步 걸음 **보**　百 일백 **백**　步 걸음 **보**

직역 : 오십(五十) 걸음[步] 도망간 사람이 백(百) 걸음[步] 도망간 사람을 비웃음
의역 : 작은 잘못이나 큰 잘못이나 잘못은 잘못이다

맹자는 줄기차게 왕들에게 '패도정치(覇道政治 : 무력과 권모술수에 의한 정치)'가 아닌 '왕도정치(王道政治 : 仁義를 바탕으로 한 정치)'를 부르짖는다. 오십보백보(五十步白步) 역시 이런 맥락에서 등장한 성어이다. 양(梁)나라 혜왕(惠王)이 진정한 왕도정치를 구현하지도 않으면서 다른 나라보다 백성 수가 적은 것을 걱정하자 맹자가 전쟁을 비유하여 깨우침의 말을 전한다. 『맹자(孟子)』〈양혜왕 상편(梁惠王 上篇)〉에 보인다.

맹자가 대답하였다. "왕께서 전쟁을 좋아하시니 청컨대 전쟁을 비유하여 말씀드리겠습니다. 둥둥 북을 울리며 무기와 무기를 부딪치며 싸움이 일어났는데, 갑옷을 버리고 무기를 질질 끌며 도망을 칩니다. 어떤 사람은 백 걸음을 가서 멈추고, 어떤 사람은 오십 걸음을 가서 멈추고서는 오십 걸음 간 사람이 백 걸음 간 사람을 비웃는다면 어떻습니까?" 왕이 대답하기를 "옳지 않습니다. 다만 백 걸음이 되지 않을 뿐 오십 걸음 또한 도망간 것입니다." "왕께서 만약 이러한 이치를 아신다면 다른 나라보다 백성이 많을 것을 기대하지 마소서."

孟子對曰 "王이 好戰하시니 請以戰喩하리이다. 塡然鼓之하야 兵刃旣接하야 棄甲曳兵而走하되 或百步而後止하며 或五十步而後止하야 以五十步로 笑百步則何如하니잇고?" 曰 "不可하니 直不百步耳이언정 是亦走也라." 曰 "王如知此則無望民之多於隣國也하소서."

* 請 청할 청, 喩 깨우칠 유, 塡 북소리 전, 刃 칼날 인, 接 교차할 접, 棄 버릴 기, 曳 끌 예, 耳 뿐이, 隣 이웃 린

어떤 어린 신랑이 첫날밤에 신부에게 나이가 몇이냐고 물어보았다. 옛날에는 조혼(早婚)의 풍속이 있어 신랑의 나이가 어린 경우가 많았기에 신랑은 신부가 자기 누님과 같은 또래일 것이라 여기고 물은 것이다. 신부는 대답 대신 다음과 같은 글귀를 주고 해석해 보라고 하였다.

南山有田邊土落　남산에 밭이 있는데 가장자리에 있는 흙은 떨어져 나가고
枯木鳴鳩鳥先飛　마른 나무에 비둘기 울다가 새가 먼저 날아갔네.
*邊 가 변, 枯 마를 고, 鳴 울 명, 鳩 비둘기 구

첫 번째 구절은 밭 전(田)에 가장자리에 있는 흙이 떨어져 나갔으니 十(열 십)만 남게 되고,
마른 나무에 울던 비둘기[鳩]에서 새가 먼저 날아갔으니 결과적으로 九만 남게 된다.
그러므로 신부의 나이는 十九(열 아홉)세가 되는 것이다.
신랑이 재치 있게 열 아홉이라고 대답했다.

그러자, 신부는 다시 신랑에게 몇 형제 중 몇째냐고 물었다.
신랑은 병풍에 있는 밤나무 그림을 보며 다음과 같은 시를 읊어 주었다.

一腹生三子　한 배에서 세 아들을 낳으니
中男兩面平　가운데 아들은 양쪽 얼굴이 평평하네.
子隨先後落　아들들이 앞서거니 뒤서거니 떨어지니,
難兄亦難弟　형이라 하기도 어렵고 동생이라 하기도 어렵네.
*腹 배 복, 隨 따를 수, 難 어려울 난

곧 자기는 세 쌍둥이의 둘째라는 뜻인데,
형제들이 마치 같은 날 같은 때에 떨어진 세 톨의 알밤과 같은 관계라는 말이다.

어떤 일의 맨 처음이나 시작

濫觴 濫 넘칠 **남(람)** 觴 술잔 **상**

직역 : 술잔[觴]이 넘침[濫].
의역 : 어떤 일의 맨 처음 시작. 발단(發端).

중국에는 거대한 강이 두 개 있다. 하나는 황하(黃河)이고, 다른 하나는 양자강(揚子江)이다. 마치 바다와 같이 큰 두 개의 강도 거슬러 상류로 올라가 보면 그 근원은 작은 술잔을 하나 띄울 만한 작은 샘으로부터 시작된 것임을 알 수 있다.

공자와 제자인 자로(子路)와의 대화에서 그 유래를 찾아 볼 수 있다. 『순자(荀子)』〈자도(子道)〉에 실린 글이다.

제자인 자로가 화려한 옷을 입고 공자를 뵈었다. 공자께서 말씀하시기를 "유(由 : 子路의 이름인 仲由)야! 이 화려한 옷차림은 대체 무엇이냐? 예로부터 양자강의 물은 민산(岷山)으로부터 나왔으되, 처음 흘러나왔을 때에 그 근원은 술잔을 띄울 만한 작은 것이었거늘, 이에 그 물줄기가 강나루에 이르러서는 감히 배를 타고 바람을 피하지 않으면 건너지 못하게 된다. 그것은 오직 하류의 물이 많아졌기 때문이 아니겠느냐? 지금 너의 의복이 화려하고 얼굴색이 자신감으로 가득 차 있으니 천하에 또 누가 기꺼이 너에게 충고를 해줄 수 있겠느냐?"

原 文

子路盛服하고 而見孔子하니 孔子曰 "由아! 是裾裾何也?오 昔者에 江出於岷山이로되 其始出

也 其源可以濫觴이어늘 乃其至江之津也에 不敢舟不避風則不可涉也라. 非維下流水多耶아? 今 女衣服旣盛하고 顏色充盈하니 天下且孰肯諫女矣리오?

* 盛 성대할 성, 裾 옷자락 거, 岷 산이름 민, 津 나루 진, 涉 건널 섭, 耶 어조사 야, 顏 얼굴 안, 盈 찰 영, 孰 누구 숙, 肯 기꺼이할 긍, 諫 간할 간

공자의 가르침은 제자마다 똑같은 질문에 상황에 맞는 다른 가르침을 준 것으로도 유명하다. 제자들의 성격과 상황에 맞는 맞춤형 개별학습을 최초로 했다고도 볼 수 있다. 자로는 공자의 제자 중 성격이 우직하고 용맹스러운 인물로 유명하다. 또한 공자보다 9살 아래로 제자들 중 공자와 나이차가 가장 적게 나는 제자였다. 공자는 이 이야기에서 성격이 강한 자로에게 겉모습만 꾸미는 것을 경계하는 교훈을 준 것이다. 곧 양자강의 근원을 올라가면 작은 샘이었듯이 사람도 처음 뜻을 바로 해야 성취할 수 있음을 경계한 것이다.

鼻祖 鼻 코 비 祖 할아버지 · 조상 조

직역 : 코[鼻]가 맨 처음[祖] 만들어짐
의역 : 어떤 일을 맨 처음 시작한 사람. 어떤 일의 맨 처음 시작

비조(鼻祖)라는 말은 '시조(始祖)'라는 말과 바꾸어 쓸 수 있는 성어이다. 『양자방언(揚子方言)』에 보면 다음과 같은 구절이 있다.

비(鼻)는 처음이라는 뜻이다. 집승이 태어날 때 처음 나오는 것이 '鼻'이고, 사람이 태어날 때 처음 나오는 것이 '首'이다. 양익간(梁益間)이 말하기를 鼻는 처음이요 혹은 祖라고도 한다. 또 사람이 아이를 배어 잉태할 때 코가 제일 먼저 형체를 받게 된다. 그러므로 시조(始祖)를 일컬어 비조(鼻祖)라고 한다.

鼻는 始也니 獸初生謂之鼻오. 人初生謂之首라. 梁益間謂鼻爲初오. 或謂之祖니 祖居也라. 又 人之胚胎에 鼻先受形이라. 故謂始祖爲鼻祖라.

*獸 짐승 수, 謂 이를 위, 梁 들보 량, 胚 아이밸 배, 胎 아이밸 태

　고대 중국인들은 사람이 엄마 뱃속에서 만들어질 때 코가 맨 처음으로 만들어진다고 생각한 것이다. 또한 중국의 화가들은 사람의 초상화를 그릴 때 코를 제일 먼저 그린다고 한다. '鼻' 라는 한자는 '코' 라는 뜻만이 아니라 '처음' 이라는 뜻도 내포하고 있는 것이다. 그래서 장남(長男)을 '비자(鼻子)' 라 하기도 한다.

破天荒　破 깨뜨릴 **파**　天 하늘 **천**　荒 거칠 **황**

직역 : 천지개벽 이전의 혼돈[天荒]을 깨뜨림[破]
의역 : 아무도 못 했던 일을 처음으로 시작함. 인재가 나지 않은 땅에 처음으로 인재가 남

　파천황(破天荒)의 '천황(天荒)' 이란 천지가 아직 열리기 이전의 혼돈 상태를 의미한다. 여기에 '破(깨뜨릴 파)' 를 넣으면 '천지개벽 이전의 혼돈 상태를 깨뜨린다' 는 의미가 된다. 결국 어떤 일을 맨 처음 시작한다는 뜻을 나타내게 된다. 이 말은 〈북몽쇄언(北夢瑣言)〉에서 그 유래를 찾아 볼 수 있다.

　중국에서는 관리가 되려면 먼저 지방 정부의 시험인 향시(鄕試)를 치르고 여기에 합격하면, 회시(會試)라는 중앙정부의 시험을 치르게 된다. 따라서 중앙정부의 시험까지 몇 차례의 관문을 거쳐 최종적으로 급제(及第)를 한다는 것은 쉬운 일이 아니었다.

　당나라 때의 일이다. 형주(荊州)에서는 매년 과거 응시자는 있었으나 급제자가 없어서 사람들은 "형주는 천황(天荒 : 멀고 구석진 곳)의 지방이라 인지(人智)가 발달되지 않은 곳이다."라고 했다. 그런데 유세라는 사람이 처음으로 중앙의 과거시험에 급제하자 사람들은 "드디어 천황을 깬[破天荒] 자가 나왔다."고 그의 업적을 칭송했다.

　이때부터 어떤 일을 맨 처음 시작했거나, 인재가 없던 곳에 인재가 났을 때 그를 '파천황(破天荒)'이라 한다.

嚆矢　嚆 울릴 **효**　矢 화살 시

직역 : 우는[嚆] 화살[矢]
의역 : 어떤 일의 맨 처음 시작

　국가간의 전쟁에서는 이른바 '선전포고(宣戰布告)'라는 것을 한다. 선전포고는 상대편 나라와 전쟁을 시작하겠다는 일종의 경고라고 할 수 있다. 고대에는 싸움의 양상이 지금과는 많이 달라 양 진영이 서로 마주보고 맞서서 일제히 공격을 개시하는 양상을 띠었다. 그래서 일제히 공격을 시작하는 신호가 필요했다.

　고대 중국에서는 화살을 이용했다. 화살의 끝에 방울을 달아서 쏘는 것으로 공격 신호, 즉 싸움의 시작을 알렸다. 방울이 달린 화살이 날아가며 소리를 내는 것이 마치 화살이 우는 것 같다고 하여 '효시(嚆矢)'라는 성어가 탄생하게 된 것이다. 『장자(莊子)』〈재유(在宥)〉에 노자(老子)와 그의 제자 최구(崔瞿)가 천하를 다스리지 않는다면 어떻게 사람들의 마음이 좋아질 수 있는지에 서로 이야기를 나눈 부분이 나온다.

　지금 세상은 처형당해 죽은 사람의 시체가 서로 베개를 삼고, 차꼬(죄인의 두 발목을 채우는 형벌기구)를 찬 사람들이 서로 밀며, 형벌을 받아 죽은 사람이 서로를 바라보고 있다. 그러나 유가(儒家), 묵가(墨家)들은 처음부터 차꼬와 쇠고랑 사이에서 발을 빼고 팔을 꺼내고 있구나. 아! 너무 심하기도 하여라! 부끄러움도 없고 수치심도 알지 못하는 정도가 너무도 심하도다! 나는 성인이네, 지혜네 하는 것이 차꼬와 쐐기 같은 역할을 하지 않을지 모르겠고, 인의(仁義)가 차꼬와 쇠고랑이 되지 않을지 의심스럽다. 어찌 증자(曾子)나 사유(史鰌) 같은 사람들이 폭군인 걸왕이나 도적인 도척의 효시(嚆矢)가 되지 않을 것을 알 수 있겠는가? 때문에 성인을 끊고 지혜를 버려야[絶聖棄知] 천하가 크게 다스려지게 되는 것이다.

　今世殊死者相枕也하고　桁陽者相推也하며　刑戮者相望也로되　而儒墨은　乃始離跂攘臂乎桎梏之間. 噫라! 甚矣哉로다! 其無愧而不知恥也甚矣로다! 吾未知聖知之不爲桁陽接槢也하고　仁義之不爲桎梏鑿枘라. 焉知曾史之不爲桀跖嚆矢也리오? 故曰　絶聖棄知而天下大治라.

*殊 죽일 수, 枕 베개 침, 桁 차꼬 항, 推 밀 추, 戮 죽일 륙, 跂 발 기, 攘 물리칠 양, 臂 팔 비, 桎 차꼬 질, 梏 쇠고랑 곡,

　槢 쐐기 습, 鑿 뚫을 착, 枘 장부 예, 桀 홰 걸, 跖 발바닥 척

洛陽紙貴 洛 한나라 서울 **락** 陽 볕 **양** 紙 종이 **지** 貴 귀할 **귀**

직역 : 낙양(洛陽)의 종이[紙] 값이 귀해짐[貴]

의역 : 저서가 좋은 평가를 받고 많이 팔려 나감. 베스트셀러가 됨

　출간된 책이 많이 판매되면 흔히 '베스트셀러' 라고 한다. 인쇄기술이 발달되기 이전에는 이름난 유명한 책이 있으면, 필사본(筆寫本 : 손으로 직접 써서 베낀 책)을 비싼 돈을 주고 구입하거나, 자신이 직접 베껴 써야 했다. 종이 역시 만만치 않은 가격이었다. 그래서 과거(科擧)시험이 다가오면 전체적으로 종이 값이 오르는 일도 많았다. 낙양지귀(洛陽紙貴)는 좌사(左思)가 지은 위·촉·오 삼국의 도읍을 노래한 『삼도지부(三都之賦)』를 사람들이 너도나도 베껴 낙양의 종이 값이 오른 데서 유래한 고사성어이다. '낙양지가귀(洛陽紙價貴)' 라 하기도 한다. 『진서 열전(晉書 列傳)』〈문원전(文苑傳)〉에 다음과 같은 이야기가 전해진다.

　서진(西晉)의 문학가인 좌사(左思)는 제(齊)나라 임치(臨淄) 사람이다. 좌사는 용모가 볼품없고, 말도 어눌했으나 문장만은 표현이 뛰어나고 아름다웠다. 그래서 다른 사람과 어울리는 것을 좋아하지 않고, 오직 집에 머물면서 글 짓는 일에만 열중했다.

　'제도부(齊都賦)' 라는 글을 짓는 데에 무려 일년이 지나서야 완성하기도 했다. 다시 '삼도지부(三都之賦)' 라는 글을 짓기로 했는데, 마침 매부가 궁궐에 들어가 있어 가족과 함께 서울인 낙양(洛陽)으로 이사를 하였다. 곧 저작랑(著作郎) 벼슬에 있는 장재(張載)에게 가서 촉한(蜀漢) 민공을 방문했던 일에 대해 자세히 물었다.

십 년 동안 구상을 했는데, 뜰과 울타리 등에 붓과 종이를 놓고서 우연히 문구가 떠오르면 바로 적어 놓곤 했다. 자신이 널리 두루 알지 못한다고 여겨 비서랑(秘書郞 : 기밀 문서를 맡아 보는 벼슬)이라는 벼슬을 자청하여 글 쓰기에 정진했다. 마침내 삼도지부를 완성하였으나 당시 사람들은 별로 높게 평가해 주지 않았다. 좌사는 스스로 자신의 작품이 반고나 장형(張衡)에 비해 뒤지지 않는다고 생각했으나 사람들이 사장(死藏)시키는 것이 염려되어, 존경받는 작가인 황보밀(皇甫謐)에게 가서 자신의 작품을 보여 주었다. 황보밀은 잘 쓴 글이라 칭찬하면서 삼도지부의 서문(序文)을 지어 주었다. 이어 장재가 〈위도지부(魏都之賦)〉에 주석을 달아 주고, 유달(劉達)이 〈오도지부(吳都之賦)〉와 〈촉도지부(蜀都之賦)〉에 주석을 달아 주고, 위관(衛瓘)이 약해(略解)를 지어 주는 등 많은 사람들로부터 호평(好評)을 받게 되었다. 사공(司空) 벼슬에 있던 최고의 문장가 장화(張華)가 삼도지부를 보고서 감탄하며 말했다.

"반고나 장형의 작품과 같이 품격이 높도다! 읽는 사람으로 하여금 다 읽고 나서도 여운이 남게 하며, 오래되어도 더욱 새로운 맛을 느끼게 한다."

이에 높은 지위에 있고, 돈 있는 사람들이 다투어 서로 종이에 베껴 전하게 되자, 낙양의 종이 값이 오르게 되었다[洛陽爲之紙貴].

司空張華見而歎曰 "班張之流也라! 使讀之者로 盡而有餘하고 久而更新이라." 於是에 豪貴之家競相傳寫하니 洛陽爲之紙貴라.

天衣無縫 天 하늘 천　衣 옷 의　無 없을 무　縫 꿰맬 봉

직역 : 하늘 나라[天] 사람의 옷[衣]은 꿰맨[縫] 자국이 없다[無]

의역 : 꾸민 흔적이 없이 자연스럽고 완벽함.
훌륭한 시문(詩文)이나 서화(書畵) 작품을 가리킴

잘 쓴 글을 읽다 보면 마치 물이 흘러가듯 자연스럽게 느껴질 때가 있다. 하나의 거침도 없이, 걸리는 곳도 없이 말이다. 또한 신들린 듯 글을 쓰는 사람의 작품을 사람이 아닌, 하늘이 내린 하늘 사람의 것이라 지칭하기도 한다. 천의무봉(天衣無縫)은 이와 같이 매우 잘 지어진 글을 가리키는 성어이다. 『태평광기(太平廣記)』에 다음과 같은 글이 실려 있다.

태원(太原) 고을의 곽한(郭翰)은 젊어서 부귀를 가벼이 여겨서 맑은 기상이 있었다. 자태가 아름답고 이야기를 잘 하며 초서(草書)와 예서(隸書)에도 뛰어났다.

어느 더운 여름날 달빛을 받으며 뜰에 누워 있는데 마침 한 줄기 맑은 바람이 불어오더니 점점 향기가 짙게 풍겨오는 것이었다. 곽한이 매우 괴이하게 여겨 하늘을 바라보니 어떤 사람이 하늘하늘 내려와서 바로 곽한의 앞에 이르렀는데, 빼어나게 아름다웠다. 곽한이 옷과 두건을 바로잡고 평상에서 내려와 엎드려 절하며 말했다.

"뜻밖에 선녀께서 강림하셨군요."

여인이 미소 지으며 말했다.

"저는 하늘나라 직녀(織女)입니다."

그녀에게서는 눈이 부시게 광채가 빛나는데, 겉에는 검은 비단 옷을 입고, 속에는 얇고 붉은 비단 옷을 입었는데 모두 꿰맨 자국이 없었다. 곽한이 그 이유를 물으니, 여인이 대답해 주었다. "하늘나라 옷은 본래 바늘이나 실을 쓰지 않습니다."

太原郭翰은 少簡貴하야 有淸標이라. 姿度美秀하고 善談論하며 工草隷라. 當盛署에 乘月臥
庭中한대 時有淸風하더니 稍聞香氣漸濃이라. 翰甚怪之하야 仰視空中하니 見有人冉冉而下하
야 直至翰前한대 明艶絶代라. 翰整衣巾하고 下牀拜謁曰 “不意尊靈逈降이라.” 女微笑曰 “吾天
上織女也라.” 光彩溢目한대 衣玄綃之衣하고 其 綃體輕紅綃矣라. 視其衣하니 竝無縫이라. 翰問
之하니 謂翰曰 “天衣本非針線爲也라.”

- 《태평광기(太平廣記)》

*郭 성 곽, 翰 날개 한, 標 꼭대기 표, 姿 맵시 자, 隷 예서 예, 署 더울 서, 稍 점점 초, 漸 점차 점, 濃 짙을 농, 冉冉 (부드
러워 아래로 늘어진 모양), 艶 고울 염, 逈 멀 형, 溢 넘칠 일, 綃 생사 초, 竝 아우를 병, 針 바늘 침

七步之才　七 일곱 칠　步 걸음 보　之 ~의 지　才 재주 재

직역 : 일곱[七] 걸음[步]만에 시를 짓는[之] 재주[才]
의역 : 뛰어난 글재주를 뜻하는 말

조조의 아들 조비는 한(漢) 나라의 헌제(獻帝)를 몰아내고, 왕위에 오른다. 그가 바로 위나라의 첫 번째 황제인 문제(文帝)이다. 그는 재주는 뛰어났으나, 소견이 좁았다. 그래서인지 동생인 조식(曹植)을 무척이나 미워했다. 조식은 어려서부터 총명하고, 더군다나 뛰어난 글재주까지 있어 아버지 조조의 총애를 받기도 했다. 어느 날 조식이 반역 혐의를 받아 끌려오자, 조비는 조식을 죽일 목적으로 일곱 걸음을 걷는 사이에 시를 지으면 살려 주겠다는 제안을 했다. 그러자 조식은 잠시의 망설임도 없이 시를 읊어 나갔다.

煮豆持作羹	자두지작갱	콩을 삶아 국을 만든다고
漉豉以爲汁	녹시이위즙	메주를 걸러서 즙을 낸다고
萁在釜底燃	기재부저연	콩대를 솥 밑에서 태우면

豆在釜中泣　두재부중읍　　콩은 솥 안에서 눈물 흘리네.

本是同根生　본시동근생　　본래 같은 뿌리에서 나왔는데

相煎何太急　상전하태급　　서로 태우기를 어찌 이리 급히 한단 말인가!

*煮 끓일 자, 羹 국 갱, 漉 거를 녹, 豉 메주 시, 汁 즙 즙, 其 콩대 기, 釜 가마솥 부, 煎 달일 전

조비와 조식간의 이야기에서 유래한 칠보지재(七步之才)는 일곱 걸음만에 시를 완성한 조식의 탁월한 재주를 가리키는 말이다.

推敲　推 밀 퇴(추)　敲 두드릴 고

직역 : 밀 퇴자(推)를 쓸까 두드릴 고자(敲)를 쓸까 고민함
의역 : 시문(詩文)을 지을 때 자구(字句)를 여러 번 고치는 일

글을 쓸 때 떠오르는 감상을 적고 나서, 다시 검토하여 고치는 일을 '퇴고(推敲)'라고 한다. 아무리 뛰어난 시재(詩才)를 지닌 사람도 검토하고 검토하여 명작을 만들어 낸다고 한다. 『감계록(鑑戒錄)』에 당나라 때의 유명한 시인인 가도의 일화가 전해진다.

당나라의 시인 가도(賈島)가 어느 날 문득 나귀 위에서,

鳥宿池中樹　조숙지중수　새들은 연못가 나무에서 자고

僧敲月下門　승고월하문　스님은 달 아래 문을 두드린다.

라는 시구(詩句)를 생각해내고서는 그것을 읊조렸다. 처음에 가도는 '밀다'라는 뜻의 '推'를 쓸까 하다가 다시 '두드리다'라는 뜻의 '敲'를 쓸까 하는 등, 어느 글자가 좋을지 머뭇머뭇 결정을 못 하였다. 그래서 그는 나귀 위에서 '推'자의 모양을 손으로 써보기도 하고, 또 '敲'

자의 모양을 손으로 써보기도 하였다.

賈島 忽一日于驢上吟得 '鳥宿池中樹하고 僧敲月下門이라.' 初欲著推字하고 或欲著敲字하야 煉之未定이라. 遂于驢上에 作推字手勢하고 又作敲字手勢라.

*賈 장사 가, 驢 나귀 려, 敲 두드릴 고, 著 지을 저, 煉 다듬을 련, 遂 마침내 수

이때 한퇴지(韓退之)가 경조윤(京兆尹)을 맡고 있었는데, 그 위엄이 서울의 거리를 진동시키고 있었다. 그런데 가도가 바로 이 한퇴지의 행차와 맞닥뜨리게 되었다. 길을 비키라는 소리를 세 번이나 했는데도, 가도는 손으로 쓰기를 멈추지 않고 계속 했다. 이윽고 관리들에게 나귀에서 끌어내려져 한퇴지 앞으로 끌려가서야 비로소 가도는 사태를 깨달을 수 있었다. 한퇴지가 연유를 묻고 가도를 꾸짖으려 하니, 가도가 설명을 하고 대꾸를 했다. "우연히 시 한 연을 얻어서 읊조리다가 한 글자를 정하지 못하여 정신이 온통 시구에 빠져 대감님의 행차를 맞아 그러한 것이니, 감히 허물을 지으려 한 것은 아닙니다. 바라건대 한 번 보아주시기 바랍니다." 한퇴지가 말을 세우고 한참을 생각하다가 가도에게 말하였다. "敲(두드리다)자가 좋을 듯싶구나." 하고서는 가도와 더불어 나란히 말고삐를 하고 같이 담소하며 관청에 들어가서 함께 시도(詩道)를 논하였는데 며칠이 지나도 싫증이 나질 않았다. 이로 인해 한퇴지와 가도는 신분을 뛰어 넘은 순수한 친분을 맺게 되었다.

換骨奪胎　換 바꿀 **환**　骨 뼈 **골**　奪 벗을 **탈**　胎 아이 밸 **태**

직역 : 뼈대[骨]를 바꾸고[換] 태(胎)를 벗어남[奪]
의역 : 옛 사람이 지은 시문의 뜻은 그대로 두고 어구만 고쳐서 자기의 시문으로 하는 일
또는 용모가 변하여 전보다 아름답게 됨

적벽부(赤壁賦)로 유명한 소식(蘇軾)과 함께 북송(北宋)을 대표하는 시인으로 황정견(黃庭堅)이라는 대문장가가 있다. 그가 이렇게 말한 적이 있다.

시의 뜻은 끝이 없지만 사람의 재주는 한계가 있다. 한계가 있는 재주로 무궁한 뜻을 좇는 것은 도연명(陶淵明)이나 두보(杜甫)라 해도 할 수 없다. 그 뜻을 바꾸지 않고 자기 말로 바꾸는 것을 '환골법(換骨法)'이라 하며, 그 뜻을 가지고 형용하는 것을 '탈태법(奪胎法)'이라 한다.

환골이란 원래 도가(道家)에서 영단(靈丹 : 신비한 효험이 있는 환약)을 먹어 신선의 경지에 오르는 것을 뜻하는 것이며, 탈태는 시인의 시상이 마치 어머니의 태내에 아기가 있는 것처럼 그 태를 자기 것으로 하여 시적 경지로 승화시키는 것을 의미한다.

요즘은 용모나 모양새가 전보다 월등하게 나아졌을 때 환골탈태했다는 표현을 쓰기도 한다.

우리나라에서 유래한 성어

鷄卵有骨　鷄 닭 **계**　卵 알 **란**　有 있을 **유**　骨 뼈 **골**

직역 : 달걀[鷄卵]에도 굶은[骨] 것이 있음[有]
의역 : 운수가 나쁜 사람은 좋은 기회를 만나도 역시 일이 잘 안됨

세종 때 영의정(領議政)을 지낸 황희(黃喜, 號 : 尨村)는 마음이 착하고 생활이 검소하였다.

황희 정승의 생활이 매우 빈곤한 것을 상감(上監)께서 궁휼히 여기시고 어떻게 잘 살게 할 수 없을까 하고 방도를 생각하시었다. 그리고 한 가지 묘안을 얻어 명령하시되 내일은 아침 일찍 남대문을 열면서부터 문을 닫을 때까지 이 문으로 들어오는 물건을 다 황희 정승에게 주신다고 하셨다. 그러나 그날은 뜻밖에도 새벽부터 폭풍우가 몰아쳐 종일토록 멎지 아니하므로 문을 드나드는 장사치라고는 한 사람도 없었다. 그러다가 어두워져 집에 들어가려고 할 때 무슨 까닭인지 시골 영감이 달걀 한 꾸러미를 들고 들어왔다. 그래서 황희 정승에게 달걀이 전달되었다. 황희 정승이 집에 돌아와 달걀을 곧 삶아 먹으려고 하니, 알마다 곯아서 한 알도 먹지 못하고 말았다 한다. '骨' 은 '뼈' 라는 뜻으로 쓰인 것이 아니라, '곯다' 의 어간이 한자의 '骨' 과 음이 같은 데서 쓰이게 되었다. 뜻이 아니라 음을 빌려 쓴 것이다. 이러한 것을 가차(假借 : 음을 빌려 씀)라 한다.

三馬太守 三 석 삼 馬 말 마 太 클 태 守 지킬 수

직역 : 세[三] 마리의 말[馬]을 가진 태수(太守)
의역 : 청렴결백한 벼슬아치를 가리킴

조선 중종 때 송흠(宋欽)이라는 관리가 있었다. 그의 청렴결백함은 주위의 칭송이 자자했다. 보통 관리들이 지방관으로 발령을 받아 부임을 하게 되면, 그 행차가 매우 요란스러워서 백성들의 원망이 자자했는데, 송흠은 지방의 수령으로 부임할 때에 수령을 맞이하는 말의 숫자가 자신이 탈 것과 어머니, 아내가 탈 것 단 세 마리뿐이었다고 한다. 그리하여 당시 사람들은 송흠을 일컬어 삼마태수(三馬太守)라고 불렀다. 여기에서 유래한 삼마태수는 청렴결백한 청백리(淸白吏)를 일컫는 말로 쓰인다.

猫項懸鈴 猫 고양이 묘 項 목 항 懸 매달 현 鈴 방울 령

직역 : 고양이[猫] 목[項]에 방울[鈴] 달기[懸]
의역 : 듣기에는 좋으나 실현 불가능한 헛된 이론

묘항현령(猫項懸鈴)은 우리가 잘 알고 있는 "고양이 목에 방울 달기"로, 조선 중종 때 송세림(宋世林)이 지은 해학집 『어면순(禦眠楯)』에 실린 이야기이다.

여러 마리의 쥐들이 모여서 이야기를 나누었다.

"노적가리에 구멍을 내고 곡식 창고 안에 숨어 살면, 생활이 윤택할 수는 있다. 다만 두려운 것은 오직 고양이뿐이다." 하니, 어떤 쥐가 말하였다.

"고양이 목에 방울을 단다면 아마 방울 소리를 듣고서 죽음을 면할 수 있을 것이다." 그러자 쥐들은 날뛰며 좋아했다.

"너의 말이 옳다. 우리가 무엇을 두려워하겠는가?"

이때 어떤 큰 쥐가 천천히 말하였다.

"옳기는 옳으나 고양이 목에 누가 우리를 위해 방울을 달 수 있겠는가?"

이에 쥐들은 모두 놀라움을 금치 못했다.

群鼠가 會話曰, "穿庾捿廩에 生活이 可潤이로되 但所怕는 獨猫而已라." 하니, 有一鼠가 言曰, "猫項에 若懸鈴子면 庶得聞聲而遁死矣라." 한대 群鼠가 喜躍曰, "子言이 是矣라. 吾何所怕耶아?" 하다. 有大鼠가 徐言曰, "是則是矣나, 然이나 猫項에 誰能爲我懸鈴耶아?" 하니, 群鼠가 愕然이러라.

　*鼠 쥐 서, 穿 뚫을 천, 庾 노적가리 유, 捿 깃들일 서, 廩 곳집 름, 怕 두려워할 파, 項 목 항, 鈴 방울 령, 庶 거의 서, 遁

　　달아날 둔, 躍 뛸 약, 愕 놀랄 악

묘항현령은 이처럼 이론상으로는 그럴 듯하지만, 누군가의 희생이 있어야 하기 때문에, 실제로는 실현 가능성이 없는 경우에 쓰는 말이다. 실현 가능성이 없는 헛된 논의를 뜻하는 '탁상공론(卓上空論 : 탁자[卓] 위[上]에서 하는 헛된[空] 논의[論])'과 그 의미가 같다고 할 수 있다.

咸興差使　咸 다 함　興 일어날 흥　差 부릴 차　使 사신 사

직역 : 함흥(咸興)으로 보낸 차사(差使)

의역 : 임무를 띠고 간 사람이 소식이 없음

차사(差使)는 '왕이 중요한 임무를 위하여 특별히 차출하여 파견하는 관리'이다.

방석의 변란(왕자의 난) 이후에 태조 이성계가 왕위를 내놓고 함흥으로 가 버리니, 태종이 여러 차례 사신을 보내어 안부를 여쭈었다. 그러나 태조가 번번이 활을 쏴서 그들을 죽이니, 여러 사람이 차례로 찾아갔으나 사신 중에 감히 전하려는 뜻을 말한 사람은 아무도 없었다. 이때 문안을 여쭈러 갔던 사신 중에 돌아올 수 있었던 사람은 한 명도 없었으니, 태종이 여러 신하들에게 묻기를 "누구를 보낼 수 있겠는가?" 하니, 아무도 대답하는 사람이 없었다.

판승추부사인 박순만이 스스로 사신으로 가기를 청하였다.

原　文

芳碩變後에　太祖　棄位하고　奔于咸興하니　太宗이　屢遣中使하여　問安하나　太祖가　輒彎弓而待之하니　前後相望하되　使가　未敢道達其情이러라. 時에　問安使가　無一得還者하니　太宗이　問群臣하되 "誰可遣고"하다. 莫有應之者러니　判承樞府事朴淳이　挺身請行이라.

* 芳 꽃다울 방, 碩 클 석, 棄 버릴 기, 奔 달릴 분, 咸 다 함, 屢 여러 누, 輒 번번이 첩, 彎 당길 만, 判 판가름할 판, 樞 지도리 추, 淳 순박할 순, 挺 뺄 정

태조 이성계는 평소 친분이 깊던 박순만은 죽이지 않았으나, 부하들의 간언(諫言)으로 대동강을 건너지 못했을 경우 죽이라는 명령을 내리게 된다. 시간상으로 당연히 강을 건넜어야 했지만, 노쇠한 박순이 몸을 쉬다 그만 이성계의 부하들에게 목숨을 잃고 만다.

나중에는 무학대사(舞學大師)가 내려가 태조와 같이 기거하면서 "그 동안 고생하며 만든 국가를 남에게 주는 것보다는 어려움을 두루 겪은 태종에게 주는 것이 그래도 낫지 않겠습니까?"라고 설득하여 마침내 한양으로 돌아오게 되었다고 한다.

이러한 고사에서 유래한 말이 함흥차사(咸興差使)이다. 함흥에 갔던 차사들이 돌아오지 않았던 것처럼 한 번 간 사람이 돌아오지 않아 애가 탈 때에 쓰는 말이다.

矯角殺牛 矯 바로잡을 **교** 角 뿔 **각** 殺 죽일 **살** 牛 소 **우**

직역 : 소의 뿔[角]을 바로 잡으려다[矯] 소[牛]를 죽임[殺]
의역 : 조그만 결점이나 흠을 고치려다 수단이 지나쳐서 도리어 일을 크게 그르침
속담 : 빈대 잡으려다 초가삼간 다 태운다

옛날 중국에 종(鐘)을 처음 만들 때, 소의 피를 종에 바르고 제사지내는 풍습이 있었다. 이것을 흔종의 예라 한다. 이때 아무 소나 쓰지 않고 반드시 잘 생기고 뿔이 똑바로 난 소를 썼는데, 제사에 쓰려고 점찍어 놓은 소의 뿔이 삐뚤어지게 되면 이를 바로 잡아 줘야 했다. 그런데 교정을 할 때 지나치게 팽팽하게 동여매다가 뿔이 뿌리 채 빠져 죽는 경우가 있었다.

교각살우(矯角殺牛)는 바로 여기서 유래하였으니, 작은 결점이나 흠을 고치려다 정도가 지나쳐서 도리어 일을 크게 그르치는 경우에 사용한다. 우리 속담에 "빈대 잡으려다 초가삼간 태운다."라는 말과 서로 통한다.

螳螂拒轍 螳 사마귀 당 螂 사마귀 랑 拒 막을 거 轍 바퀴자국 철

직역 : 사마귀[螳螂]가 수레바퀴[轍]에 항거함[拒]
의역 : 자기 힘은 생각하지 않고 무모하게 대항함
속담 : 하룻강아지 범 무서운 줄 모른다

당랑(螳螂)은 곤충의 일종인 '버마재비'이다. 흔히 당랑이 손등에 오줌을 싸면 거기에 사마귀가 돋는다는 믿음이 있어서 '사마귀' 또는 '오줌싸개'라고도 한다.

사마귀는 곤충 중에서는 폭군으로 악명이 높다. 심지어는 짝짓기가 끝나면 암컷이 숫컷을 먹기도 한다. 중국 전통 무술인 우슈에서도 당랑권(螳螂拳)이라 하여 이 사마귀의 호전적인 싸움 방법을 응용하기도 한다. 『회남자(淮南子)』에 이런 내용이 있다.

제(齊)나라 장공(莊公)이 사냥을 갔는데 어떤 벌레 한 마리가 다리를 들고 수레바퀴로 달려들려고 하였다. 장공이 부하에게 "이 벌레는 무엇인가?"라고 묻자, 부하가 대답하기를 "이것은 버마재비라고 하온데, 저 벌레는 앞으로 나아갈 줄만 알고 물러설 줄 모르며, 제 힘은 생각지 않고 적을 가벼이 여기는 놈입니다."

장공이 이 말을 듣고 "이 벌레가 만약 사람이었다면 반드시 천하에 비길 데 없는 용맹한 무사일 것이다."하고는 수레를 돌려 버마재비를 피해서 가게 했다. 용맹한 무사들이 이 말을 듣고서는 목숨 바칠 이는 제장공임을 알게 되었다. 제장공이 한 마리의 버마재비를 피함으로써 천하의 용맹한 무사들이 모두 그에게 귀의(歸依)했던 것이다.

原 文

齊莊公이 出獵할 새 有一蟲이 擧足將搏其輪하니 問其御曰 "此何蟲也오?" 對曰 "此所謂螳螂者也니 其爲蟲也 知進而不知却하니 不量力而輕敵이라." 莊公曰 "此爲人而必爲天下勇武矣라."

하고 廻車而避之라. 勇武聞之하고 知所盡死矣라. 齊莊公은 避一螳螂이나 而勇武歸之라.

- 『회남자(淮南子)』

*獵 사냥 렵, 搏 잡을 박, 輪 바퀴 륜, 御 말몰 어, 輕 가벼울 경, 廻 돌 회

이 일화로 인해 생겨난 당랑거철(螳螂拒轍)은 '자기 힘은 헤아리지도 않고 훨씬 더 강한 적에게 덤벼드는 행위'나 '하지도 못할 일을 하겠다고 덤벼드는 무모한 행동'을 뜻하는 말로 사용된다.

우리 속담 중에 "하룻강아지 범 무서운 줄 모른다 [一日之狗 不知畏虎]."와 그 뜻이 서로 통한다.

得籠望蜀 得 얻을 득 籠 땅이름 롱 望 바랄 망 蜀 나라이름 촉

직역 : 농(籠)을 얻고 나니[得] 촉(蜀)을 갖고 싶어함[望]
의역 : 사람의 욕심은 끝이 없음을 이르는 말
속담 : 대청 내주자 안방 달라고 한다. 말을 타니 종 거느리고 싶어 한다

우리 속담에 "대청 내주자 안방 달라고 한다(借廳借閨. 대청[廳 대청 청] 빌려주자[借 빌릴 차] 안방[閨 안방 규] 빌려[借 빌릴 차] 달라 한다)." 또 "말을 타니 종 거느리고 싶어 한다(騎馬欲率奴. 말[馬 말 마] 타면[騎 말탈 기] 종[奴 종 노] 부리고[率 거느릴 솔] 싶어 한다[欲 하고자할 욕])."는 말이 있다. 인간의 욕심은 끝이 없음을 이르는 말이다. 득롱망촉(得籠望蜀)도 이와 같은 뜻을 지닌 고사성어이다.

후한(後漢) 광무제(光武帝) 때 나라 안에 군웅(群雄)이 할거하고 있었는데, 장안을 점거한 유분자, 외효, 공손술, 유영, 이헌 등은 저마다 황제라 일컬었다. 광무제는 유영, 이헌, 장보 등을 모두 토벌하였다. 두융은 모반하지 않겠노라 하였으니 문제가 없었고, 이제 농서의 외효와 촉의 공손술이 문제였다. 외효는 광무제에게서 서주 상장군(上將軍)의 칭호를 받은 바 있었으나, 공손술과 제휴하여 대항하려 하였다. 그러나 공손술이 응하지 않자 광무제와의 맹약을 더욱 두터이 하였다. 한편 외효도 항거하다 병으로 죽고 그 아들 구순(寇恂)이 항복함으로써 농서는 광무제의 손에 평정되었다. 광무제가 말하기를 "인생은 만족함을 모른다. 이미 농(籠)을 얻고 또다시 촉(蜀)을 바란다[得籠望蜀]."고 하고서는 대군

을 거느리고 촉을 쳐 천하를 평정하였다.

亡羊補牢　亡 잃을 **망**　羊 양 **양**　補 고칠 **보**　牢 우리 **뢰**

직역 : 양(羊)을 잃고[亡] 우리[牢]를 고침[補]
의역 : 일을 그르친 후에야 뉘우쳐도 아무 소용이 없음
속담 : 소 잃고 외양간 고친다

우리 속담에 "소 잃고 외양간 고친다."라는 말이 있다. 곧 '어떤 일이 벌어지고 난 뒤에 후회하고 뉘우쳐도 소용없다' 는 뜻으로 쓰인다. 『전국책(戰國策)』에 보면 '망양보뢰(亡羊補牢)' 라는 말이 나온다. 우리 속담의 '소' 가 '양' 으로 나오는 것이다. 이야기는 다음과 같다.

전국시대 초(楚) 나라에 장신(莊辛)이라는 사람이 있었다. 그는 바른 말을 하는 충신이었는데, 하루는 초양왕(楚襄王)에게 잘못된 정사를 간언했다가 욕만 얻어 듣고 쫓겨 나오고 말았다. 결국 장신은 조(趙)나라로 몸을 피할 수 있도록 허락해 줄 것을 임금에게 부탁했다.

장신이 조나라로 가서 오 개월을 머물렀는데, 진나라가 과연 언영(鄢郢), 무(巫), 상채(上蔡), 진(陳) 등의 땅을 점령하고, 양왕은 양성(陽城)으로 몸을 피하였다. 이렇게 되자 양왕은 사람을 시켜 말을 보내 조나라로부터 장신을 불러왔다. 장신이 말하였다.

"좋습니다. 가도록 하지요."

장신이 다다르자 양왕이 말하였다.

"내가 선생의 말을 듣지 않아 지금 일이 이 지경에 이르게 되었소. 이에 어찌하면 되겠소?"

장신이 대답하여 말하였다.

"신이 들은 속담에 이런 말이 있습니다. '토끼를 보고서 개를 부르는 것은 늦은 것이 아니요, 양을 잃어버리고서 우리를 고치는 것은 더딘 것이 아니다.'"

莊辛去之趙하야 留五月에 秦果擧鄢郢·巫·上蔡·陳之地하고 襄王流揜于城陽이라. 于是에 使人發騶하야 徵莊辛于趙라. 莊辛曰 "諾라." 莊辛至하니, 襄王曰 "寡人不能用先生之言하야 今事至于此하니 爲之奈何오?" 莊辛對曰 "臣聞鄙語曰 '見菟而顧犬 未爲晩也오. 亡羊而補牢 未爲遲也라.'"

* 鄢 땅이름 언, 郢 땅이름 영, 蔡 큰거북 채, 揜 가릴 엄, 騶 말먹일 추, 徵 부를 징, 諾 대답할 낙, 奈 이에 내, 鄙 비천할 비, 菟 초나라 사투리 토끼 토, 顧 돌아볼 고, 遲 더딜 지

장신은 말로는 임금을 위로하는 듯 했으나, 사실은 임금이 자신의 말을 듣지 않은 것을 비꼰 말이다. 토끼를 발견하고서 사냥개를 불러 오는 것은 늦지 않다고 했으나, 사실 이미 늦은 대처인 것이다. 양을 잃어버리고 나서 우리를 고치는 것 역시 마찬가지이다.

"사후약방문(死後藥方文)"이라는 속담과도 그 뜻이 통하는데, '죽은[死 죽을 새 뒤에서야[後 뒤 휘 약[藥 약 약] 처방[方 방법 방, 文 글 문]을 쓴다' 라는 뜻이다.

人心不可測　人 사람 인　心 마음 심　不 아니 불
可~할 가　測 헤아릴 측

직역 : 사람[人]의 마음[心]은 헤아릴[測] 수[可] 없다[不]
의역 : 사람의 마음은 미루어 짐작하기 어렵다
속담 : 열길 물속은 알아도 한 길 사람 속은 모른다

　　상대방의 마음을 안다면 어떤 일이 벌어질까? 아마 엄청난 혼란이 생기기도 하고, 서로를 속이는 일은 없을 것이다. 알다가도 모를 것이 사람마음이라는 말도 있듯이, 사람의 마음이란 참으로 헤아리기 어려운 것이다. 다른 사람의 마음을 읽어 내는 것을 '독심술(讀心術)'이라고 한다. 궁예의 '관심법(觀心法)'이 드라마에 나와 유행어가 되기도 했었다. 조선의 제21대 왕인 영조(英祖)가 왕후를 직접 간택

할 때 다음과 같은 일화(逸話)가 전해진다.

　영조(英祖) 대왕이 직접 왕후를 간택하는데, 사대부 집안의 여자들을 궁궐에 모아 놓고서 물었다.
　"어떤 물건이 가장 깊은가?"
　어떤 사람은 산이 깊다고 하고, 어떤 사람은 물이 깊다고 하여 의견들이 일치하지 않았다. 왕후만이 홀로 "사람 마음이 가장 깊습니다."라고 하였다.
　임금이 그 이유를 물으니, 왕후가 대답하였다.
　"물건의 깊이는 헤아릴 수 있으나, 사람의 마음은 헤아리기 어렵기 때문입니다."
　임금이 또 물었다.
　"어떤 꽃이 가장 좋은가?"
　어떤 사람은 복숭아꽃이라 하고, 어떤 사람은 모란꽃이라고 하며, 어떤 사람은 해당화라고 하여 대답하는 것이 일치하지 않았는데, 왕후만이 홀로 "목화가 가장 좋습니다."라고 하였다.
　임금이 그 이유를 물으니 대답하기를 "다른 꽃은 한순간 좋은데 지나지 않지만, 오직 면화만은 옷으로서 천하 사람들을 따뜻하게 해주는 공로가 있기 때문입니다."

原　文

　英廟親臨揀擇할 새 聚集士夫女子於宮中하고 問衆女子라. "何物最深고?" 或言山深하고 或言水深이라 하야 衆論不一한대 后獨曰 "人心最深이라." 上問其故하니 后對曰 "物心可測이나 人心不可測也이라." 上又問 "何花最好오?" 或言桃하고 或言牧丹花하며 或言海棠花라 하야 所對不一한대 后獨言曰 "棉花最好라." 上問其故하니 對曰 "他花는 不過一時好나 惟棉花는 衣被天下하야 有溫煖之功也라."

-『대동기문(大東奇聞)』

賊反荷杖　賊 도둑 **적** 反 도리어 **반** 荷 멜 **하** 杖 몽둥이 **장**

직역 : 도둑[賊]이 도리어[反] 몽둥이[杖]를 듦[荷]
의역 : 죄를 범한 사람이 도리어 성을 냄
속담 : 방귀 뀐 놈이 성낸다

적반하장(賊反荷杖)은 "도둑이 도리어 몽둥이를 든다."는 속담을 한문으로 번역한 것이다. 조선 효종(孝宗) 때 홍만종(洪萬宗)이 지은 『순오지(旬五志)』에는 "적반하장(賊反荷杖)은 잘못한 자가 오히려 성내고 덤비는 것을 빗댄 것이다."라고 풀이해 놓았다. 즉 혼내는 사람과 혼나야 할 사람이 뒤바뀌었다는 말이다.

우리 속담에 "방귀 뀐 놈이 성낸다."는 말도 적반하장과 같은 뜻이다.

狐假虎威　狐 여우 **호** 假 빌릴 **가** 虎 범 호 威 위세 **위**

직역 : 여우[狐]가 호랑이[虎]의 위세[威]를 빌림[假]
의역 : 강한 자의 위세를 빌어 약한 자에게 군림함
속담 : 원님 덕에 나팔 분다

춘추전국시대의 수많은 유세객들은 자신의 입지를 확고히 하기 위하여 여러 왕들을 찾아 다녔다. 그러면서 왕을 설득하는 과정에서 자신의 주장을 관철시키기 위해 우화(寓話)를 만들어 냈다. 호가호위 역시 이런 일련의 과정 속에서 탄생한 고사성어이다.

전국시대(戰國時代) 초(楚)나라 선왕(宣王)이 여러 신하들에게 물었다.

"내가 듣기에 북방의 여러 나라들이 소해휼(昭奚恤)을 두려워한다고 하는데, 과연 진실로 어찌해서 그런가?"

여러 신하들이 아무 대답을 하지 못하고 있는데, 강을(江乙)이라는 신하가 대답하였다.

"호랑이가 온갖 짐승을 잡아서 먹다가 여우를 잡았는데, 여우가 말하기를 '그대는 감히 나를 잡아먹지 못하리라. 천제(天帝 : 하느님)께서 나로 하여금 온갖 짐승의 우두머리가 되게 하셨으니 이제 그대가 나를 잡아먹으면 이는 천제의 명을 거역하는 것이다. 그대가 나를 믿지 못하겠거든 내가 너를 위해 앞서 갈 터이니, 그대는 내 뒤를 따라오면서 온갖 짐승들이 나를 보고 감히 달아나는가를 보아라.'라고 했습니다. 호랑이는 그렇다고 생각하여 드디어 여우와 더불어 가자, 짐승들이 이것을 보고 모두 달아나거늘 호랑이는 짐승들이 자기를 두려워하여 달아나는 것을 알지 못하고 여우를 두려워한다고 여겼습니다. 지금 전하의 땅이 사방 오천 리에 이르고, 갑옷을 두른 군사가 백만이온데, 오로지 소해휼에게 속해 있습니다. 때문에 북방의 나라들이 소해휼을 두려워하는 것이니, 실제로는 전하의 강한 군사를 두려워하는 것입니다. 그러니, 온갖 짐승들이 호랑이를 두려워하는 것과 같은 경우입니다."

宣王問群臣曰 "吾聞北方之畏昭奚恤也라 하니 果誠何如오?" 群臣莫對러라. 江乙對曰 "虎求百獸而食之라가 得狐하니 狐曰 '子無敢食我也리라. 天帝使我로 長百獸하니 今子食我면 是는 逆天帝命也라. 子以我爲不信이어든 吾爲子先行하리니 子隨我後하여 觀百獸之見我而敢不走乎하라." 하니 虎以爲然이라. 故로 遂與之行한대 獸見之하고 皆走어늘 虎不知獸畏己而走也하고 爲畏狐也러라. 今王之地方五千里에 帶甲百萬 而專屬之昭奚恤라. 故로 北方之畏奚恤也니 其實畏王之甲兵也오. 猶百獸之畏虎也라.

－『전국책(戰國策)』〈초책(楚策)〉

*畏 두려워할 외, 昭 밝을 소, 奚 어찌 해, 隨 따를 수, 敢 감히 감, 帶 두를 대, 屬 속할 속, 猶 같을 유

강을은 북쪽의 여러 나라들이 실제로 두려워한 것은 소해휼의 뒤에 버티고 있는 선왕 때문이라는 사실을 깨우쳐 주어, 소해휼에 대한 선왕의 의구심을 풀어주었다.

이 글에서 유래한 호가호위는 남의 권세를 빌어 약자를 호령하는 비열한 행동을 뜻하게 되었다. 우리 속담에 "원님 덕에 나팔 분다."와 그 의미가 통한다고 할 수 있다.

제2장

영화로 알아보는 한자와 문화

山:뫼 산　錢:돈 전　水:물 수　錢:돈 전

이 영화는 '돈'을 너무 좋아한 한 여자의 일생을 유희적으로 표현하여, 물질만능시대의 세상 실태를 반어적으로 풍자한 영화이다.

그래서 제목에서도 알 수 있듯이 '산에서도 돈, 물에서도 돈(山錢水錢)' 하면서 돈을 향한 뜨거운 열정(?)을 나타내고 있다.

그러나 산전수전(山錢水錢)이라는 말은 산전수전(山戰水戰)이란 말에서 따온 것이다. 이런 것을 흔히 동음이의어(同音異義語 : 소리[音]는 같으나[同], 뜻[音]은 다른[異] 말[語])라 한다. 영화 속에서 표현하고자 하는 것을 제목으로 나타내려고 하니 성격의 유사성을 이용한 것이다.

원래 산전수전(山戰水戰)이란 말은 '산에서[山] 싸우고[戰] 물[水]에서 싸우다[戰]'라는 말로, '온갖 고생과 시련을 겪어 경험이 많다'는 뜻의 고사성어이다.

이것은 『손자(孫子)』의 〈모공편(謀攻篇)〉과 유기(劉基:1311~1357)가 저술한 『백전기략(百戰奇略 : 역대의 병법서를 참고하여 100가지 전쟁을 수록한 책)』에 나오는 말이다.

산전(山戰)은 산에서 싸우는 것이고, 수전(水戰)은 물에서 싸우는 것으로, 육지에서 싸우는 것보다 강한 체력과 고도의 전술이 필요하며 피해와 희생 또한 만만치 않은 만큼 훨씬 어렵다. 따라서 강도 높은 훈련을 받지 않거나 경험이 많지 않은 병사를 이끌고 산전수전을 치르면 실패하기 쉽다. 산전수전을 겪었다는 것은 군사적인 면으로는 백전노장 또는 역전의 용사를 말한다. 일반적인 의미로는 모진 풍파를 다 겪어 정신적 및 육체적으로 강인한 사람을 뜻하며, 어지간한 시련에는 조금도 동요하지 않는 사람을 말한다.

이렇게 보면 왜 제목을 산전수전(山錢水錢)이라고 했는지 공감이 간다.

우리도 한 번 재미 삼아 음이 비슷한 한자어를 찾아보거나, 원래 있는 한자어의 음을 빌려 다른 한자어로 바꿔보는 연습을 해보면 어떨까?

음이 비슷한 한자어의 경우를 보자.

회사의 주인인 '사장(社長)'을 예로 다른 동음이의어를 살펴보자.

◆ 사장(司長) : [역사] 궁내부와 각부에 속하던 각사(各司)의 우두머리

◆ 사장(四葬) : 옛 중국의 네 가지 장례 방식. 수장(水葬)·화장(火葬)·토장(土葬)·조장(鳥葬), 또는 수장·화장·토장·임장(林葬)

◆ 사장(四藏) : [불교] 네 가지 불전(佛典). 곧, 경장(經藏)·율장(律藏)·논장(論藏)에 주장(呪藏)이나 잡장(雜藏)을 넣은 네 가지.

◆ 사장(死藏) : 활용되지 못하고 죽은 것이나 마찬가지로 감추어져 있음.

◆ 사장(私莊) : ① 사유의 별장. ② 많은 전답을 소작준 곳에 지은 지주의 별택.

◆ 사장(沙場) : 모래사장.

◆ 사장(士長) : 궁중에서 내시를 감독하는 사람을 이르던 말.

◆ 사장(四杖) : [음악] 부(缶)를 치는 채. 대를 아홉 조각으로 쪼개어 만든다.

◆ 사장(四障) : [불교] ① 불도 수행의 네 가지 장애. 혹장(惑障), 악장(惡障), 보장(報障), 견장(見障)을 이른다. ② 부처가 되지 못하는 사람의 원인이 되는 네 가지 장애. 인과응보를 믿지 않는 천제장(闡提障), 자기의 실체적 존재를 고집하는 외도장(外道障), 이 세상의 고통을 두려워하여 열반에 나아가기만을 원하는 성문장(聲聞障), 자기 혼자만의 깨달음에 안주하고 자비심이 없는 연각장(緣覺障)을 이른다.

◆ 사장(寺長) : [민속] ① =뜬쇠 ①. ② =거사(居士). ③ 사당(寺黨)의 남편.

◆ 사장(私匠) : [역사] 관부에 예속되지 않은 장인(匠人). (≒사공장)

◆ 사장(私藏) : 개인이 사사로이 간직함 또는 그런 물건.

◆ 사장(事障) : [불교] 열반을 해치는 번뇌.

◆ 사장(社長) : ① 회사의 책임자. 회사 업무의 최고 집행자로서 회사 대표의 권한을 지닌다. ②

[역사] 조선시대에 사창(社倉)의 곡식을 나누어 주고 거두어들이는 일을 맡아보던 사람. ③ [역사] 조선시대에 지방 행정 구역의 하나인 사(社)의 우두머리.

◆ 사장(社章) : 결사(結社)할 때 서로 약속하여 정한 기념장.

◆ 사장(社葬) : 회사가 주재하여 지내는 장례.

◆ 사장(査丈) : 사돈집의 웃어른을 높여 이르는 말.

◆ 사장(射場) : = 활터.

◆ 사장(師丈) : 스승이 되는 어른.

◆ 사장(師匠) : 학문이나 기예에 능하여 남의 스승이 될 만한 사람 또는 학문이나 기예를 가르치는 사람.

◆ 사장(師長) : ① 스승과 나이 많은 어른. ② 『북』. 예전에 항일 유격대에서 한 사단을 책임지고 지휘하던 직위 또는 그 직위에 있던 사람.

◆ 사장(紗帳) : 얇고 가벼운 비단으로 만든 휘장.

◆ 사장(赦狀) : ① 형벌을 용서한다는 편지. ② 대사(大赦)나 특사(特赦)를 명하는 편지.

◆ 사장(詞狀) : [법률] =소장(訴狀).

◆ 사장(詞章/辭章) : ① 시가와 문장을 아울러 이르는 말. ② =사령.

◆ 사장(詞場) : =문단(文壇).

◆ 사장(寫場) : ① 사진을 찍는 시설을 갖추어 놓은 곳. ② =사진관.

◆ 사장(謝狀) : ① 사례하는 편지. [≒사함(謝函)] ② 사과하는 편지.(≒사함)

◆ 사장(謝章) : =사표(謝表).

◆ 사장(辭狀) : =사표(辭表).

무려 30여 가지 정도가 나온다.

그러면 여러분은 원래 있는 한자어나 사자성어(四字成語)를 바꿔보는 연습을 해보는 것은 어떨까? '산전수전(山錢水錢)' 처럼 말이다.

青:푸를 청　春:봄 춘

청춘(青春)! 이는 듣기만 하여도 가슴이 설레는 말이다. 청춘! 너의 두손을 가슴에 대고, 물방아 같은 심장의 고동(鼓動)을 들어 보라. 청춘의 피는 끓는다. 끓는 피에 뛰노는 심장은 거선(巨船)의 기관(汽罐)과 같이 힘이 있다. 이것이다. 인류의 역사를 꾸며 내려온 동력은 바로 이것이다. 이성은 투명하되 얼음과 같으며, 지혜는 날카로우나 갑 속에 든 칼이다. 청춘의 끓는 피가 아니더면, 인간이 얼마나 쓸쓸하랴? 얼음에 싸인 만물은 얼음이 있을 뿐이다.

민태원 님의 『청춘예찬』의 한 대목이다.

청춘이라 불릴 수 있는 시기는 인간으로서 인생의 절정기라 할 수 있다. 가장 왕성한 활동을 자랑하고 생각한 대로 모든 것을 이룰 수 있을 것 같은 시기가 아닌가. 그만큼 인간이라면 누구나 바라는 바가 있을 때, 그 청춘시기에 열정을 가지는 것일 것이다.

청춘(青春)은 푸른 새싹이 돋아나는 봄철을 의미하는 한자어이다. 이것을 인생에 관해서 젊은 나이일 때로 정한 이유는 위와 같은 이유에서이다.

청(青)은 푸른색을 의미하는 한자로, 푸르다 이외의 뜻으로 봄·동쪽·젊음의 뜻으로도 쓰인다. 맑고 시원한 뜻에서 파란 색을 젊음의 의미로 두는 것은 그 나름대로 의미가 있다.

춘(春)은 사계절[四時] 중의 첫 번째 계절로 생명이 잉태되는 활발한 시기이다. 풀이 햇빛을 받아 무리지어 나는 모양을 본떠 만든 한자(日+艸+屯(음)]로, 그러한 열정의 모습에서 젊은 시대를 의미하고 또 다른 의미로 남녀간의 연정을 의미하는 한자이기도 하다.

　영화《靑春》은 젊은 시기에 가질 수 있는 열정·성(性)에 대한 것을 경험하는 한 젊은 주인공의 삶을 그리고 있다. 단순히 19세 이상이면 관람이 가능한 영화이고, 또 포스터 글에 나온 '성(性)에 매혹된 시절'을 보며 평범한 성애영화(性愛映畵)로 간주해버리기보다, 젊은 시기에 가질 수 있는 고민이 담긴 영화로 보는 것이 나을 듯싶다. 왜냐하면 제목《靑春》이라는 한자어의 뜻을 생각하고 느꼈을 때, 의미가 달라지기 때문이다.

北:북녘 **북** 京:서울 **경**　飯:밥 **반**　店:가게 **점**

　영화《北京飯店》은 포스터 메인에 있는 글과 같이 '자장면 하나로 전설이 된 중국집' 으로 명성을 떨치게 되는 어느 중국요리 음식점에 대한 이야기이다.

　'北京' 은 현재 중국의 수도 '베이징' 을 말하는 것이라는 걸 모르는 사람은 없다. 그 뒤에 붙은 것은 '음식점' 을 뜻하는 '飯店(밥[飯]을 전문으로 하는 가게[店])' 이라는 것도 마찬가지일 것이다. 그렇게 볼 때 중국요리가게라는 뜻을 어렵지 않게 생각할 수 있다.

　중국은 세계 최대의 인구와 큰 대륙으로 대표되기도 하며, 지역에 따른 다양한 음식문화로 유명하기도 하다. 중국과의 핑퐁외교로 유명한 미국의 닉슨 대통령이 북경을 방문했을 때 수많은 중국요리를 접하고 감탄을 금치 못했다는 것은 유명한 일화로 남아 있다.

　보통 우리가 중화요리(中華料理)하면 자장면, 짬뽕을 금방 떠올리곤 한다. 짬뽕은 일본식 중국음식을 말하고, 현재의 자장면은 우리의 입맛에 맞게 많이 개량된 편인데, 원래 중국에서 차오장면(炒醬麵: 초장면)이라고 말하는 음식이다. 이 음식은 돼지고기·양파·생강 등을 다져 중국된장과 함께 볶아 국수 위에 얹은 중국요리이다. 영화에서 자장면 맛의 묘미는 '춘장' 에 있다고 했는데, 춘장은 바로 중국된장을 말하는 것이니, 자장면 맛의 핵심이 중국된장에 있다해도 과언은 아니다. 자장면은 중화요릿집에서 맛볼 수 있지만, 사실 중국보다는 우리나라에서 보편화된 음식이라고 할 수 있다. 중국에서도 한국식 자장면의 인기가 대단하다는 이야기가 있다.

　계속해서 음식 얘기를 했는데 이번엔 북경에 대한 이야기를 하겠다. 북경을 중국어 발음으로 베이징이라 하는데, 중국의 수도로서 일찍이 화북(華北) 대평원과 북방의 산간지대를 잇는 교통의 요지로서 역사상에 많이 등장하였다.

　몽골족이 중국을 통일하여 원나라를 세우자 대도는 중국 전역을 지배하는 정치중심지가 되었고, 마르코 폴로는 칸발릭(Khanbalik)이라는 도시명으로 그 호화로운 번영상을 기록하고 있다. 명대(明代)에는 처음의 국도(國都)를 지금의 ‘난징(南京)’에 정했다가 1420년에 영락제(永樂帝)가 이곳을 국도로 정하고 북경이라 하였는데, ‘베이징’이라는 명칭은 이때에 비롯되었다고 한다. 이 이후로 베이징은 현재의 수도에 이르기까지 많은 문화와 전통을 자랑하고 있다. 그만큼 중국을 대표할 만한 곳이기에 우리나라에서는 중국집의 이름 중에 ‘北京飯店’이라고 하는 곳이 많다.

頭:머리 **두**　師:스승 **사**　父:아비 **부**　一:한 **일**　體:몸 **체**

　　요즘 조직폭력배(이른바 조폭)영화가 기승을 부린다. 영화역사상 가장 많은 관람인원을 동원했다는《친구(親舊)》가 흥행에 크게 성공하면서《조폭(組暴)마누라》,《달마야 놀자》에 이어《두사부일체》까지…. 자극적인 것에 흥미를 보이는 사회분위기를 새삼 느끼게 한다.

　　흔히 '군사부일체(君師父一體)'란 말을 많이 들어봤을 것이다. '임금[君]과 스승[師]과 아버지[父]는 한 가지[一體]'라는 뜻이다. 아버지는 나를 이 세상에 있게 해준 유일한 존재인 만큼 절대적인 의미를 가질 만하다지만 나머지, 임금과 스승은?

　　임금은 나라의 주인이요, 백성을 보살피는 아버지의 역할을 했다. 봉건주의 시대 때 임금의 한마디는 절대적인 의미를 가졌고, 백성은 그러한 임금의 말을 따랐다. 지금의 민주주의에 역행하는 시대분위기였지만, 그것은 지배자 - 피지배자의 의미를 떠나서 '임금은 백성을 낳았다'는 혈육적인 마음을 가졌다는 의미에서 그러했을 것이다.

　　스승은 교육적인 측면에서 절대적인 의미를 가진다. 나의 몸은 나이가 들면서 성장하는 내 자신의 것이지만, 나의 생각과 행동은 '가르침'이라는 교육을 통해서 성장한다. 자신 스스로가 발전할 수 있는 것은 이러한 교육의 힘이 있기에 가능하다는 것이다. 이것을 담당하는 것이 '스승'이니 그만큼 절대적인 의미를 가질 수 있다는 것이다.

　　이렇듯 '君師父一體'는 임금과 스승, 아버지를 동격의 존재, 절대적인 의미로 인정한다는 뜻이다.

　　그런데 ‘君師父一體’에서 ‘君’이 빠지고, 영화에서는 ‘頭師父一體’란다. 폭력을 수단으로 사회 정의에 역행하는 인물이 스승과 아버지의 동격존재가 되었다. “폭력은 폭력을 낳는다”는 명언에 부합하는 폭력의 대명사 조폭두목, 과연 사랑과 생명을 상징하는 스승과 아버지의 역할·존재와 동격으로 표현될 수 있을지는 의문이다.

武:굳셀 무　士:무사 사

　　중국 원명(元明) 교체기에 명나라로 건너간 고려 사신들이 고국으로 돌아가고자 하는 과정에 겪게 되는 고난을 다룬 영화《무사》. 정우성과 중국 배우 장쯔이가 출연하고, 큰 작품 규모 때문에 화제(話題)가 되었던 영화이다.

　　무사(武士)는 '武[굳셀ㆍ무기ㆍ군대]'와 '士[선비ㆍ무사ㆍ벼슬ㆍ남자의 미칭]'로 이루어져 있다. '武'라는 한자는 '戈[창 과：고대 무기의 일종]'와 '止[止 그칠지：발을 표시함]'로 이루어져 있다. 즉 '무기[戈]를 가지고 싸우러 출발한다[止]'라는 뜻인 것이다. 그러니 다른 어떤 한자어보다 '武士'라는 말이 가장 적합한 '武'의 쓰임이 될 것이다.

　　무사를 우리말로 표현하자면 '싸울아비'가 될 것이다. 일본의 '사무라이'도 본래는 우리말에서 유래된 것이다.

　　우리 주변에 있는 직업들을 살펴보면 이른바 '사'자로 끝나는 것들이 많다. 사람들이 좋아하는(?) '사'자 돌림 직업들도 포함해서 말이다. 한자로 살펴보면 '사'라고 다 같은 것이 아님을 알 수 있다. 아울러 한자로 살펴보면 그 직업이나 호칭의 성격이 아주 잘 드러난다. 몇 개의 예를 들어 알아보도록 하자.

◆ '師'로 끝나는 직업명ㆍ호칭 : '師'는 '스승, 전문의 기예를 가진 사람, 한 분야에 전문적인 지식을 가진 사람'이라는 뜻을 지니고 있다.

　ㆍ교사(敎師) : 가르치는[敎 가르칠 교] 스승 [師]
　ㆍ의사(醫師) : 의학[醫 의원, 의술 의]에 전문적인 기예를 지닌 사람[師]

◆ '士'로 끝나는 직업명ㆍ호칭 : '士'는 '선비, 미혼의 남자, 군인, 전문적인 기술ㆍ자격을 갖춘 사람, 사람에 대한 존칭' 등의 뜻을 지니고 있다.

· 변호사(辯護士) : 남을 위해 변명[辯 말 잘 할 변]하여 비호[護 지킬 호]해 주는 사람[士 사람 사]

· 간호사(看護士) : 아픈 사람을 살피어[看 볼 간] 돌보는[護 지킬 호] 사람[士 사람 사]

· 회계사(會計士) : 모아서[會 모을 회] 셈하는[計 헤아릴 계] 사람[士 사람 사]

· 박사(博士) : 널리[博 넓을 박] 배운 사람[士 사람 사]

· 기능사(技能士) : 재주[技 재주 기]가 능한[能 능할 능] 사람[士 사람 사]

· 열사(烈士) : 나라를 위하여 절의(節義)를 굳게[烈 굳셀 렬] 지키는 사람[士 선비 사].

· 의사(義士) : 나라를 위하여 의리[義 의로울 의]와 지조를 지키는 사람[士 선비 사].

  대부분의 직업 명칭에 쓰인 '士' 는 '사람에 대한 존칭' 임을 알 수 있다. 의사(義士), 열사(烈士)
의 경우는 '뛰어난 인물, 존경받을 만한 사람' 의 뜻이다.

◆ '事' 로 끝나는 직업명 : '事' 는 '일, 섬기다, 일삼다' 등의 뜻을 지니고 있다.

· 검사(檢事) : 범죄 사건[事 일 사]에 대해 조사하는[檢 조사할 검] 사람

· 판사(判事) : 사건[事 일 사]의 옳고 그름을 가르는[判 가를, 나눌 판] 사람

臥:누울 **와** 虎:범 **호** 藏:감출 **장** 龍:용 **룡**

중국 청나라 최대 혼란기인 19세기 말을 배경으로 한 영웅들의 이야기 《와호장룡(臥虎藏龍)》. 한자 그대로 풀어 보자면 '누워 있는[臥] 호랑이, 감추어진[藏] 용(龍)' 이라는 뜻이다. 그래서인지 영어 원제도 'Crouching Tiger, Hidden Dragon' 이다. 'crouch' 가 '구부린, 쭈그린' 등의 뜻이 있고, 'hidden' 이 '숨겨진' 이라는 뜻이 있으니, 그 뜻을 쉽게 짐작할 수 있다. 본래 '와호장룡' 이라는 말은 "영웅과 전설은 보이지 않는 곳에 숨어 있다."라는 의미의 고대 중국인들의 속담이다.

우리가 흔히 쓰는 말인 '와호(臥虎)' 는 '용맹한 사람, 알려지지 않은 영웅' 등의 뜻을 지니고 있다. '虎' 대신에 '龍' 을 넣어 쓰기도 한다. 『삼국지(三國志)』의 유명한 군사(軍師)인 제갈공명을 일명 '와룡선생(臥龍先生)' 이라 부르기도 한다. 그러니 '장룡(藏龍)' 이라는 말을 '臥龍' 이라고 이해해도 큰 무리는 없으리라 생각된다. 용과 호랑이는 동양인들에게 신비롭고도 두려운 존재였나 보다. 여기에 가세하는 상상의 동물이 바로 봉황[鳳 봉황새 봉]이다. 그래서 나온 성어들이 몇 개 있다.

◆ 와룡봉추(臥龍鳳雛) : 누워 있는[臥 누울 와] 용[龍 용 룡]과 봉황[鳳 봉황새 봉]의 새끼[雛 병아리 추]라는 뜻으로 '영웅이 아직 세상에 나타나지 않고 숨어 있음' 을 비유하여 이르는 말.

◆ 복룡봉추(伏龍鳳雛) : 엎드려 있는[伏 엎드릴 복] 용[龍 용 룡]과 봉황[鳳 봉황새 봉]의 새끼[雛 병아리 추]라는 뜻으로, 초야에 숨어 있는 훌륭한 인재를 이르는 말.

◆ 용구봉추(龍駒鳳雛) : 빼어난[龍 준마 용] 망아지[駒 망아지 구]와 봉황[鳳 봉황새 봉]의 새끼[雛 병아리 추]라는 뜻으로, '장래의 큰 인물이 될 뛰어나게 현명한 소년' 을 비유하여 이르는 말.

위에 쓰인 것과 같이 봉황이나 용은 뛰어난 사람이나 재주를 지닌 대상을 지칭하는 말로 쓰이게 된다. 보통 사람의 능력을 넘는 뛰어난 대상을 상상의 동물에 비유한 것이다.

앞서 이야기한 몇 개의 성어와 같은 뜻으로 쓸 수 있는 말이 '기린아(麒麟兒)' 이다. '기린(麒麟)의 새끼[兒]' , 곧 '재능·기예가 비상히 뛰어난 소년' 을 뜻한다.

기린은 우리가 동물원에서 볼 수 있는 동물이 아니라, 전설 속의 신령스러운 동물을 뜻한다. 신성한 군주가 나와 진정한 왕도정치(王道政治)가 행해질 때 나타나며 살아 있는 풀을 밟지 않고 생물을 먹지 않는 상상의 동물이다. 수컷을 '기(麒)', 암컷을 '린(麟)' 이라 일컫는다. 목이 길고 열대 지방에서 사는 동물의 이름을 '기린' 이라고 붙인 이유는 전설 속의 동물과 그 모양새가 흡사하기 때문이다.

용(龍)과 호랑이[虎]가 들어간 말 중에 우리가 가장 많이 쓰는 말이 아마도 '용호상박(龍虎相搏)' 일 것이다. 이 말은 '용[龍 용 룡]과 호랑이[虎 범 호]가 서로[相 서로 상] 치며[搏 칠 박] 싸우다' 라는 말로 풀이가 된다. 용이나 호랑이는 다른 동물에 비해 한 단계 위에 있는 동물이라 할 수 있으니, '강한 사람이나 상대가 서로 싸우다' 라는 뜻이다. 한때 프로야구에서 '해태타이거즈' 와 'MBC청룡' 이 경기를 할 때면 뉴스에서 이 말을 기다렸다는 듯이 쓰곤 했었다.

생활에 많이 쓰이는 성어 모음

苛斂誅求 苛 가혹할 **가** 斂 거둘 **렴** 誅 벨 **주** 求 구할 **구**

▷ 가혹하게[苛] 거두고[斂] 목을 벨 것처럼[誅] 협박하며 구함[求].

▶ 국민에게서 세금을 가혹하게 거두고 재산을 빼앗음.

◈ 변 사또는 자신의 이익을 위해 **苛斂誅求**를 일삼아 백성들의 원망을 샀다.

≒ 苛政猛於虎 苛 가혹할 **가** 政 정사 **정** 猛 사나울 **맹** 於 ~보다 **어** 虎 범 **호**

▷ 가혹한[苛] 정치[政]는 호랑이[虎]보다[於] 사납다[猛].

刻骨難忘 刻 새길 **각** 骨 뼈 **골** 難 어려울 **난** 忘 잊을 **망**

▷ 뼈[骨]에 새겨져[刻] 잊기[忘] 어려움[難].

▶ 입은 은혜가 너무 커서 뼈에 새겨질 정도로 잊혀지기 어려움.

◈ 이번에 저희 회사가 부도로 인해 파산할 지경이었는데, 당신의 도움으로 어려운 고비를 넘길 수 있었습니다. 이 은혜 **刻骨難忘**입니다. 평생 잊지 않겠습니다.

角者無齒 角 뿔 **각** 者 놈 **자** 無 없을 **무** 齒 이 **치**

▷ 뿔[角]이 있는 놈[者]은 이[齒]가 없다[無].

▶ 한 사람이 여러 가지 복을 한꺼번에 받지는 않는다.

◈ 대체로 공부를 잘 하는 여학생은 얼굴이 예쁘지 않다고 한다. **角者無齒**라고 하늘도 공평한가 보다.

甘言利說 甘 달 **감** 言 말씀 **언** 利 이로울 **리** 說 말씀 **설**

▷ 남의 비위를 맞추는 달콤한 말[甘言]과 이로운 말[利說].

▶ 상대방이 듣기 좋게 하는 말.

◈ 유괴범은 각종 **甘言利說**로 아이를 꾀어 자기 말이라면 모두 믿도록 만들어 놨다.

≒ 巧言令色 巧 교묘할 **교** 言 말씀 **언** 令 예쁠 **영** 色 얼굴빛 **색**

▷ 말[言]을 교묘하게[巧] 꾸미고 얼굴빛[色]을 예쁘게 꾸밈[令].

▶ 남의 환심을 사기 위해 말을 교묘하게 하고 표정을 좋게 꾸밈.

≫ 巧言令色 鮮矣仁　　　　　　　　　　　　　　　- 『논어(論語)』〈학이편(學而篇)〉

말을 교묘하게 꾸미고 얼굴빛을 예쁘게 꾸미면서 어진 사람은 드물다.

*鮮 드물 선, 矣 어조사 의

甘呑苦吐　甘 달 **감**　呑 삼킬 **탄**　苦 쓸 **고**　吐 뱉을 **토**

▷ 달면[甘] 삼키고[呑] 쓰면[苦] 뱉는다[吐].

▶ 옳고 그름에 관계 없이 자신의 비위에 맞으면 받아들이고, 그렇지 않으면 멀리하다.

◆ 메이저리그는 냉혹하다. 선수가 최상의 실력을 발휘하고 있는 전성기일 때는 온갖 혜택을 부여
　하지만, 일단 슬럼프에 빠지고 필요가 없어지면 방출하는 **甘呑苦吐**의 전형적인 행태를 보여주
　는 곳이다.

甲男乙女　甲 첫째 천간 **갑**　男 사내 **남**　乙 둘째 천간 **을**　女 여자 **녀**

▷ 갑(甲)이라는 남자[男]와 을(乙)이라는 여자[女].

▶ 평범한 사람들을 지칭하는 말.

◆ 이 땅에 외적의 침입이 있었을 때 누구보다도 앞장 서 목숨 던져 나라를 지킨 이들은 이름 없는
　甲男乙女들이었다.

= 匹夫匹婦　匹 짝 **필**　夫 사내 **부**　匹 짝 **필**　婦 아낙네 **부**

▷ 짝을 이루는[匹] 사내[夫]와 짝을 이루는[匹] 아낙네[婦].

= 張三李四　張 성씨 **장**　三 석 **삼**　李 성씨 **이(리)**　四 넉 **사**

▷ 장씨 세 명과 이씨 네 명

= 樵童汲婦　樵 땔나무 **초**　童 아이 **동**　汲 물길을 **급**　婦 여자 **부**

▷ 땔나무[樵] 하는 아이[童]와 물 긷는[汲] 여자[女].

甲論乙駁　甲 첫째 천간 **갑**　論 논할 **론**　乙 둘째 천간 **을**　駁 섞일 **박**

▷ 갑(甲)이 의논하고[論] 을(乙)이 반박하다[駁].

▶ 서로 자기 주장을 내세우고 상대방의 의견을 반박함. 소모적인 말싸움.

◆ 한글 전용과 국한문 혼용 문제를 놓고 양측이 **甲論乙駁**을 거듭하며, 서로의 의견을 관철시키기 위해 말싸움을 하고 있다.

改過遷善   改 고칠 **개**   過 허물 **과**   遷 옮길 **천**   善 착할 **선**

▷ 허물[過]을 고쳐[改] 선의 자리[善]로 옮겨 가다[遷].

▶ 잘못을 뉘우치고 착한 사람이 되다.

◆ 아니! 그 사람 망나니라고 소문났었는데 완전히 마음 고치고 새 사람이 됐네 그려. **改過遷善**했네.

去頭截尾   去 없앨 **거**   頭 머리 **두**   截 끊을 **절**   尾 꼬리 **미**

▷ 말머리[頭]를 없애고[去] 꼬리[尾]를 자름[截].

▶ 앞뒤 쓸모없는 말은 없애고 핵심만 말함.

◆ 이것저것 변명만 잔뜩 늘어놓지 말고, 去頭截尾하고 본론만 이야기합시다.

擧案齊眉   擧 들 **거**   案 밥상 **안**   齊 가지런히 할 **제**   眉 눈썹 **미**

▷ 밥상[案]을 들어[擧] 눈썹[眉] 높이에 맞추어 가지런히 함[齊].

▶ 아내가 남편을 공경하는 모습을 비유하여 하는 말.

◆ 조선시대 여인들은 지아비에게 밥상을 들일 때는 **擧案齊眉**했다고 한다. 하지만 요즘 세상에 그런 것을 바란다면 아마 간 큰 남자라는 소리를 들을 것이다.

乞骸骨   乞 빌 **걸**   骸 해골 **해**   骨 뼈 **골**

▷ 해골(骸骨)을 구걸함[乞].

▶ 벼슬이나 관직에 있던 사람이 물러나기를 청할 때 쓰는 말. 사표 쓰기를 원할 때 비유하여 쓰는 말.

◈ 30여 년 간 한 직장에서 자신의 젊음을 바친 김 부장은 후배들을 위해 사표를 쓰기로 결심하고,
　퇴직을 만류하는 사장님에게 **乞骸骨**의 글을 썼다.

隔世之感　隔 사이 뜰 **격**　世 세대 **세**　之 ~한 **지**　感 느낄 **감**

▷ 세대[世]간에 사이가 벌어진[隔] 듯한[之] 느낌[感].

▶ 세대간에 가치관의 차이가 많이 나는 듯한 느낌. 세상이 많이 변했다는 느낌.

◈ 길거리를 걷거나 지하철을 타고 가다 보면 남들을 의식하지 않고 애정 표현을 하는 연인들을 어
　렵지 않게 볼 수 있다. 남들을 많이 의식하던 옛날을 생각하면 **隔世之感**을 느낀다.

牽強附會　牽 끌 **견**　強 억지로 **강**　附 붙일 **부**　會 모일 **회**

▷ 억지로[強] 끌어다[牽] 붙여[附] 모음[會].

▶ 이치에 맞지도 않고 합리적이지도 않은 말을 억지로 갖다 맞추려고 우겨댐.

◈ 현대 정치에 있어서 여론조사가 중요한 수단으로 이용되고 있다. 그러나 그 결과를 이해집단의
　이익을 위해 억지 해석하는 **牽強附會**는 경계해야 할 것이다.

見利思義　見 볼 **견**　利 이로울 **리**　思 생각할 **사**　義 의로울 **의**

▷ 이익[利]을 보면[見] 의로운가를[義] 생각함[思].

▶ 눈앞에 이익을 보면 취하는 것이 옳은가를 먼저 생각함.

◈ 요즘 나라 안이 고위 공직자들의 뇌물 수수 사건으로 시끄럽다. 만약 그들이 **見利思義**라는 말을
　염두에 두었다면 이런 일은 없었을 텐데….

犬馬之勞　犬 개 **견**　馬 말 **마**　之 ~의 **지**　勞 힘쓸 **로**

▷ 개[犬]나 말[馬]의[之] 하찮은 수고로움[勞].

▶ 남을 위하여 수고하는 것을 겸손하게 표현하는 말.

◈ 이 부장은 자신이 완수한 일에 대해 누구나 할 수 있는 일이라며 겸손해 했다. 그러면서 자신의
　犬馬之勞로 회사가 성장할 수 있기를 기원했다.

見物生心 見 볼 **견** 物 만물 **물** 生 날 **생** 心 마음 **심**

▷ 물건[物]을 보면[見] 가지고 싶은 마음[心]이 생김[生].

▶ 어떤 물건을 눈으로 직접 보면 가지고 싶은 욕심이 생김.

◈ **見物生心**이라고 백화점에 가기 전에는 물건을 전혀 살 계획이 없었는데, 막상 눈으로 직접 보니 욕심이 생겨 이것저것 사게 되었다.

見危授命 見 볼 **견** 危 위태로울 **위** 授 줄 **수** 命 목숨 **명**

▷ 위태로움[危]을 보면[見] 목숨[命]을 바침[授].

▶ 위태로움을 보면 자신의 목숨이나 이익을 저버리면서까지 지켜냄.

◈ 나라가 위기에 처해 있을 때 수많은 우리의 열사들은 자신의 목숨을 던져 이 나라를 지켜왔다. 발전된 조국은 바로 그들의 **見危授命**을 토대로 완성된 것이라 할 수 있다.

輕擧妄動 輕 가벼울 **경** 擧 들 **거** 妄 망령될 **망** 動 움직일 **동**

▷ 경솔하게[輕] 몸을 움직이고[擧] 망령되이[妄] 행동함[動].

▶ 조심스럽지 못하고 함부로 행동함.

◈ 오늘의 운세를 보니, 일진(日辰)이 별로 좋지 않으니, **輕擧妄動**하지 말라고 되어 있다.

傾國之色 傾 기울 **경** 國 나라 **국** 之 ~한 **지** 色 미모 **색**

▷ 나라[國]를 기울게[傾] 할 만한[之] 미모[色].

▶ 임금이 정신이 팔려 나라를 위태롭게 할 정도로 아름다운 여인.

◈ 미인의 대명사로 동양은 양귀비, 서양은 클레오파트라를 꼽는다. 두 여인은 한 나라의 운명에 영향을 줄 정도의 미모를 지닌 **傾國之色**이었다.

敬而遠之 敬 공경할 **경** 而 말이을 **이** 遠 멀 **원** 之 그 **지**

▷ 공경하기는[敬] 하나[而] 그[之]를 멀리함[遠].

▶ 겉으로는 어쩔 수 없이 공경하는 척하나 속마음으로는 멀리 여김.

◆ 신노인은 괴팍하고 엉뚱한 행동으로 소문이 나 있었다. 마을 사람들은 나이가 많은 그를 함부로 대하지는 않았지만, 진심으로 존경하지는 않았다. 대부분 사람들이 그를 **敬而遠之**한 것이다.

驚天動地　　驚 놀랄 **경**　天 하늘 **천**　動 움직일 **동**　地 땅 **지**

▷ 하늘[天]도 놀라고[驚] 땅[地]도 움직임[動].

▶ 온 세상이 깜짝 놀람.

◆ 1932년 4월 29일 상하이 홍커우(虹口) 공원에서 열린 일본 천황의 생일 경축식장에 폭탄을 던져, 일본군 최고 사령관 시라카와를 비롯하여 상하이 일본 거류민 단장 등을 죽이고 노무라 등 많은 일본군에게 부상을 입혔다. 이 소식을 들은 중국의 장 제스는 "백만 대군도 하지 못한 일을 한 사람의 조선인이 해냈다."며 칭찬을 아끼지 않았다. 이렇듯 전 세계가 **驚天動地**했다.

鷄口牛後　　鷄 닭 **계**　口 입 **구**　牛 소 **우**　後 뒤 **후**

▷ 닭[鷄]의 주둥이[口] 소[牛]의 꼬리[後].

▶ 큰 무리의 말단이 되기보다는 작은 무리의 우두머리가 되는 것이 낫다.

◆ 여러 번의 선거를 치루다 보면, 당내 경선에서 불리할 경우 도중하차를 하고 신당을 창당하는 경우를 종종 볼 수 있다. 그 정당에 남아 다른 사람의 밑에 있기보다는 자그마하더라도 자신이 총재가 되려는 **鷄口牛後**의 마음이 있는 것이다.

》寧爲鷄口 勿爲牛後　　　　　　　　　　　　　　　　- 『사기(史記)』〈소진열전(蘇秦列傳)〉

　차라리 닭의 주둥이가 될지언정 소의 뒤는 되지 말라.

*寧 차라리 녕, 勿 말 물

鷄鳴狗盜　　鷄 닭 **계**　鳴 울 **명**　狗 개 **구**　盜 훔칠 **도**

▷ 닭[鷄]의 울음소리[鳴]를 흉내 내고, 개[狗]처럼 숨어들어가 도둑질[盜]을 하다.

▶ ① 닭의 울음소리를 잘 내는 사람이나 개처럼 숨어들어가 도둑질하는 하찮은 재주도 경우에 따라서는 쓸모가 있다.

　② 학자가 배워서는 안 될 하찮은 재주.

◈ 경찰 사이버 수사대에서는 컴퓨터해커를 대상으로 특채를 실시하기로 했다. 비록 범죄에 사용
될 수 있는 재주이지만 해커를 막는데 그들의 능력은 큰 도움이 되니, 그야말로 **鷄鳴狗盜**인 셈
이다.

股肱之臣　股 넓적다리 **고**　肱 팔뚝 **굉**　之 ~한 **지**　臣 신하 **신**
▷ 넓적다리[股]와 팔뚝[肱]과 같은[之] 소중한 신하[臣].
▶ 임금이 가장 믿고 중하게 여기는 신하. 매우 중요한 역할을 하는 신하.
◈ 대통령에게 있어 비서실장은 자신의 정책을 잘 이해해 주고, 아끼는 **股肱之臣**과 같은 존재이다.

高談峻論　高 높을 **고**　談 말씀 **담**　峻 엄할 **준**　論 논할 **론**
▷ 뜻이 높은[高] 말[談]과 준엄한[峻] 논의[論].
▶ ① 뜻이 높고 바르며 준엄한 언론.
　② 뻐기며 과장하는 말.
◈ 역대 미국 부통령 중에서 임무 수행을 잘 한 것으로 평가받은 고어는 막상 대통령 선거에서는 현
실성 없는 **高談峻論**을 한다는 인상을 강하게 풍겨 대통령 선거에서 패하고 말았다.

膏粱珍味　膏 살찔 **고**　粱 기장 **량**　珍 진귀할 **진**　味 맛 **미**
▷ 살찐 고기[膏]와 좋은 곡식[粱]의 진귀한[珍] 맛[味].
▶ 살찐 고기와 좋은 곡식으로 만든 맛있는 음식.
◈ "배부른 자에게는 **膏粱珍味**를 주어도 별맛을 모른다." 라는 북한 속담이 있다. 이 말은 배가 부르
면 아무리 맛있는 것도 그 참맛을 모른다는 뜻으로 늘 행복 속에서 사는 사람은 자기에게 주어지
는 행복이 얼마나 큰 것인가를 모름을 빗대어 하는 말이다.

鼓腹擊壤　鼓 두드릴 **고**　腹 배 **복**　擊 칠 **격**　·壤 땅 **양**
▷ 배[腹]를 두드리고[鼓] 땅[壤]을 침[擊].
▶ 태평성대(太平聖代)를 가리키는 말.

◆ 요즘 정치인들은 각성해야 할 것이다. 국민들이 **鼓腹擊壤**은 하지 못할지언정 원망은 없어야 할 텐데. 눈만 뜨면 정치인 비리로 뉴스가 도배가 되니….

≫ 日出而作 日入而息　　해가 뜨면 일하고, 해가 지면 편히 쉬네.

　　鑿井而飮 耕田而食　　우물을 파서 마시고, 밭을 갈아 먹으니,

　　帝力何有於我哉　　　제왕의 힘이 나에게 무슨 상관 있으랴?　　　-『십팔사략(十八史略)』

*鑿 뚫을 착, 耕 밭갈 경, 哉 어조사 재

姑息之計　姑 잠시 **고**　息 쉴 **식**　之 ~하는 **지**　計 계책 **계**

▷ 잠시[姑] 쉬려는[息][之] 계책[計].

▶ 어떤 일을 완전히 마무리 짓는 해결책이 아닌 임시방편의 계책.

◆ 여름철에 태풍이 오거나 장마철을 맞아 집중 호우가 쏟아지면 한강은 범람(氾濫)을 한다. 매번 그런 악순환이 되풀이 되는 것은 그 원인을 찾아 해결하지 않고 **姑息之計**로 넘어가기 때문이다.

≒ 凍足放尿 凍 얼 **동** 足 발 **족** 放 놓을 **방** 尿 오줌 **뇨**

▷ 언 발에 오줌 누기.

≒ 彌縫策 彌 기울 **미** 縫 꿰밀 **봉** 策 계책 **책**

▷ 깁고[彌] 꿰매는[縫] 임시적인 계책[策].

≒ 下石上臺 下 아래 **하** 石 돌 **석** 上 위 **상** 臺 대 **대**

▷ 아래[下] 돌[石]을 빼내어 윗부분[上]의 대[臺]에 올림.

孤掌難鳴　孤 외따로 **고**　掌 손바닥 **장**　難 어려울 **난**　鳴 울 **명**

▷ 외손뼉[孤掌]은 울기[鳴] 어렵다[難].

▶ 손바닥도 마주쳐야 소리가 난다. 일이란 상대방의 협조 없이 혼자 힘만으로는 이루기 어렵다.

◆ 증권 시장의 큰 손인 외국인 투자자와 기관투자자는 서로의 행동을 예의주시한다. 그러나 그 둘은 서로 엇박자로 행동하니 그야말로 **孤掌難鳴**이다.

苦盡甘來　苦 쓸 **고**　盡 다할 **진**　甘 달 **감**　來 올 **래**

▷ 쓴 것[苦]이 다하면[盡] 단 것[甘]이 온다[來].

▶ 힘든 일이 지나고 나면 좋은 일이 있게 된다. 고생 끝에 낙이 온다.

◈ 오랜 마이너리그 생활을 지내며 고생을 한 최희섭이 곧 메이저리거가 된다고 한다. **苦盡甘來**라. 그는 요즘 그 말을 실감하고 있을 것이다.

↔ **興盡悲來** 興 흥취 **흥** 盡 다할 **진** 悲 슬플 **비** 來 올 **래**

▷ 흥취[興]가 다하고[盡] 나면 슬픈[悲] 일이 온다[來].

過庭之訓 過 지날 **과** 庭 마당 **정** 之 ~의 **지** 訓 가르칠 **훈**

▷ 마당[庭]을 지나갈[過] 때의[之] 가르침[訓].

▶ 가정교육을 뜻함. 아버지가 자식에게 하는 훈계.

◈ 교육의 출발은 가정에서부터라고 해도 과언이 아닐 것이다. **過庭之訓**이 제대로 되었을 때 바른 인성을 기를 수 있는 것이다.

君子不器 君 임금 **군** 子 아들 **자** 不 아니 **불** 器 그릇 **기**

▷ 군자(君子)는 그릇[器]처럼 국한되지 아니함[不].

▶ 군자는 한 재주, 한 예능에만 국한되지 아니하고 두루 통함.

◈ 조선의 사대부들은 **君子不器**라는 말에 따라 한 분야의 전문가보다는 여러 분야에 능통한 사람을 더 높게 평가했다.

君子三樂 君 임금 **군** 子 아들 **자** 三 석 **삼** 樂 즐거울 **락**

▷ 군자(君子)의 세[三] 가지 즐거움[樂].

▶ 군자다운 삶을 사는 사람의 세 가지 즐거움으로 삼을 수 있는 것들.

◈ 정년퇴임을 앞둔 김 교장은 자신이 길러낸 제자들이 찾아오자 **君子三樂**의 진정한 즐거움을 느꼈다.

》孟子曰 君子有三樂而王天下不與存焉이니 父母俱存 兄弟無故 一樂也요, 仰不愧於天 俯不怍於人 二樂也요, 得天下英才 而教育之 三樂也라. 君子有三樂 而王天下는 不與存焉이라.

맹자께서 말씀하셨다. "군자에게는 세 가지 즐거움이 있으나, 천하에 왕 노릇 하는 것은 들어 있지 않다. 부모님이 모두 계시며, 형제가 아무런 사고가 없는 것이 첫 번째 즐거움이요, 우러러 하늘에 부끄럽지 아니하고, 굽혀 사람들에게 부끄럽지 않은 것이 두 번째 즐거움이요, 천하의 영재를 얻어서 그들을 교육하는 것이 세 번째 즐거움이라. 군자에게는 세 가지 즐거움이 있으되 천하에 왕 노릇하는 것은 있지 아니하니라."

*俱 함께 구, 仰 우러를 앙, 愧 부끄러워할 괴, 俯 구부릴 부, 怍 부끄러워할 작

權謀術數 權 꾀 **권** 謀 꾀할 **모** 術 꾀 **술** 數 꾀 **수**

▷ 상황에 따라 대처하는 꾀[權謀]와 술수(術數).

▶ 사람을 속이는 임기응변의 꾀와 수단.

◈ 사기꾼들은 타고나는가보다. 속이려는 상대가 있으면 온갖 **權謀術數**를 부려서 그 사람을 속이니 말이다. 누구나 할 수 있는 일은 아닐 것이다.

權不十年 權 권세 **권** 不 아니 **불** 十 열 **십** 年 해 **년**

▷ 권세[權]는 십년이(十年)이 가질 않음[不].

▶ 권력은 영원한 것이 아님.

◈ 우리는 역사를 돌이켜 보며 많은 것을 얻는다. 전직 대통령 두 명이 법정에 서서 법의 심판을 받는 것을 보면서 **權不十年**의 말을 돌이켜 본다.

錦上添花 錦 비단 **금** 上 위 **상** 添 더할 **첨** 花 꽃 **화**

▷ 비단[錦] 위[上]에 꽃[花]을 더함[添].

▶ 좋은 일이 겹침을 비유함.

◈ 얼굴이 어여쁜 아가씨가 마음씨도 좋고, 재주까지 좋으면 배우자로서는 **錦上添花**라 할 수 있다.

↔ 雪上加霜 雪 눈 **설** 上 위 **상** 加 더할 **가** 霜 서리 **상**

▷ 눈[雪] 위[上]에 서리[霜]를 더함[加].

▶ 엎친 데 덮친 격. 좋지 않은 일이 겹침을 비유함.

錦衣夜行　錦 비단 **금**　衣 옷 **의**　夜 밤 **야**　行 갈 **행**

▷ 비단[錦] 옷[衣]을 입고 밤길[夜]을 감[行].

▶ 아무도 알아주지 않는 헛된 노력. 출세를 하고서도 남이 알아주지 않으면 아무 소용이 없음.

◆ 요즘 TV를 보고 있으면 우리 대중가요의 역사를 이끌어 온 원로 가수들을 푸대접하는 듯한 느낌이 든다. 간혹 출연하는 경우가 있더라도 자정이 훨씬 넘은 시간에 방영하는 프로그램에 국한되니, **錦衣夜行**이 아니고 무엇이겠는가?

※ 錦衣還鄉　錦 비단 **금**　衣 옷 **의**　還 돌아올 **환**　鄉 마을 **향**

▷ 비단[錦] 옷[衣]을 입고 고향 마을[鄉]에 돌아옴[還].

金枝玉葉　金 쇠 **금**　枝 가지 **지**　玉 구슬 **옥**　葉 잎 **엽**

▷ 금(金)으로 된 가지[枝]와 옥(玉)으로 된 잎[葉].

▶ 귀하고 귀여운 자손. 귀하게 키운 자손. 왕가의 자손을 뜻함.

◆ 한 가정에 자녀를 하나 아니면 둘만 낳는 세태가 지속되다 보니, 아이들이 이기적으로 되는 경향이 많아졌다. 집에서 **金枝玉葉**으로 키우다 보니, 밖에서 남을 배려하는 마음이 적어지기 때문일 것이다.

杞憂　杞 나라이름 **기**　憂 근심 **우**

▷ 기나라[杞] 사람의 근심[憂] = 기인지우(杞人之憂)

▶ 지나친 근심과 걱정.

◆ 최근 벌어진 여러 차례의 A매치에서 한국은 중국에 단 한 번도 패한 적이 없다. 더군다나 아직까지는 실력차가 현저하게 드러나고 있으니, 패배를 걱정하는 것은 **杞憂**이다.

騎虎之勢　騎 탈 **기**　虎 범 **호**　之 ~하는 **지**　勢 형세 **세**

▷ 호랑이[虎]를 타고[騎] 달리는[之] 형세[勢].

▶ 하던 일을 도저히 도중에 그만둘 수 없는 형세.

◈ 지난 반세기 한국은 세계 시장에서 끊임없는 발전을 거듭해 왔다. 이제 다시 기술을 개발하여 **騎虎之勢**의 추진력을 다시금 발휘할 때이다.

奇貨可居　奇 기이할 **기**　貨 재물 **화**　可 ~할 **가**　居 차지할 **거**

▷ 기이한[奇] 재물[貨]이어서 차지할[居可] 만한 가치가 있음.

▶ 투자하거나 이용하면 훗날 이익을 얻을 가망이 있는 사물이나 기회를 비유함.

◈ 2002 한·일 월드컵 한국 국가대표 선수 명단에 차두리가 포함되었다. 젊은 그가 발탁된 것은 히딩크 감독의 신세대를 키우려는 투자와 그의 노력이 부합되었기 때문이다. 히딩크에게 있어 차두리가 **奇貨可居**가 될지는 결과를 두고 볼 일이다.

나

落穽下石　落 떨어질 **낙(락)**　穽 함정 **정**　下 떨어뜨릴 **하**　石 돌 **석**

▷ 함정[穽]에 빠진[落] 사람에게 돌[石]을 떨어뜨림[下].

▶ 어려운 처지에 처한 사람을 도와주기는커녕 더 심하게 괴롭힘.

◈ 교통사고를 당한 피해자에게 다가와 도와주는 척하면서 자기 이익을 챙기는 사건 브로커들은 **落穽下石**하는 인간이라 할 수 있다.

落花流水　落 떨어질 **낙(락)**　花 꽃 **화**　流 흐를 **유(류)**　水 물 **수**

▷ 떨어지는[落] 꽃잎[花]과 흐르는[流] 물[水].

▶ ① 가는 봄의 경치를 일컫는 말. 인생의 영고성쇠(榮枯盛衰)를 비유하여 이르는 말.

　② 남녀가 서로 그리워하는 것을 비유하는 말. 떨어지는 꽃잎에 정이 있으면 흐르는 물 또한 정이 있다.

◈ 이 세상에 나와 덧없는 인생을 살아 온 그는 **落花流水**처럼 그렇게 떠나갔다.

難攻不落　難 어려울 **난**　攻 칠 **공**　不 아니 **불**　落 떨어질 **락**

▷ 공격하기[攻]가 어려워[難] 좀처럼 함락되지[落] 않음[不].

▶ 장애물이 너무 견고해서 쉽게 목적을 달성하기 어려움.

◈ 아프가니스탄의 토라보라는 지하 345m의 동굴과 터널에 진지를 마련해 놓은 탓에 공중에서 폭격을 해도 파괴되지 않는 **難攻不落**의 요새라고 한다.

爛商討議　爛 문드러질 **난(란)**　商 헤아릴 **상**　討 찾을 **토**　議 의논할 **의**

▷ 자세하게[爛] 헤아리고[商] 토론하여[討] 의논함[議].

▶ 어떤 안건에 대하여 충분히 의견을 나누어 토론함.

◈ 새로운 국제 정세에 맞춘 남북 관계에 대해 여러 학자들이 **爛商討議**를 하고 있다.

亂臣賊子　亂 어려울 **난(란)**　臣 신하 **신**　賊 해칠 **적**　子 자식 **자**

▷ 나라를 어지럽히는[亂] 신하[臣]와 부모를 해치는[賊] 자식[子].

▶ 나라를 어지럽히는 악한 무리.

◈ 구한말 대한제국은 **亂臣賊子**들에 의해 국권을 강탈당했다.

南男北女　南 남녘 **남**　男 사내 **남**　北 북녘 **북**　女 여자 **여(녀)**

▷ 남쪽[南] 남자[男]와 북쪽[北] 여자[女].

▶ 우리나라는 예로부터 남쪽 남자가 준수하고, 북쪽 여자가 예쁘다고 함.

◈ 금강산에서 이산가족들이 상봉하는 장면을 TV로 지켜 본 시청자들은 하나같이 뛰어난 외모를 가진 북측 안내원들을 보고 **南男北女**라는 말을 실감했다.

男負女戴　男 사내 **남**　負 짐질 **부**　女 여자 **여(녀)**　戴 일 **대**

▷ 남재[男]는 등에 짐을 지고[負] 여자들[女]은 머리에 짐을 임[戴].

▶ 전쟁으로 인해 피난하거나, 가난한 살림으로 인해 사람들이 여기저기 떠돌아다님.

◈ 미국과 탈레반 간의 전투로 인해 수많은 아프가니스탄 양민들의 **男負女戴**하는 피난행렬이 줄을

이었다.

男尊女卑 男 사내 **남** 尊 높일 **존** 女 여자 **여(녀)** 卑 낮게 **비**

▷ 남자[男]는 높이 여기고[尊] 여자[女]는 낮게 여김[卑].

▶ 남성을 높이 여기고, 상대적으로 여성을 낮게 여기는 관습 또는 그러한 제도.

◈ 조선시대 때 여자는 과거시험에 응시할 수 없었다. 이것은 **男尊女卑** 사상의 대표적인 예라고 할 수 있다.

內柔外剛 內 안 **내** 柔 부드러울 **유** 外 바깥 **외** 剛 굳셀 **강**

▷ 마음속[內]은 부드럽고[柔] 바깥으로[外] 보이는 태도는 굳셈[剛].

▶ 마음속은 부드러우나 겉으로 보이는 태도는 굳센 사람 또는 그런 성품.

◈ 터프하다고 자신하는 남자들도 멜로 영화를 보면서 눈물을 흘리는 경우를 종종 볼 수 있다. 겉은 차고 냉정해 보이지만 사실 알고 보면 부드러운 것이다. **內柔外剛**이 부끄러운 것은 아닌데, 그걸 창피하다고 생각하는 경향이 있는 듯하다.

= **外剛內柔** 外 바깥 **외** 剛 굳셀 **강** 內 안 **내** 柔 부드러울 **유**

▷ 겉으로는[外] 굳세 보이나[剛] 속마음[內]은 부드러움[柔].

↔ **外柔內剛** 外 바깥 **외** 柔 부드러울 **유** 內 안 **내** 剛 굳셀 **강**

▷ 겉으로[外] 보이는 태도는 부드러우나[柔] 마음속[內]은 굳셈[剛].

內憂外患 內 안 **내** 憂 근심할 **우** 外 바깥 **외** 患 근심 **환**

▷ 안[內]의 걱정[憂]과 바깥[外]의 근심[患].

▶ 나라 안의 걱정거리와 나라 밖의 근심거리. 또는 어떤 조직 안의 근심과 밖의 걱정거리.

◈ 한국디지털위성방송(스카이라이프)에 대한 국민들의 시선이 곱지 않다. 출범 초기부터 탈법 영업에다 이 회사 간부 3명이 e-메일을 감청한 혐의로 형사 입건되는 등 **內憂外患**이 끊이질 않는다.

路柳墻花 路 길 **노(로)** 柳 버들 **류** 墻 담 **장** 花 꽃 **화**

▷ 길가[路]에 늘어진 버드나무가지[柳]와 담장[墻]에 피어 있는 꽃[花].

▶ 기생이나 창녀 또는 아무나 쉽게 접근할 수 있는 여자를 뜻하는 말.

◈ 황진이를 흔히들 단순히 기생으로만 평가하는 경향이 있다. 하지만 그녀는 여느 **路柳墻花**들과는 달리 시서화(詩書畵)에 모두 뛰어난 여인이었다.

老馬之智   老 늙을 노(로)   馬 말 마   之 ~의 지   智 지혜 지

▷ 늙은[老] 말[馬]의[之] 지혜[智].

▶ 풍부한 경험에서 생긴 경험적인 지혜. 아무리 하찮은 사람이라도 나름대로 장점이 있다.

◈ 요즘 각 기업들마다 정년을 단축하는 추세이다. 구조조정이라는 측면에서 볼 때 어쩔 수 없는 대세이지만 **老馬之智**도 때로는 필요할 것이다.

老益壯   老 늙을 노(로)   益 더할 익   壯 씩씩할 장

▷ 늙을수록[老] 더욱[益] 씩씩하게[壯] 기운을 내야 함.

▶ 나이가 들수록 더욱 기력이 좋아짐. 또는 그런 사람을 가리키는 말.

◈ 만화 드래곤볼에 등장하는 무천도사는 나이가 많은 노인으로 나오지만 수많은 젊은 악당들을 물리치는 老益壯을 과시하는 캐릭터로 등장한다.

≫ **大丈夫爲志 窮當益堅 老當益壯**   -『후한서(後漢書)』〈마원전(馬援傳)〉
　　대장부는 뜻을 세우기가 곤궁할 때일수록 더욱 굳세야 하고, 늙을수록 더욱 더 왕성해야만 한다.

* 窮 곤궁할 궁, 堅 굳셀 견, 當 마땅할 당

怒發大發   怒 성낼 노   發 필 발   大 큰 대   發 필 발

▷ 성[怒]을 내고[發] 또 더 크게[大] 냄[發].

▶ 매우 크게 화를 냄.

◈ 한국과 폴란드간의 월드컵 예선전에서 전반에만 2실점을 한 폴란드 대표팀 감독이 하프타임에 선수들을 모아 놓고 **怒發大發**했다.

勞心焦思　勞 수고로울 **노(로)**　心 마음 **심**　焦 태울·애태울 **초**　思 마음 **사**

▷ 마음[心]을 수고롭게[勞] 하고 애[思]를 태움[焦].

▶ 어떤 일을 걱정하고, 몹시 속을 태움.

◈ 병원 분만실 앞에 가면, 의료 기관임에도 불구하고 흡연실이 꼭 마련되어 있는 경우가 대부분이다. 아내의 출산을 기다리며 **勞心焦思**하는 남편들을 위한 작은 배려인 것이다.

綠衣紅裳　綠 초록빛 **녹(록)**　衣 옷 **의**　紅 붉을 **홍**　裳 치마 **상**

▷ 초록색[綠] 저고리[衣]와 붉은색[紅] 치마[裳].

▶ 젊은 여자의 고운 옷차림을 이르는 말.

◈ 봄이 오는 것을 느끼는 통로는 사람마다 다르다. 대부분의 사람들은 가벼워진 여자들의 옷차림에서 추운 겨울이 지나간 것을 안다고 한다. '봄 처녀'라는 말도 있듯이 옛날에도 **綠衣紅裳** 차림의 여자들이 봄의 전령사 노릇을 했나 보다.

論功行賞　論 논할 **논**　功 공훈 **공**　行 행할 **행**　賞 상·상줄 **상**

▷ 세운 공로[功]를 논하여[論] 상(賞)을 줌[行].

▶ 공로의 크고 작음을 비교 검토하여 그에 따른 상을 줌.

◈ 이번 프로젝트가 성공적으로 끝나고 나면 직원들의 기여도를 엄정하게 파악해서 **論功行賞**을 철저하게 하겠다.

凌遲處斬　凌 업신여길 **능(릉)**　遲 더딜 **지**　處 처할 **처**　斬 벨 **참**

▷ 업신여김[凌]을 더디게[遲] 주고 베는[斬] 형벌에 처함[處].

▶ 능지(凌遲 : 죄인을 벗겨 나무에 묶어 놓고 살점을 도려내는 형벌)와 참형(斬刑 : 목을 베어 죽이는 형벌)에 처함. 대역 죄인에게 내리는 형벌.

◈ 구한말 쇄국정책을 폈던 대원군은 천주교 신자들을 잡아들여 무자비하게 탄압하며, **陵遲處斬**에 처하였다.

簞食瓢飲 簞 대광주리 **단**　食 밥 **사**　瓢 표주박 **표**　飮 마실 **음**

▷ 대광주리[簞]에 담긴 밥[食]과 표주박[瓢]에 담긴 마실 것[飮].

▶ 소박하고 청빈한 생활을 비유함.

◈ 옛날 선비들은 큰 재물을 탐해서는 학문에 정진할 수 없다고 생각하여 **簞食瓢飲**도 꺼리거나 불편해 하지 않았다.

丹脣皓齒 丹 붉은 **단**　脣 입술 **순**　皓 흴 **호**　齒 이 **치**

▷ 붉은[丹] 입술[脣]과 흰[皓] 이[齒]를 가진 여인.

▶ 청초하고 아름다운 여인을 일컫는 말. 아름다운 여인의 얼굴을 형용하는 말.

◈ TV에서 치약 광고를 보면 여자 연예인이 붉은 립스틱을 바르고 건강한 이를 드러내는 장면을 쉽게 볼 수 있다. 예나 지금이나 미인의 기준에 **丹脣皓齒**는 큰 부분을 차지한다.

≒ 纖纖玉手 纖 고울 **섬**　玉 옥 **옥**　手 손 **수**

▷ 가늘고 고운[纖纖] 옥(玉) 같은 여인의 손[手].

斷腸 斷 끊을 **단**　腸 창자 **장**

▷ 창자[腸]가 끊어짐[斷].

▶ 매우 슬퍼하는 마음을 비유함. 애 끊는 슬픔.

◈ 한국전쟁 당시 1 · 4후퇴 때 수많은 남측 인사들이 끌려가던 미아리고개는 일명 '**斷腸**의 미아리고개'로 불리며, 전쟁의 참상을 대표하는 대명사가 되었다.

大器晩成 大 큰 **대**　器 그릇 **기**　晩 늦을 **만**　成 이룰 **성**

▷ 큰[大] 그릇[器]은 늦게[晩] 이루어짐[成].

▶ 큰 인물은 재능이 늦게 나타나며, 성공도 천천히 이룸을 비유함.

◈ 영화배우 겸 탤런트인 조재현은 영화 《나쁜 남자》로 연기력을 인정받았다. 처음에는 제 실력을 인정받지 못했지만 **大器晩成**형인 그는 이제 연기파 배우로서의 입지를 확고히 다지고 있다.

桃園結義　桃 복숭아 **도**　園 동산 **원**　結 맺을 **결**　義 의리 **의**

▷ 복숭아[桃] 동산[園]에서 의리[義]를 맺음[結].

▶ 뜻이 맞는 사람끼리 하나의 목적을 위해 행동을 같이 할 것을 약속함.

◈ 고교시절 멋진 영화를 만들어 보겠다며 **桃園結義**를 맺은 그들은 훗날 다시 모여 영화를 만들어 냈다.

塗炭　塗 진흙 **도**　炭 숯 **탄**

▷ 진흙탕[塗]과 숯불구덩이[炭].

▶ 매우 심한 고통을 당함. 임금의 포악한 정치로 백성들이 심한 고통을 당함.

◈ 뮤직비디오와 드라마 등으로 그려지고 있는 명성황후는 권력다툼으로 백성들을 **塗炭**에 빠지게 한 조선의 마지막 왕조를 미화시키고 있다는 비난을 받고 있다.

東家食西家宿　東 동녘 **동**　家 집 **가**　食 먹을 **식**　西 서녘 **서**　家 집 **가**　宿 잠잘 **숙**

▷ 동쪽[東] 집[家]에서 얻어먹고[食], 서쪽[西] 집[家]에서 잠을 잠[宿].

▶ ① 자신의 이익을 챙기기 위해 절개도 버리고 이리 붙고 저리 붙고 함을 비유함. 사람의 욕심이 지나침.
　② 일정한 거처 없이 떠돌아다님.

◈ 사상 최악의 물난리로 많은 이재민(罹災民)이 발생하게 되었다. 그들은 삶의 터전을 잃고 하루아침에 **東家食西家宿**하는 신세가 되고 말았다.

同病相憐　同 같을 **동**　病 병 **병**　相 서로 **상**　憐 불쌍히 여길 **련**

▷ 같은[同] 병(病)을 앓는 사람끼리 서로[相]를 불쌍히 여김[憐].

▶ 어려운 처지에 놓인 사람끼리 서로 도와 줌. 비슷한 처지에 있는 사람끼리 서로를 잘 이해해 줌.

◈ 김영삼 전 대통령은 아들 김현철 씨가 구속되는 아픔을 겪었다. 최근 김대중 대통령 역시 아들들의 문제로 심한 정신적 고통을 받고 있다. 과연 두 사람은 서로에게 **同病相憐**의 애틋함을 느끼고 있을지 의문이다.

同床異夢　同 같을 **동**　床 평상 **상**　異 다를 **이**　夢 꿈 **몽**

▷ 같은[同] 침상[床]에 누워 다른[異] 꿈[夢]을 꿈.

▶ 같은 상황에 있으면서 서로 다른 생각을 함. 겉으로는 같이하는 척하지만 마음속으로는 서로 다른 생각을 함.

◈ 외국의 언론들은 한·일 양국의 내재된 감정을 들며, 비록 월드컵을 공동 개최하지만 양국은 서로를 견제하고 다른 것을 얻으려 하는 **同床異夢**의 상황이라고 우려를 표명했다.

杜門不出　杜 닫을 **두**　門 문 **문**　不 아니 **불**　出 날 **출**

▷ 대문[門]을 닫아걸고[杜] 나오지[出] 않음[不].

▶ 집안에만 틀어박혀 세상에 나오지 않음.

◈ 대부분의 소설가들은 일단 장편 소설 집필에 들어가면 세상과의 인연을 끊고서 **杜門不出**하고 작업을 한다.

斗酒不辭　斗 말 **두**　酒 술 **주**　不 아니 **불**　辭 사양할 **사**

▷ 말[斗] 술[酒]도 사양하지[辭] 않음[不].

▶ 술을 매우 잘 먹고 좋아하여 많은 양의 술도 사양하지 않음. 주량이 매우 셈.

◈ 우리나라의 술 소비량은 세계적으로도 많은 편에 속한다. 그래서인지 직장인들 대부분이 **斗酒不辭**할 정도로 자주 술자리를 갖는다.

登高自卑　登 오를 **등**　高 높을 **고**　自 ~로부터 **자**　卑 낮을 **비**

▷ 높은[高] 곳에 오를 때[登]는 낮은[卑] 곳으로부터[自] 시작해야 함.

▶ 모든 일은 순서에 맞게 기본이 되는 것부터 시작해야 함. 천리 길도 한 걸음부터.

◆ 우리 속담에 "바늘허리 매어 못 쓴다."라는 말이 있다. 그러나 우리나라 사람들의 '빨리 빨리병' 은 쉽게 고쳐지지 않는 듯 하다. **登高自卑**의 격언을 유념해야 할 것이다.

登龍門　登 오를 **등**　龍 용 **용(룡)**　門 문 **문**

▷ 용문(龍門)에 오름[登].

▶ 입신출세(立身出世)하는 관문을 말함.

◆ KBS 전국노래자랑은 많은 신인가수를 배출해 내기도 했다. 그래서인지 가수를 지망하는 많은 사람들이 이 프로그램에 참여하게 되었고, 어느 새 신인가수의 **登龍門**이 되었다.

燈下不明　燈 등잔 **등**　下 아래 **하**　不 아니 **불**　明 밝을 **명**

▷ 등잔[燈] 밑[下]이 밝지[明] 않음[不].

▶ 가까이 있는 것을 오히려 잘 모름. 등잔 밑이 어둡다.

◆ 김 모 씨는 오랫동안 자신이 무남독녀인 줄 알고 살아왔다. 그러나 바로 옆 동네에 자신의 친 형제들이 여섯이나 살고 있다는 것을 서른이 넘어서야 알았다. 더 놀라운 사실은 자신의 쌍둥이 형제는 초등학교 동창이었다. **燈下不明**이라는 말이 바로 이런 경우인가 보다.

燈火可親　燈 등잔 **등**　火 불 **화**　可 ~할 만할 **가**　親 가까울 **친**

▷ 등잔[燈] 불[火]을 가까이[親] 할 만함[可].

▶ 가을을 가리키는 말. 가을이 글을 읽고 학문을 배우기에 좋은 계절임을 가리키는 말.

◆ 가을을 맞아 각 학교에서는 독서 계획을 기획하고 있다. **燈火可親**의 계절이니 만큼 학생들의 독서하는 습관을 기르게 하는 데 목적이 있는 것이다.

마

馬耳東風　馬 말 **마**　耳 귀 **이**　東 동녘 **동**　風 바람 **풍**

▷ 말[馬] 귀[耳]에 동쪽[東] 바람[風].

▶ 남의 의견이나 비평을 새겨듣지 않음. 남의 말에 귀 기울이지 않음.

◈ 일본의 고이즈미 총리는 한국, 중국 등 제2차 세계대전 피해국들이 수차례에 걸쳐 야스쿠니 신사 참배를 반대했음에도 불구하고, 또 다시 신사참배를 강행했다. **馬耳東風**도 이런 심한 경우가 없을 것이다.

※ **牛耳讀經** 牛 소 **우** 耳 귀 **이** 讀 읽을 **독** 經 글·책 **경**

▷ 소[牛] 귀[耳]에 경[經] 읽기[讀].

▶ 남의 말을 전혀 알아듣지 못함.

忘年之交　忘 잊을 **망**　年 나이 **년**　之 ~하는 **지**　交 사귈 **교**

▷ 나이[年]를 잊은[忘][之] 사귐[交].

▶ 나이를 따지지 않고 재주와 학문으로 사귐.

◈ 함께 학문을 연구하는 사람들끼리는 나이가 그리 중요한 걸림돌은 아니다. 나이의 많고 적음을 떠나 학문에 대한 열정으로 **忘年之交**를 맺는 경우는 어렵지 않게 볼 수 있다.

望雲之情　望 바라볼 **망**　雲 구름 **운**　之 ~하는 **지**　情 정 **정**

▷ 구름[雲]을 바라보는[望][之] 정(情).

▶ 자식이 객지에서 부모님을 그리워하는 정.

◈ 군대를 간 남자들은 이런 경험들이 있을 것이다. 보초근무를 서다 흐르는 구름을 보며 고향에 계신 부모님을 그리는 **望雲之情**을 말이다.

明鏡止水　明 밝을 **명**　鏡 거울 **경**　止 그칠 **지**　水 물 **수**

▷ 밝은[明] 거울[鏡]과 물결이 그친[止] 물[水].

▶ 맑고 고요한 심경(心境 : 마음의 상태)을 일컫는 말. 한점 티나 흔들림이 없는 맑고 고요한 마음.

◈ 조용한 산사(山寺)에 있다보면 속세의 번잡함과는 멀어짐을 느낄 수 있다. 바람에 흔들리는 풍경소리를 듣고 있노라면 내 마음도 **明鏡止水**의 경지에 들어서는 듯 하다.

名實相符　名 이름 **명**　實 실제 **실**　相 서로 **상**　符 맞을 **부**

▷ 이름[名]과 실상[實]이 서로[相] 들어맞음[符].

◈ 박찬호가 텍사스 레인저스의 **名實相符**한 에이스가 되기 위해서는 20승 고지에 반드시 올라야 한다.

明若觀火　明 밝을 **명**　若 같을 **약**　觀 볼 **관**　火 불 **화**

▷ 밝기[明]가 불[火]을 보는[觀] 것과 같음[若].

▶ 어떤 일이 의심할 여지없이 확실함. 불을 보듯 뻔함.

◈ 이미 국산 PC게임은 미운 오리새끼가 된 지 오래다. 더욱이 최근 출시된 마이크로소프트의 '던전시즈'와 오는 6월 출시 예정인 블리자드의 '워크래프트3' 같은 해외 PC게임 대작들이 예상대로 대박을 터뜨릴 경우 국산 PC게임이 설 땅은 더욱 좁아질 것이 **明若觀火**하다.

明哲保身　明 밝을 **명**　哲 명석할 **철**　保 지킬 **보**　身 몸 **신**

▷ 현명하고[明] 명석하여[哲] 자신의 몸[身]을 잘 지킴[保].

▶ 이치에 밝고 분별력이 있어 적절하게 잘 행동하여 자신을 잘 지킴.

◈ 여러 번의 선거를 거치다 보면 그 과정에서 낙오되는 정치인들을 어렵지 않게 볼 수 있다. 현명하고 분별력이 있는 사람이라면 선거 과정에서 **明哲保身**할 것이다.

毛遂自薦　毛 털 **모**　遂 드디어 **수**　自 스스로 **자**　薦 천거할 **천**

▷ 모수(毛遂)가 스스로[自]를 천거함[薦].

▶ 자기가 자기 스스로를 추천함.

◈ 우리는 예로부터 유교의 겸양(謙讓)에 길들여져 있다. 그래서인지 어떤 모임의 대표를 뽑을 때가 되면 서로 사양하는 모습을 흔히 볼 수 있다. 하지만 청소년들에게서는 이런 경향이 많이 없어져 대표 자리에 **毛遂自薦**하는 식의 경향이 많이 나타난다.

矛盾　矛 창 **모**　盾 방패 **순**

▷ 창[矛]과 방패[盾].

▶ 말이나 행동이 앞뒤가 맞지 않음.

◈ 축구경기에서 연장전을 거치고도 승부가 나지 않는 경우 승부차기를 하게 된다. 하지만 많은 사
  람들이 월드컵 같은 큰 경기에서 승부차기로 승부를 결정짓는 것은 矛盾이라고 생각한다.

= 自家撞着 自 자기 **자** 家 집 **가** 撞 칠 **당** 着 붙을 **착**

目不識丁 目 눈 **목** 不 아니 **불** 識 알 **식** 丁 넷째 천간 **정**

▷ 눈 뜨고[目] '丁(丁)' 자도 알지[識] 못함[不].

▶ 낫 놓고 기역자도 모른다.

◈ 중국은 많은 인구와 낮은 교육수준 때문에 **目不識丁**한 문맹(文盲)이 많은 나라로 알려져 있다.
  중국 정부의 최대 과제는 바로 문맹 퇴치이다.

目不忍見 目 눈 **목** 不 아니 **불** 忍 참을 **인** 見 볼 **견**

▷ 눈 뜨고[目] 차마[忍] 볼 수[見] 없음[不].

▶ 눈뜨고 차마 볼 수 없는 참혹한 광경.

◈ 9 · 11일 테러가 일어났을 때 세계의 많은 사람들이 TV화면을 통해 참혹한 광경을 볼 수 있었
  다. 그것은 그야말로 **目不忍見**의 참상이었다.

木鐸 木 나무 **목** 鐸 방울 **탁**

▷ 나무[木] 방울[鐸].

▶ 세상 사람들을 각성시키고, 가르쳐 인도하는 사람이나 그러한 역할을 일컫는 말.

◈ '언론은 사회의 **木鐸**이며 빛' 이라는 말이 있다. 언론이 살아 있어야 국민들의 귀와 눈이 열린다
  고 할 수 있다.

武陵桃源 武 호반 **무** 陵 언덕 **릉** 桃 복숭아 **도** 源 근원 **원**

▷ 무릉(武陵) 땅의 복숭아꽃[桃]이 핀 연못[源].

▶ 세상과 따로 떨어진 별천지(別天地), 이상향(理想鄉), 유토피아(utopia)

◈ 2002년 3월 31일 경주 보문단지 내 경주 세계문화엑스포 공원에서는 '한국 술과 떡 잔치'가 벌어졌다. 전국의 향토 술을 한자리에서 맛볼 수 있는 그곳은 애주가들에게는 **武陵桃源**이었을 것이다.

無所不爲　無 없을 **무**　所 바 **소**　不 아니 **불**　爲 할 **위**

▷ 하지[爲] 못하는[不] 바[所]가 없음[無].

▶ 못 하는 것이 없음. 불가능한 것이 없는 절대권력.

◈ 독재정치 아래에서의 대통령은 **無所不爲**의 권력을 행사한다.

無爲自然　無 없을 **무**　爲 할 **위**　自 저절로 **자**　然 그러할 **연**

▷ 인위적인[爲] 조작 없이[無] 저절로[自] 그러함[然].

▶ 인위적인 조작이나 보탬이 없는 자연 그대로의 상태.

◈ 요즘 우리 주변에는 인위적으로 만들어진 것들이 많다. 미인도 그러하고 사람 사이의 관계도 그러하다. 때로는 노자의 **無爲自然**이 그리울 때도 있다.

無子息上八字　無 없을 **무** 子 아들 **자** 息 며느리 **식** 上 위 **상** 八 여덟 **팔** 字 글자 **자**

▷ 자식(子息) 없는[無] 것이 가장 좋은[上] 팔자(八字)임.

▶ 자식이 없는 것이 가장 좋은 운명임.

◈ "가지 많은 나무에 바람 잘 날이 없다."는 우리 속담이 있다. 자식이 많으면 여러 일들이 많아지는 것이다. 요즘 핵가족화되면서 아이를 두지 않는 젊은 부부들이 늘고 있다고 한다. **無子息上八字**의 세태가 확산되는 것이다.

墨守　墨 먹 **묵**　守 지킬 **수**

▷ 묵적[墨]의 지킴[守]. = **墨翟之守**(묵적지수)

▶ 자기의 주장을 완강히 지켜 양보하지 않음.

◈ 지리산 청학동(靑鶴洞)은 한학(漢學) 마을로 유명하다. 그곳에는 전통 유교의 가르침을 墨守하는
　 이들이 아직도 옛날의 관습을 지키고 살아가고 있는 곳이다.

文房四友　文 글월 문　房 방 방　四 넉 사　友 벗 우

▷ 문인[文]의 방(房)에 두는 네[四] 가지 벗[友]과 같은 물건.

▶ 종이[紙] · 붓[筆] · 벼루[硯] · 먹[墨]의 네 가지 문구류를 가리킴.

◈ 요즘 글을 쓰는 작가들을 보면 대부분 노트북을 사용한다. 예전의 **文房四友**가 컴퓨터로 바뀐 듯
　 하다.

門外漢　門 문 문　外 바깥 외　漢 사나이 한

▷ 전문[門] 분야의 바깥[外]에 있는 사람[漢].

▶ 어떤 일에 전문가가 아닌 사람.

◈ 초서(草書)로 써진 한문 문장은 전문적으로 공부한 사람이 아니면 알아보기 어렵다. 더구나 한문
　 에 **門外漢**인 사람이 보면 거의 낙서같이 보이기도 한다.

聞一知十　聞 들을 문　一 하나 일　知 알 지　十 열 십

▷ 하나[一]를 들으면[聞] 열[十]을 앎[知].

▶ 매우 총명함. 한 가지를 들으면 미루어 열 가지를 추측해서 앎.

◈ 모차르트는 어려서부터 음악의 신동(神童)으로 이름이 높았다. 그는 선생님으로부터 어떤 곡을
　 배우면 미루어 작곡까지 해내는 **聞一知十**의 천재적인 재주를 지녔다.

※ 生而知之　生 날 생　而 말이을 이　知 알 지　之 그것 지

▷ 태어나면서부터[生][而] 이[之]를 앎[知].

▶ 배우지 않아도 스스로 깨달아 앎.

門前雀羅　門 문 문　前 앞 전　雀 참새 작　羅 그물 · 벌일 라

▷ 문[門] 앞[前]에 새[雀] 그물을 침[羅].

▶ 권세를 잃거나 가난해지면 문 앞에 새 그물을 칠 수 있을 정도로 찾는 사람들의 발길이 끊어짐. = 정승집 개가 죽으면 문상객이 집 앞을 막지만 정승이 죽으면 문상객이 끊긴다.

◈ 국회의원 선거가 있기 전에는 많은 사람들이 입후보한 사람의 집에 몰려들었으나, 막상 낙선을 하자 아무도 찾는 이가 없어 **門前雀羅**할 지경이었다.

↔ 門前成市 門 문 **문** 前 앞 **전** 成 이룰 **성** 市 저자 **시** = 門庭若市(문정약시)

▷ 대문[門] 앞[前]이 시장[市]을 이룸[成].

▶ 방문객이 많은 것을 비유하여 하는 말. 권세가 있는 사람이나 부유한 사람의 집에 방문객이 많아 흡사 시장과 같음.

物我一體 物 사물 **물** 我 나 **아** 一 한 **일** 體 몸 **체**

▷ 사물[物]과 내[我]가 한[一] 몸[體]이 됨.

▶ 외부의 사물과 내가 마치 하나가 된 듯한 경지.

◈ 넘실대는 파도를 보고 있노라면 내가 마치 파도와 같이 움직이는 듯 하다. 한참을 바라보고 있으면 **物我一體**의 경지에 빠져들곤 한다.

博覽强記 博 넓을 **박** 覽 볼 **람** 强 굳셀 **강** 記 기억할 **기**

▷ 널리[博] 보고[覽] 잘[强] 기억함[記].

▶ 여러 책을 폭넓게 많이 읽고 그 내용을 잘 기억함.

◈ 에라스무스의 대표작인 『우신예찬』은 참고 문헌 없이 오로지 저자의 기억에 의존해 집필되었다고 한다. 이 책에는 고대 그리스 · 로마 시대의 철학 · 문학 문헌들과 성경이 종횡무진으로 인용되어 저자의 **博覽强記**에 혀를 내두르게 된다.

拔本塞源 拔 뽑을 **발** 本 뿌리 **본** 塞 막을 **색** 源 근원 **원**

▷ 뿌리[本]를 뽑아버리고[拔] 근원[源]을 막음[塞].

▶ 나쁜 일이나 무리의 근본을 전부 뽑아 없애고 그 근원을 막아버림.

◆ 9 · 11 테러 후 미국은 테러 조직 및 테러 지원 국가들을 **拔本塞源**한다는 정책을 공식적으로 천명(闡明 : 분명하게 드러냄)했다.

跋扈 跋 짓밟을 **발**   扈 따를 **호**

▷ 짓밟으며[跋] 따름[扈].

▶ ① 제어할 수 없을 만큼 세차게 날뜀.

② 다스리기 어려울 정도로 세력이 강대함.

◆ 일본 경찰은 이번 월드컵 경기에서 훌리건들의 난동에 대해 철저한 준비를 하고 있다. 특히 잉글랜드 대 아르헨티나 전은 훌리건들이 가장 **跋扈**할 것으로 예상되는 경기로 이 경기에서의 훌리건 방어는 일본 경찰의 명예가 걸린 중요한 일이다.

傍若無人 傍 곁 **방**   若 같을 **약**   無 없을 **무**   人 사람 **인**

▷ 곁[傍]에 사람[人]이 없는 것[無]같이[若] 함.

▶ 다른 사람을 의식하지 않고 제멋대로 행동함.

◆ 한국 · 중국 등 제2차 세계대전 피해 당사국들은 수차례에 걸쳐 일본에 과거 청산 문제를 거론했다. 하지만 일본은 **傍若無人**의 태도로 매년 신사참배, 역사 교과서 왜곡 등 몰염치한 행동을 계속 하고 있다.

百年河淸 百 일백 **백**   年 해 **년**   河 물이름 **하**   淸 맑을 **청**

▷ 백년(百年)을 기다려도 황하[河]의 물은 맑아지지[淸] 않음.

▶ 아무리 오래 기다려도 어떤 일이 이루어지기 어려움.

◆ 국제투명성기구(TI)가 지난 5월 13일 한국을 뇌물 공여 가능성 4위 국가로 발표했다. 우리의 진정한 자정 노력 없이는 이런 오명을 벗는 것은 **百年河淸**일 것이다.

白面書生 白 흰 **백**   面 얼굴 **면**   書 글 **서**   生 서생 **생**

▷ 얼굴[面]이 흰[白] 글[書] 읽는 선비[生].

▶ 오로지 글만 읽어 세상물정을 잘 모르는 사람을 비유하는 말.

◆ 소설가 이문열 씨가 여러 출판사들과 'e북' 계약을 체결했다. 그로서는 세상의 변화에 적응하지 못하는 **白面書生**의 모습을 벗어나는 계기가 될 것이다.

白眼視 白 흰 **백**   眼 눈 **안**   視 볼 **시**

▷ 흰[白] 눈자위[眼]로 봄[視].

▶ 남을 흘겨보거나 업신여겨 쳐다 봄.

◆ 자기 딸보다 모든 것이 부족한 사람이 사위가 되겠다며 찾아오자 신부의 어머니는 신랑을 **白眼視**했다.

兵家常事 兵 전쟁 **병**   家 학파 **가**   常 항상 **상**   事 일 **사**

▷ 전쟁[兵]을 하는 사람들[家]에게는 일상적인[常] 일[事].

▶ 전쟁에서 이기고 지는 것은 항상 있는 일이니 실패하더라도 낙담하지 말라는 의미.

◆ 한국 축구 국가대표팀이 평가전에서 졌다고 해서 낙담할 필요는 없다. 실패는 **兵家常事**이다. 질 수도 있고 이길 수도 있는 것이니, 새로이 팀을 정비해서 다음을 기약해야 할 것이다.

病入膏肓 病 병 **병**   入 들 **입**   膏 가슴아래 **고**   肓 명치끝 **황**

▷ 병[病]이 가슴아래[膏] 명치끝[肓]까지 들어옴[入].

▶ ① 병이 깊어져 나을 가망이 없게 됨.

② 나쁜 버릇이나 폐해 등이 손을 쓸 수 없을 정도로 됨.

③ 무엇에 열중하여 어떻게 할 수가 없을 정도의 상태가 됨.

◆ 간(肝)이라는 장기를 흔히 '멍청한 신체기관'에 비유한다. 간이 서서히 나빠져 나중에 그 증세를 자각(自覺)할 때쯤이면 이미 **病入膏**肓의 지경에까지 이르러 있기 때문이다.

伏魔殿 　伏 엎드릴 **복** 　魔 마귀 **마** 　殿 전각 **전**

▷ 마귀[魔]들이 엎드려있는[伏] 전당[殿].

▶ 나쁜 일이나 음모 등이 끊임없이 꾸며지고 있는 곳을 비유함.

◈ 정치권에 대한 국민들의 불신이 극에 달해 있다. 심지어는 정치인들의 정당 간 상호 비방을 전혀 사실무근인 것으로 받아들이기까지 한다. 더 이상 정치권이 국민들에게 **伏魔殿**으로 인식되지 말아야 할 것이다.

釜中生魚 　釜 솥 **부** 　中 가운데 **중** 　生 날 **생** 　魚 물고기 **어**

▷ 솥[釜] 가운데[中]에 물고기[魚]가 생겨남[生].

▶ 몹시 가난하고 궁핍함을 비유함. 밥을 너무 해먹지 않아 솥에 물고기가 생겨날 정도로 가난함.

◈ 보릿고개가 있던 시절 우리네 부모님들은 **釜中生魚**할 정도로 가난했다.

≒ 三旬九食　三 석 **삼** 　旬 열흘 **순** 　九 아홉 **구** 　食 먹을 **식**

▷ 삼십 일[三旬]에 아홉[九] 끼니밖에 먹지[食] 못함.

夫唱婦隨 　夫 남편 **부** 　唱 부를 **창** 　婦 아내 **부** 　隨 따를 **수**

▷ 남편[夫]이 부르면[唱] 아내[婦]가 이에 따라함[隨].

▶ 남편의 뜻에 아내가 순종하여 따라함을 뜻함.

◈ 프랑스 대선의 두 후보인 시라크 대통령과 조스팽 총리는 각기 다른 인상을 준다. 시라크 대통령이 낙천적이고 포용력이 있는 인상을 준다면, 조스팽 총리는 청교도적이고 절제된 인상을 강하게 준다. **夫唱婦隨**랄까? 그 부인들 역시 두 후보만큼이나 대조적인 이미지를 보여주고 있다.

附和雷同 　附 붙을 **부** 　和 응할 **화** 　雷 우뢰 **뇌(뢰)** 　同 함께 **동**

▷ 천둥[雷]이 치면 천지만물이 함께[同] 하듯이 남을 무조건 따라함[附和].

▶ 자신의 주관이나 소신 없이 남이 하는 대로 무조건 따라함.

◈ 증권시장의 주가 변화추이를 보고 있노라면 **附和雷同**하는 투자자들이 많다는 생각이 든다. 자신의 투자 소신 없이 사람들이 몰리는 대로만 따라 하는 사람들이 많기 때문이다.

北窓三友　北 북녘 **북**　窓 창문 **창**　三 석 **삼**　友 벗 **우**

▷ 북쪽[北] 창(窓)의 세 가지[三] 벗[友].

▶ 거문고, 술, 시(詩)를 일컫는 말. 선비들이 늘 가까이하며 즐기는 것.

◈ 옛 선비들은 글만 읽은 것이 아니라 풍류를 즐기기도 하였다. 선비들은 **北窓三友**를 늘 가까이 하며 멋을 즐기는 생활을 하였다.

粉骨碎身　粉 가루 **분**　骨 뼈 **골**　碎 부서질 **쇄**　身 몸 **신**

▷ 뼈[骨]가 가루[粉]가 되고 몸[身]이 부서짐[碎].

▶ 자기 몸을 돌보지 않고 최선을 다함.

◈ 지난 1998년 프랑스 월드컵에서 좋지 않은 성적으로 여론의 질타를 받은 한국의 축구 국가대표 팀 선수들은 마지막 벨기에와의 경기에서는 부상을 무릅쓰고 열심히 뛰었다. 특히 이임생 선수 는 머리부상에도 불구하고 **粉骨碎身**하는 모습을 보여주었다.

不肖小子　不 아니 **불**　肖 닮을 **초**　小 작을 **소**　子 자식 **자**

▷ 부모님을 닮지[肖] 못한[不] 자식[小子].

▶ 못난 사람이 스스로를 일컫는 말. 어버이의 덕망을 닮지 못한 못난 자식.

◈ 대통령 아들들의 뇌물수수와 정치 개입에 따른 부작용으로 온 나라가 시끄럽다. 김영삼 전 대통 령, 김대중 대통령의 국정에 대한 노력도 아들 문제로 훼손되고 있다. **不肖小子**인 이들은 불효 자이기 이전에 국민들에게 사죄해야 할 것이다.

不恥下問　不 아니 **불**　恥 부끄러워할 **치**　下 아래 **하**　問 물을 **문**

▷ 아랫사람[下]에게 묻기[問]를 부끄러워하지[恥] 않음[不].

◈ 고등학생인 철수는 수학문제를 풀다가 갑자기 원의 넓이를 구하는 공식을 잊었다. 마침 옆에서 공부하고 있는 초등학생 동생에게 **不恥下問**의 마음으로 공식을 묻기로 했다.

鵬程萬里　鵬 붕새 **붕**　程 길 **정**　萬 일만 **만**　里 리 **리**

▷ 붕새[鵬]의 노정[程]이 만 리[萬里].

▶ 목표가 웅대하여 앞길이 아득히 먼 것을 비유함. 앞길이 구만 리.

◈ 인천 인현동 호프집 화재 사건으로 많은 수의 고등학생들이 **鵬程萬里**의 앞길을 접고 이 세상을 떠났다. 다시는 이런 일이 이 땅에 일어나서는 안 될 것이다.

悲憤慷慨　悲 슬플 **비**　憤 분할 **분**　慷 강개할 **강**　慨 분개할 **개**

▷ 슬프고[悲] 분하여[憤] 북받치어 개탄함[慷慨].

▶ 문란한 세상과 불의를 보고 의기(義氣)가 북받치어 슬퍼하고 탄식함.

◈ 경술국치(庚戌國恥 : 일제의 조선 강점)가 이루어지자 많은 우국충절(憂國忠節)의 선비들이 **悲憤慷慨**하여 스스로 목숨을 끊기도 했다.

氷炭不相容　氷 얼음 **빙**　炭 숯 **탄**　不 아니 **불**　相 서로 **상**　容 용납할 **용**

▷ 얼음[氷]과 숯불[炭]은 서로[相] 용납하지[容] 못함[不].

▶ 성질이 정반대이어서 서로 전혀 어울리지 못함.

◈ 매년 이혼율이 급격하게 증가하고 있다. **氷炭不相容**이라 했는가? 이혼의 가장 큰 이유는 성격차이라고 한다.

= 氷炭之間　氷 얼음 **빙**　炭 숯 **탄**　之 ~의 **지**　間 사이 **간**

사

四顧無親　四 넉 **사**　顧 돌아볼 **고**　無 없을 **무**　親 친할 **친**

▷ 사방[四]을 돌아봐도[顧] 친한[親] 사람이 없음[無].

▶ 아무리 봐도 의지할 사람이 아무도 없음.

◈ 탈북자들의 대부분은 자유를 갈구해 북한을 탈출한 사람들이다. 일단 한국에 들어오기는 하나, 그들은 **四顧無親**인 한국땅에서 또 다른 어려움을 겪고 있다.

四窮之民 四 넉 **사** 窮 궁할 **궁** 之 ~한 **지** 民 백성 **민**

▷ 네[四] 부류의 궁핍한[窮][之] 백성[民].

▶ 세상에 어려움을 겪는 네 부류의 사람들. 홀아비[鰥], 과부[寡], 고아[孤], 독거노인[獨]을 가리킴.

◈ 옛날에 임금들은 왕위에 오르면 제일 먼저 살펴봐야 할 국민의 대상을 **四窮之民**으로 삼았다.

捨己從人 捨 버릴 **사** 己 몸 **기** 從 따를 **종** 人 사람 **인**

▷ 자기[己]를 버리고[捨] 남[人]을 따름[從].

▶ 자기의 잘못된 점은 과감히 버리고 남의 좋은 점을 따라 함.

◈ 학문을 하는 사람들이 자칫 범하기 쉬운 잘못은 자신의 생각에만 사로잡히는 것이다. 자신의 이론이 잘못되었다는 것을 안다면 과감하게 **捨己從人**하는 자세가 필요하다.

斯文亂賊 斯 이 **사** 文 글월 **문** 亂 어지러울 **난(란)** 賊 도덕 **적**

▷ 유학[斯文]을 어지럽히는[亂] 적(賊).

▶ 유학을 어지럽히는 언행을 일삼는 나쁜 무리.

◈ 성리학이 지배이념으로 자리 잡고 있던 조선시대에는 주자(朱子)의 문구에서 한 글자만 틀려도 **斯文亂賊**으로 몰려 참형을 면치 못했다.

沙上樓閣 沙 모래 **사** 上 위 **상** 樓 누각 **누(루)** 閣 누각 **각**

▷ 모래[沙] 위[上]에 세운 누각(樓閣).

▶ 기초가 튼튼하지 못하여 오래 가지 못하는 것을 비유함.

◈ 국내 기업들이 탄탄한 기술력 없이 무작정 수출을 감행하는 것은 **沙上樓閣**과 같은 것이다. 얼마 가지 않아 참패를 면치 못할 것이다.

= 空中樓閣 空 빌 **공** 中 가운데 **중** 樓 누각 **누(루)** 閣 누각 **각**

▷ 기초 없이 허공[空] 속[中]에 떠 있는 누각(樓閣).

私淑 私 사사로울 **사** 淑 사모할 **숙**

▷ 사사로이[私] 사모함[淑].

▶ 직접 가르침을 받지는 않았으나 마음속으로 존경하고 본받아서 학문을 닦음.

◈ 퇴계 이황 선생은 우리나라 성리학의 큰 스승이라 할 수 있다. 그가 길러낸 제자는 수 없이 많으며, 먼 지방에서 그를 **私淑**으로 삼은 이도 역시 그 수를 헤아릴 수 없다.

似而非 似 같을 **사** 而 말이을 **이** 非 아닐 **비**

▷ 같은[似] 듯 하나[而] 아님[非].

▶ 겉으로는 같은 듯 하나 실제로는 같지 않음.

◈ 20세기 말 수많은 **似而非**종교들이 종말론을 이야기하며 나왔다. 그러나 시간이 지나면서 그들의 말은 허구임이 자연스럽게 밝혀졌다.

獅子吼 獅 사자 **사** 子 자식 **자** 吼 울 **후**

▷ 사자(獅子)의 울음소리[吼].

▶ ① 사자가 한 번 소리를 지르면 짐승들이 놀라듯이 부처님이 설법함을 비유함.
　② 열변을 토하는 연설을 비유함.
　③ 아내가 남편에게 질투하여 크게 소리치는 것을 비유함.

◈ 많은 사람들이 더운 날씨에도 불구하고 큰 스님의 설법을 듣기 위해 한자리에 모였다. 큰 스님의 **獅子吼**와 같은 설법은 많은 중생들을 일깨우는 힘이 있었다.

蛇足 蛇 뱀 **사** 足 발 **족**

▷ 뱀[蛇] 다리[足]

▶ 하지 않아도 될 군더더기 말이나 행동. 도리어 해가 되는 언행을 비유함.

◈ 글을 쓸 때 유념해야 될 것 중에 하나는 읽는 사람으로 하여금 글쓴이의 뜻을 명확하게 파악할 수 있게 하는 것이다. 공연히 **蛇足**을 달아 혼동을 일으키게 하는 일은 삼가야 할 것이다.

= **畵蛇添足** 畵 그림 **화** 蛇 뱀 **사** 添 더할 **첨** 足 발 **족**

▷ 뱀[蛇]을 그리는데[畵] 발[足]까지 더해[添] 그림.

四柱八字　四 넉 **사**　柱 기둥 **주**　八 여덟 **팔**　字 글자 **자**

▷ 사주(四柱)와 팔자(八字).

▶ 사주는 태어난 해[年], 월(月), 일(日), 시(時)를 가리키고 팔자는 그에 따른 간지 여덟 글자를 가리킴.

◈ **四柱八字**를 일부러 좋게 맞추기 위하여 원하는 시간에 제왕절개(帝王切開) 수술을 시술하는 산모가 있다고 한다. 하늘이 부여해 주는 사주팔자가 과연 인위적으로 만들어질 수 있는지는 미지수다.

殺身成仁　殺 죽일 **살**　身 몸 **신**　成 이룰 **성**　仁 어질 **인**

▷ 자신의 몸[身]을 희생하여[殺] 인(仁)을 이룸[成].

▶ 올바른 일을 위하여 자신을 희생함. 자신의 사사로운 이익을 희생하여 큰 인(仁)을 이룸.

◈ 이수현 씨는 지하철 선로에 떨어진 일본인 취객을 구하기 위해 몸을 던졌다가 목숨을 잃었다. 하지만 그의 **殺身成仁**은 한·일 양국의 모든 사람들에게 귀감(龜鑑)이 되었다.

≫ 志士仁人 無求生以害仁. 有殺身以成仁.　　　　　　　-『논어(論語)』〈위령공편(衛靈公篇)〉

　뜻있는 선비와 어진 사람은 목숨을 구하려고 인(仁)을 해치는 경우는 없고, 자신을 희생하여 인을 이루는 일은 있다.

三顧草廬　三 석 **삼**　顧 돌아볼 **고**　草 풀 **초**　廬 오두막 **려**

▷ 세[三] 번 초가집[草廬]을 돌아봄[顧].

▶ 인재를 얻기 위해 온갖 수고를 다함. 인재 얻기의 어려움을 가리키는 말.

◈ 수많은 벤처기업들이 일어났다 사라져 가곤 한다. 이런 경쟁체제하에서 살아가는 길은 우수 인력의 확보가 최선이라 해도 과언이 아닐 것이다. 따라서 많은 벤처기업들이 우수인력에 대해 三**顧草廬**도 마다하지 않고 공을 들이고 있다.

森羅萬象　森 빽빽할 **삼**　羅 벌일 **라**　萬 일만 **만**　象 모양 **상**

▷ 빽빽하게[森] 벌여 있는[羅] 온갖[萬] 존재들[象].

▶ 우주 사이에 벌여 있는 일체(一切)의 현상과 사물.

◈ 집시들에게 있어서 하나님이란 개념은 태양신 · 달신 · 바람신 등 자연의 **森羅萬象**을 모두 포함
　한다. 집시들은 다원주의 종교관을 가지고 있다.

三人成虎　　三 석 **삼**　人 사람 **인**　成 이룰 **성**　虎 범 **호**

▷ 세[三] 사람[人]이면 없던 호랑이[虎]도 만들어 냄[成].

▶ 거짓말이라도 여러 사람이 반복해서 하면 진실처럼 들리게 됨을 비유함.

◈ 주식시장에서는 가끔 근거 없는 소문이 나돌기도 한다. 하지만 그 소문을 아주 무시할 수도 없는
　이유는 그 소문이 자꾸 퍼지게 되면 사실처럼 여겨지는 경우도 종종 있기 때문이다. **三人成虎**라
　고 할까? 소문 때문에 주가가 영향을 받기도 한다.

三從之道　　三 석 **삼**　從 따를 **종**　之 ～하는 **지**　道 도리 **도**

▷ 여자가 세[三] 사람을 따라야[從] 하는[之] 도리[道].

▶ 여자는 어려서는 아버지를 따르고, 시집을 가서는 남편을 따르며, 남편이 죽은 뒤에는 아들을 따
　라야 한다는 말.

◈ 호주제를 폐지하자고 주장하는 여성단체들은 호주제가 여성들에게는 **三從之道**에 얽매이게 하
　는 것이며, 남성들에게 역시 가족 부양의 책임을 떠넘기는 것이라고 말한다.

喪家之狗　　喪 잃을 **상**　家 집 **가**　之 ～의 **지**　狗 개 **구**

▷ 상가(喪家)의[之] 개[狗].

▶ 기운이 없어 축 늘어진 사람이나 수척하고 쇠약한 사람을 비유하는 말.

◈ 노숙자들은 아무도 돌봐주는 사람 없이 지하철역 등에서 밤을 지새운다. **喪家之狗**의 모습인 그
　들은 어느 누가 봐도 노숙자임을 쉽게 알 수 있다.

桑田碧海　　桑 뽕나무 **상**　田 밭 **전**　碧 푸를 **벽**　海 바다 **해**

▷ 뽕나무[桑] 밭[田]이 푸른[碧] 바다[海]로 변함.

▶ 세상이 급격하게 변함.

◈ 30년 만에 고향을 찾은 김 노인은 어릴 적 자신이 뛰어 놀던 자리에 대단위 아파트 단지가 들어선 것을 보고 **桑田碧海**를 느낄 수밖에 없었다.

塞翁之馬   塞 변방 새   翁 늙은이 옹   之 ~의 지   馬 말 마

▷ 변방[塞] 늙은이[翁]의[之] 말[馬].

▶ 인생의 길흉화복(吉凶禍福)은 점칠 수 없다.

◈ 어민 조 모 씨는 새만금 간척사업으로 인해 생계를 위협받게 되었었다. 하지만 새만금 간척사업으로 물살이 빨라진 덕에 고려청자를 발견하여 많은 포상금을 받게 되었다. 인생사 **塞翁之馬**란 이런 것이 아니겠는가?

騷人墨客   騷 시부 소   人 사람 인   墨 먹 묵   客 손님 객

▷ 시문에 능한 사람[騷人]과 그림에 능한 사람[墨客].

▶ 시문(詩文)·서화(書畵) 등을 일삼는 사람.

◈ 설악산 비선대(飛仙臺)는 수려한 경치 때문에 수많은 **騷人墨客**들이 찾았던 곳이다.

宋襄之仁   宋 나라이름 송   襄 도울 양   之 ~의 지   仁 어질 인

▷ 송나라[宋] 양공[襄]의[之] 인정[仁].

▶ 쓸데없이 의리를 지키는 것을 뜻함. 자신의 처지는 헤아리지 않고 남을 배려함.

◈ 100만 원의 월급을 받는 사람이 남을 돕기 위해 빚까지 내어가면서 달마다 200여 만 원의 후원금을 내는 것은 **宋襄之仁**이라 할 수 있다.

袖手傍觀   袖 소매 수   手 손 수   傍 곁 방   觀 볼 관

▷ 소매[袖]에 손[手]을 넣고 곁에서[傍] 바라보기만 함[觀].

▶ 아무것도 관여하지 않고 그저 옆에서 보고만 있음.

◈ 정부는 늘어가고 있는 중국 내 탈북자 문제에 대해 **袖手傍觀**만 해서는 안 될 것이다.

水滴穿石　水 물 **수**　滴 물방울 **적**　穿 뚫을 **천**　石 돌 **석**

▷ 물방울[水滴]도 쉴 새 없이 떨어지면 돌[石]도 뚫음[穿].

▶ 작은 노력이라도 쉼 없이 끈기 있게 계속하면 큰 성과를 얻을 수 있음.

◈ 배우는 사람의 자세는 이러해야 한다. 하루에 하나의 한자를 외우면 1, 2년이 지난 뒤에는 큰 성과가 있을 것이다. **水滴穿石**이라고 하지 않았던가? 끊임없는 노력은 언젠가는 큰 성공을 가져올 것이다.

脣亡齒寒　脣 입술 **순**　亡 잃을 **망**　齒 이 **치**　寒 찰 **한**

▷ 입술[脣]이 없어지면[亡] 이[齒]가 시림[寒].

▶ 서로 돕는 것 가운데 하나가 망하면 다른 쪽도 피해를 입게 됨.

◈ 세계 경제는 블록화가 가속화되고 있다. 그래서인지 한 나라가 경제 위기를 맞게 되면 주변국들 역시 주가 급락과 환율 급등이라는 경제 불안을 맞게 된다. 우리의 경우도 예외일 수는 없어서 일본의 경제위기는 우리에게 **脣亡齒寒**의 상황으로 작용할 수 있다.

信賞必罰　信 분명할 **신**　賞 상줄 **상**　必 반드시 **필**　罰 벌 **벌**

▷ 공이 있는 사람은 분명히[信] 상을 주고[賞], 죄가 있는 사람은 반드시[必] 벌을 줌[罰].

▶ 상과 벌을 엄정하게 함.

◈ 우리나라에서도 부패방지위원회가 가동되고 있다. 사회가 올바로 되려면 **信賞必罰**이 명확하게 이루어져야 한다. 혈연이나 지연, 학연 등에 의해 움직이는 사회가 되어서는 안 될 것이다.

身言書判　身 몸 **신**　言 말씀 **언**　書 글 **서**　判 가를 **판**

▷ 신수[身], 언변[言], 글씨[書], 판단력[判].

▶ 사람을 판단하는 네 가지 조건.

◈ 신입사원을 뽑거나 대학 입학시험을 치를 때 면접의 비중이 높아지고 있다. 옛날에는 사람을 보고 그 사람을 판단할 때 **身言書判**을 제일 먼저 살폈다.

十匙一飯　十 열 **십**　匙 숟가락 **시**　一 한 **일**　飯 밥 **반**

▷ 열[十] 숟가락[匙]으로 한 끼[一] 밥[飯]을 만듦.

▶ 여럿이 한 사람을 도와 줌.

◈ 연말이 되면 불우이웃을 돕는 손길이 줄을 잇는다. **十匙一飯**하는 미덕은 예나 지금이나 변함이
없는 듯 하다.

아

暗中摸索　暗 어두울 **암**　中 가운데 **중**　摸 더듬어 찾을 **모**　索 찾을 **색**

▷ 어두운[暗] 가운데[中] 더듬어[摸] 찾음[索].

▶ 확실하지 않은 것을 짐작으로 찾음. 남이 보지 않는 가운데 무엇인가를 도모함.

◈ 선거를 앞두고 정계 개편에 대해 여야의 **暗中摸索**이 치열해지고 있다. 확실한 해법도, 국민의
지지를 받을 특별한 묘책도 없어 보인다.

梁上君子　梁 대들보 **양(량)**　上 위 **상**　君 임금 **군**　子 아들 **자**

▷ 대들보[梁] 위[上]의 군자(君子).

▶ 도둑을 점잖게 일컫는 말. 쥐를 지칭하기도 함.

◈ 프로야구 해태 타이거즈의 김일권 선수는 도루왕으로 명성을 날렸다. 그 계보를 잇는 선수는 두
산 베어스의 정수근 선수이다. 이들은 그라운드의 **梁上君子**로 일컬어진다.

良藥苦口　良 좋을 **양(량)**　藥 약초 **약**　苦 쓸 **고**　口 입 **구**

▷ 좋은[良] 약(藥)은 입[口]에 씀[苦].

◈ 청소년기에 어른들이 해주시는 충고는 매번 '~을 하지 말라.' 는 것밖에 없다. **良藥苦口**라고. 그
런 말들이 자신을 위한다는 것을 그때는 깨닫기 어렵다.

≫ 良藥苦於口而利於病 忠言逆於耳而利於行　　　　　　　　　－〈공자가어(孔子家語)〉

좋은 약은 입에는 쓰지만 병에는 이롭고 정성스러운 말은 귀에는 거슬리나 행동에는 이롭다.

*利 이로울 리, 逆 거스릴 역

養虎遺患　養 기를 **양**　虎 범 **호**　遺 남길 **유**　患 근심 **환**

▷ 호랑이[虎]를 길러서[養] 근심[患]을 남김[遺].

▶ 화근을 키워 나중에 화를 입게 됨을 비유. 호랑이 새끼를 기르면 결국 흉악하고 사나운 맹수가 됨.

◈ 작은 폭력조직이라고 무심코 지나치게 되면, 나중에 그 조직이 사회악이 되는 경우가 있다. 그러니 작은 것이라도 **養虎遺患**하는 일이 있어서는 안 될 것이다.

魚魯不辨　魚 물고기 **어**　魯 나라이름 **노**　不 아니 **불**　辨 분별할 **변**

▷ 어(魚)자와 노(魯)자도 분별하지[辨] 못함[不].

▶ 매우 무식함을 뜻함. 글자를 분별하지 못하는 오류.

◈ 서울대 학생들을 대상으로 1~10까지 한자로 쓸 수 있는 능력을 시험해본 결과 많은 학생들이 오류를 범하였다. 한자에 있어서 **魚魯不辨**인 세태는 문제가 있는 것이다.

≒ 菽麥不辨　菽 콩 **숙**　麥 보리 **맥**　不 아니 **불**　辨 분별할 **변**

▷ 콩[菽]과 보리[麥]도 분별하지[辨] 못함[不].

▶ 어리석고 못난 사람을 뜻함.

漁夫之利　漁 고기 잡을 **어**　夫 사내 **부**　之 ~의 **지**　利 이로울 **리**

▷ 어부(漁夫)의[之] 이익[利].

▶ 둘의 싸움에서 엉뚱한 제 삼자가 이익을 취함.

◈ 하이닉스 반도체와 마이크론이 합병 협상에 난항을 겪는 동안 대만의 반도체 업체인 난야가 시장 점유율 상승이라는 **漁夫之利**를 얻게 되었다.

= 蚌鷸之爭　蚌 조개 **방**　鷸 물총새 **휼**　之 ~의 **지**　爭 다툴 **쟁**

▷ 조개[蚌]와 물총새[鷸]의[之] 다툼[爭].

= 犬兎之爭　犬 개 **견**　兎 토끼 **토**　之 ~의 **지**　爭 다툴 **쟁**

▷ 개[犬]와 토끼[兎]의[之] 다툼[爭].

逆鱗　逆 거꾸로 **역**　鱗 비늘 **린**

▷ 거꾸로[逆] 난 비늘[鱗].

▶ 임금의 노여움. 윗사람의 노여움을 비유함.

◈ 청와대에서는 임기 말 레임덕이라는 말이 금기시되어 있다. 임기 말에 대통령의 권력 부재 현상
　이 일어난다는 것을 공론화하는 것은 대통령의 권위를 훼손하여 **逆鱗**을 닐으킬 필요는 없기 때
　문이다.

易地思之　易 바꿀 **역**　地 형편 **지**　思 생각 **사**　之 그것 **지**

▷ 형편[地]을 바꾸어[易] 상대[之]를 생각함[思].

▶ 입장을 바꾸어 상대방을 생각함.

◈ 노사정(勞使政)위원회는 주5일제 근무라는 뜨거운 감자를 놓고 첨예하게 대립하고 있다. 누구나
　만족할 수 있는 해법을 찾기란 쉬운 일이 아닐 것이다. 하지만 **易地思之**의 자세로 생각해 본다
　면 해결책을 찾는 일이란 불가능한 것만은 아닐 것이다.

緣木求魚　緣 오를 **연**　木 나무 **목**　求 구할 **구**　魚 물고기 **어**

▷ 나무[木]에 올라[緣] 물고기[魚]를 찾음[求].

▶ 방법이 옳지 않으면 목적을 달성할 수 없음. 실현 불가능한 일.

◈ 또 다시 대통령 아들들의 뇌물 수수 문제로 온 나라가 떠들썩하다. 권력층에서 먼저 비리를 자행
　하면서 부패 방지를 외치는 것은 **緣木求魚**라 할 수 있다.

五里霧中　五 다섯 **오**　里 거리단위 **리**　霧 안개 **무**　中 가운데 **중**

▷ 사방 5리(五里)에 걸친 안개[霧] 속[中].

▶ 현재의 상태를 알 수 없어 예측이나 방침이 전혀 서지 않음.

◈ 월드컵 조 추첨 결과 F조는 잉글랜드, 스웨덴, 나이지리아, 아르헨티나로 편성되었다. 이 조는
　일명 '죽음의 조' 로 어떤 나라가 16강에 진출할지 **五里霧中**이다.

烏飛梨落　烏 까마귀 **오**　飛 날 **비**　梨 배 **리**　落 떨어질 **락**

▷ 까마귀[烏] 날자[飛] 배[梨] 떨어진다[落].

▶ 우연의 일치로 남에게 의심을 받게 됨. 우연의 일치.

◈ 내가 세차만 하면 소나기가 내린다. **烏飛梨落**일까? 난 정말 운이 없는가 보다.

傲霜孤節　傲 업신여길 **오**　霜 서리 **상**　孤 외로울 **고**　節 절개 **절**

▷ 서리[霜]를 업신여기고[傲] 홀로[孤] 절개[節]를 지킴.

▶ 어려운 상황을 극복하고 절개를 지킴. 모진 서리를 이겨내고 꽃을 피우는 국화(菊花)를 지칭함.

◈ 일제(日帝)는 우리의 모든 것을 왜곡했다. 특히 **傲霜孤節**의 선비정신을 아무 가치도 없는 구시대
적이고 봉건적인 유물로 매도(罵倒)했다.

烏合之卒　烏 까마귀 **오**　合 합할 **합**　之 ~한 **지**　卒 군사 **졸**

▷까마귀[烏]를 모아 놓은 듯한[合][之] 군사[卒].

▶ 제대로 훈련도 받지 않고 정돈되지 않은 군사. 어중이떠중이의 보잘 것 없는 사람들.

◈ 1966년 런던 월드컵에서 미지의 나라 북한은 월드컵에 처녀 출전했다. 외국 언론들은 북한을 훈
련도 제대로 되지 않은 **烏合之卒**로 보았으나, 그들은 8강 진출의 신화를 창조해 냈다.

溫故知新　溫 익힐 **온**　故 옛 **고**　知 알 **지**　新 새로울 **신**

▷ 옛 것[故]을 익혀[溫] 새로운 것[新]을 앎[知].

▶ 선현들의 말씀을 익혀 그것을 바탕으로 새로운 것을 미루어 앎.

◈ 요즘 가요계에서는 리메이크 바람이 불고 있다. 예전 가요들을 새로운 리듬으로 재편곡하여 발
표하는 것이다. **溫故知新**의 태도가 가요계에도 불고 있는 것이다.

≫ 子曰 "溫故而知新 可以爲師矣."　　　　　　　　　『논어(論語)』〈위정편(爲政篇)〉
공자께서 말씀하셨다. "옛 것을 익혀서 새로운 것을 알면 남의 스승이 될 수 있다."

蝸角之爭　蝸 달팽이 **와**　角 뿔 **각**　之 ~의 **지**　爭 다툴 **쟁**

▷ 달팽이[蝸] 촉각[角] 위에서의[之] 다툼[爭].

▶ 사소한 일로 다툼. 광대한 우주에 비해 인간의 미미함을 비유함.

◆ 도(道)를 깨친 선인(仙人)의 눈으로 보면 이 세상 인간사가 모두 **蝸角之爭**으로 보일 것이다. 세상
을 급급하게 살아가는 것이 얼마나 어리석은 것인지….

完璧 完 완전할 **완** 璧 둥근 옥 **벽**

▷ 구슬[璧]을 온전하게[完] 지켜 냄.

▶ 완전무결(完全無缺)을 뜻함. 결함이 없이 완전함.

◆ 월드컵의 **完璧**한 성공은 어느 한 사람만의 힘만으로 되는 것은 아니다. 국민들이 혼연일체(渾然
一體)가 될 때 가능한 것이다.

樂山樂水 樂 좋아할 **요** 山 산 **산** 樂 좋아할 **요** 水 물 **수**

▷ 산[山]을 좋아하고[樂] 물[水]을 좋아함[樂].

▶ 자연을 사랑함.

◆ 옛날 선비들은 심신을 수양하기 위해 전국의 산천을 유람하였다. 방에만 앉아 책을 읽은 것이 아
니라 **樂山樂水**하며 호연지기(浩然之氣)를 기른 것이다.

≫ 子曰 "知者樂水 仁者樂山 知者動 仁者靜 知者樂 仁者壽"　　　　　　　　-『논어』〈옹야편(雍也篇)〉
공자께서 말씀하셨다. "지혜로운 사람은 물을 좋아하고, 어진 사람은 산을 좋아한다. 지혜로운
사람은 동적이고 어진 사람은 정적이다. 지혜로운 사람은 즐겁게 살고 어진 사람은 장수한다."

＊動 움직일 동, 靜 고요할 정, 壽 목숨 수

欲速不達 欲 하고자할 **욕** 速 빠를 **속** 不 아니 **부** 達 이를 **달**

▷ 빨리[速] 하고자 하면[欲] 이르지[達] 못함[不].

▶ 일을 서둘러 하면 도리어 이루지 못함.

◆ 흔히들 교육을 백년대계(百年大計)라고 한다. 교육은 하루아침에 그 효과를 볼 수도 없는 것이고,
속단할 수도 없는 분야이기도 하다. 하지만 우리는 교육 정책을 수립하고서 빨리 그 효과를 보려

한다. **欲速不達**의 교훈을 새겨봐야 할 듯 하다.

龍頭蛇尾　龍 용 **용(룡)**　頭 머리 **두**　蛇 뱀 **사**　尾 꼬리 **미**

▷ 용(龍) 머리[頭]에 뱀[蛇] 꼬리[尾].

▶ 처음에는 거창하게 시작했다가 나중에는 흐지부지하게 됨.

◆ 6·15 남북 공동선언으로 다른 어느 때보다도 한반도에 평화 분위기가 조성되었다. 하지만 김
정일 국방위원장의 방문이 기약이 없어지면서 역사적 만남이 **龍頭蛇尾**가 되지 않을까하는 우려
가 높아지고 있다.

愚公移山　愚 어리석을 **우**　公 어른 **공**　移 옮길 **이**　山 산 **산**

▷ 우공[愚公]이 산(山)을 옮김[移].

▶ 어떤 일이든지 꾸준히 노력하면 반드시 이룰 수 있음.

◆ 날이 갈수록 수출이 어려워지고 있다. 우리도 이제 저임금의 산업보다는 기술집약적인 산업으
로의 전환이 필요하다. **愚公移山**의 정신으로 하루하루 기술력을 축적해야 경쟁에서 이길 수 있
을 것이다.

羽化登仙　羽 깃 **우**　化 될 **화**　登 오를 **등**　仙 신선 **선**

▷ 겨드랑이에서 깃[羽]이 돋아[化] 신선[仙]이 되어 올라감[登].

▶ 신선의 경지에 오름.

◆ 한국 한문학의 비조(鼻祖)로 일컬어지는 최치원(崔致遠)은 명확히 어디에서 죽었는지 알려지지
않고 있다. 다만 가야산에서 **羽化登仙**했다고만 기록되어 있다.

月下老人　月 달 **월**　下 아래 **하**　老 늙은이 **노(로)**　人 사람 **인**

▷ 달빛[月] 아래[下]의 노인(老人).

▶ 남녀의 연분을 맺어주는 사람.

◆ 최근 결혼정보 업체들이 호황을 누리고 있다. 현대판 **月下老人** 역할을 하는 이들은 복잡해진 사

회에서 원하는 상대방을 찾기 위한 남녀들의 호응을 얻고 있다.

≒ 月下氷人 月 달 **월** 下 아래 **하** 氷 얼음 **빙** 人 사람 **인**

▷ 달빛[月] 아래[下]의 노인과 얼음[氷]가의 사람[人].

流言蜚語 流 근거 없을 **유(류)** 言 말씀 **언** 蜚 날 **비** 語 말씀 **어**

▷ 근거 없이 생겨나는[流] 말[言]과 떠돌아다니는[蜚] 말[語].

▶ 근거 없는 헛소문.

◈ 선거 때만 되면 상대 후보들을 비방하는 **流言蜚語**들이 난무한다. 우리 정치가 성숙하려면 이런 폐단부터 없어져야 할 것이다.

人口膾炙 人 사람 **인** 口 입 **구** 膾 날고기 **회** 炙 구운 고기 **자**

▷ 사람들[人]의 입[口]에 날고기[膾]나 구운 고기[炙]와 같이 자주 오르내림.

▶ 사람들의 입에 자주 오르내림을 비유함.

◈ 예전에 많은 인기를 끌었던 '전설의 고향'은 고장마다 **人口膾炙**되는 이야기들을 드라마로 각색한 것이다.

人面獸心 人 사람 **인** 面 얼굴 **면** 獸 짐승 **수** 心 마음 **심**

▷ 사람[人]의 얼굴[面]을 하고 짐승[獸]의 마음[心]을 가짐.

▶ 사람으로서는 할 수 없는 참혹한 행동을 하는 사람을 일컬음. 은혜를 모르거나 인정이 없는 사람.

◈ 신용카드는 신용사회 정착이라는 정책 때문에 사용이 보편화되었다. 하지만 그 부작용으로 각종 범죄를 양산하기도 했는데, 신용카드 빚을 갚기 위해 벌어진 화성 부녀자 연쇄살인 사건은 **人面獸心**의 전형적인 예가 되었다.

一網打盡 一 한 **일** 網 그물 **망** 打 칠 **타** 盡 다할 **진**

▷ 한[一] 번 그물질[網]에 모두[盡] 때려잡음[打].

▶ 일당을 한꺼번에 몰아서 잡음.

◆ 조직폭력배를 검거하기 위해서는 인내력이 필요하다. 행동대원 한 명을 잡는 것은 의미가 없고 그 조직을 **一網打盡**해야 다시는 범죄를 저지르지 않기 때문이다.

一瀉千里　一 한 **일**　瀉 쏟아질 **사**　千 일천 **천**　里 거리단위 **리**

▷ 한[一] 번 쏟아지면[瀉] 단숨에 천리(千里)나 흘러가는 물의 기세.

▶ 일이 신속하게 진척되어 나아감. 문장이나 말이 거침이 없음.

◆ 2002 월드컵의 한 · 일 공동개최가 결정된 후 경기장 건설 및 제반 준비 사항들이 **一瀉千里**로 진행되어 왔다.

一日如三秋　一 한 **일**　日 시각 **일**　如 같을 **여**　三 석 **삼**　秋 가을 **추**

▷ 하루[一日]가 삼년[三秋]과 같음[如].

▶ 몹시 애태우며 기다리는 심정을 뜻함.

◆ 50여 년 동안 헤어졌던 이산가족들은 상봉의 날을 **一日如三秋**의 심정으로 기다리고 있다.

= 一刻如三秋　一 한 **일**　刻 시각 **각**　如 같을 **여**　三 석 **삼**　秋 가을 **추**

▷ 매우 짧은 시간[一刻]이 삼년(三年)과 같음[如].

一寸光陰　一 한 **일**　寸 마디 **촌**　光 빛 **광**　陰 그늘 **음**

▷ 한 치[一寸]의 짧은 시간[光陰].

▶ 아주 짧은 시간.

◆ 대학수학능력 시험을 앞둔 학생들은 **一寸光陰**도 가벼이 여길 수 없는 심정이다.

≫　少年易老學難成　　소년은 늙기 쉬우나 학문은 이루기 어려우니

　　一寸光陰不可輕　　짧은 시간도 가벼이 여겨서는 안 된다.

　　未覺池塘春草夢　　못가의 봄풀이 꿈에서 깨기도 전에

　　階前梧葉已秋聲　　섬돌 앞에 오동잎은 벌써 가을을 알리네.

　　　　　　　　　　　　　　　- 주자(朱子)의 〈권학문(勸學文)〉

*輕 가벼울 교, 覺 잠깰 교, 池 못 지, 塘 못 당, 階 섬돌 계, 梧 오동나무 오

一片丹心　一 한 **일**　片 조각 **편**　丹 붉을 **단**　心 마음 **심**

▷ 한[一] 조각[片] 붉은[丹] 마음[心].

▶ 한 사람을 향한 충성이나 변치 않는 마음. 정성.

◈ 이 몸이 죽고 죽어 일백 번 고쳐 죽어

　백골이 진토(塵土)되어 넋이라도 있고 없고

　임 향한 **一片丹心**이야 가실 줄이 있으랴.　　　　　　　- 정몽주의 〈단심가(丹心歌)〉

立錐餘地　立 설 **립**　錐 송곳 **추**　餘 남을 **여**　地 땅 **지**

▷ 송곳[錐] 하나 꽂을[立] 만한 여분[餘]의 땅[地].

▶ 매우 좁아 조금의 여유도 없음을 의미함.

◈ 월드컵에서 한국 경기의 입장권이 판매를 시작하자마자 동이 났다고 한다. 경기 당일에는 그 큰
　경기장도 **立錐餘地**도 없을 것이다.

自暴自棄　自 스스로 **자**　暴 해칠 **포**　自 스스로 **자**　棄 버릴 **기**

▷ 스스로[自]를 해치고[暴] 스스로[自]를 버림[棄].

▶ 스스로 자기 자신을 포기하여 돌보지 않음.

◈ 세상에서 마지막으로 믿을 대상은 바로 자기 자신이다. 어떤 어려운 상황에 닥치더라도 **自暴自
　棄**해서는 안 된다.

電光石火　電 번개 **전**　光 빛 **광**　石 돌 **석**　火 불 **화**

▷ 번개[電]의 빛[光]과 부싯돌[石]의 불꽃[火].

▶ 매우 짧은 시간이나 신속한 행동을 비유함.

◈ 애리조나 다이아몬드 백스의 특급 마무리로 자리 잡은 김병현의 공은 시속 150km를 넘나든다.

電光石火와 같은 그의 공은 메이저리그에서도 수준급이다.

轉禍爲福　轉 바뀔 **전**　禍 재앙 **화**　爲 될 **위**　福 복 **복**

▷ 재앙[禍]이 바뀌어[轉] 복(福)이 됨[爲].

▶ 나쁜 일이 바뀌어 도리어 좋은 일이 됨.

◈ 41일 동안 부상으로 인해 경기에 출전하지 못했던 박찬호가 오랜만에 선발 출전한 경기에서 승리를 거두었다. 그에게는 41일간의 휴식이 오히려 **轉禍爲福**이 된 셈이다.

絕世佳人　絕 뛰어날 **절**　世 세상 **세**　佳 아름다울 **가**　人 사람 **인**

▷ 세상[世]에서 뛰어난[絕] 아름다운[佳] 사람[人].

▶ 매우 빼어난 미인.

◈ 많은 사대부들의 애를 태웠던 황진이는 **絕世佳人**으로 이름이 높았다. 누구도 그녀가 기생이라 하여 함부로 할 수는 없었다.

切齒腐心　切 갈 **절**　齒 이 **치**　腐 썩을 **부**　心 마음 **심**

▷ 이[齒]를 갈고[切] 마음[心]을 썩임[腐].

▶ 몹시 분하고 원통하여 애를 태움.

◈ 한국인 최초로 월드시리즈에 출전한 김병현은 연속 두 경기에서 홈런을 맞는 수모를 당했다. 하지만 **切齒腐心**한 끝에 그는 다음 시즌에 특급 마무리로 명성을 날리게 되었다.

漸入佳境　漸 점차 **점**　入 들 **입**　佳 아름다울 **가**　境 경지 **경**

▷ 점차[漸] 아름다운[佳] 경지[境]로 들어감[入].

▶ 어떤 상태가 점점 그 정도가 심해짐.

◈ 신용카드사 간의 경쟁이 **漸入佳境**이다. 카드사 간에 무이자할부와 수수료 인하 등의 경쟁이 가속화되고 있다.

頂門一鍼　頂 정수리 **정**　門 문 **문**　一 한 **일**　鍼 침 **침**

▷ 정수리[頂門]에 한[一] 대의 침(鍼)을 놓음.

▶ 남의 잘못을 훈계하는 따끔한 한마디의 충고.

◈ 선생님께서는 우리들의 잘못을 다 알고 계셨다. 그래서인지 군더더기 말없이 **頂門一鍼**으로 우리들을 훈계하셨다.

助長　助 도울 **조**　長 자랄 **장**

▷ 자라나는 것[長]을 도움[助].

▶ 순리대로 하지 않고 억지로 무리하게 거들다가 도리어 일을 망침.

◈ 신용카드 사용의 권장은 신용사회 정착보다는 과소비를 **助長**한다는 우려의 목소리가 높다.

左袒　左 왼 **좌**　袒 소매 걷어 올릴 **단**

▷ 왼쪽[左] 소매를 걷어 올림[袒].

▶ 어떤 사람의 편을 드는 것. 동의하는 것을 뜻함.

◈ 미국의 대 테러전쟁에 **左袒**의 뜻을 표한 나라들에 대해 알카에다는 자신들의 적으로 간주한다는 뜻을 분명히 했다.

走馬看山　走 달릴 **주**　馬 말 **마**　看 볼 **간**　山 산 **산**

▷ 말[馬]을 타고 달리며[走] 산(山)을 봄[看].

▶ 어떤 사물을 자세히 보지 않고 대충 건성으로 봄. 수박 겉핥기.

◈ 해외 어학연수가 붐을 이루고 있다. 하지만 준비 없는 **走馬看山**식의 어학연수는 공부보다는 관광이 될 우려가 높다.

酒池肉林　酒 술 **주**　池 못 **지**　肉 고기 **육**　林 수풀 **림**

▷ 술[酒]로 연못[池]을 만들고, 숲[林]처럼 고기[肉]를 걸어 둠.

▶ 방탕하고 절제하지 못하는 생활을 비유함.

◈ 임금이 **酒池肉林**에 빠지게 되면 그 나라의 운명은 불을 보듯 뻔한 것이다.

指鹿爲馬　指 가리킬 **지**　鹿 사슴 **록**　爲 할 **위**　馬 말 **마**

▷ 사슴[鹿]을 가리켜[指] 말[馬]이라고 함[爲].

▶ 간사한 꾀로 윗사람을 농락하고 아랫사람을 위협하여 자신의 멋대로 함.

◈ 최규선 게이트로 온 나라가 떠들썩하다. 그는 주로 자신의 경력을 위조하여 고위층 인사들과 접
촉을 시도했다고 한다. **指鹿爲馬**의 행태를 자행한 그는 엄벌을 받아 마땅할 것이다.

支離滅裂　支 가지 **지**　離 나눌 **리**　滅 없어질 **멸**　裂 찢어질 **렬**

▷ 가지[支]로 나뉘고[離] 찢겨[裂] 없어짐[滅].

▶ 갈가리 찢기고 흩어져 갈피를 잡을 수 없음.

◈ 미국의 계속된 소탕작전으로 탈레반은 **支離滅裂**해지고 말았다.

池魚之殃　池 못 **지**　魚 물고기 **어**　之 ~의 **지**　殃 재앙 **앙**

▷ 연못[池] 물고기[魚]의[之] 재앙[殃].

▶ 아무 상관도 없이 뜻하지 않게 당하는 재앙. 화가 엉뚱한 곳에 미침.

◈ 테러조직의 소탕이라는 미국의 공격 때문에 죄 없는 아프가니스탄 국민들만 **池魚之殃**을 당하고
말았다.

滄海一粟　滄 푸를 **창**　海 바다 **해**　一 한 **일**　粟 조 **속**

▷ 푸른[滄] 바다[海]의 좁쌀[粟] 한[一] 톨.

▶ 아주 작고 보잘 것 없는 미미한 존재.

◈ 심각한 가뭄에 직면한 이스라엘이 터키로부터 물을 수입할 것을 신중하게 고려했다. 하지만 5천
만㎥의 물을 특수탱크에 가득 채워 온다 해도 가뭄 해결에 필요한 물에 비해 **滄海一粟**에 불과할

것이다.

= 九牛一毛 九 아홉 **구** 牛 소 **우** 一 한 **일** 毛 털 **모**

▷ 아홉[九] 마리 소[牛] 가운데 털[毛] 하나[一].

天高馬肥　天 하늘 **천**　高 높을 **고**　馬 말 **마**　肥 살찔 **비**

▷ 하늘[天]은 높고[高] 말[馬]은 살찐다[肥].

▶ 가을의 특성을 형용하는 말.

◈ 가을은 **天高馬肥**의 계절, 독서의 계절로 표현된다.

天佑神助　天 하늘 **천**　佑 도울 **우**　神 귀신 **신**　助 도울 **조**

▷ 하늘[天]이 돕고[佑] 귀신[神]이 도움[助].

▶ 사람으로서는 불가능한 일을 하늘과 신이 도움.

◈ 중국 항공기가 김해 공항에 추락했지만 **天佑神助**로 많은 사람들이 목숨을 건질 수 있었다.

天長地久　天 하늘 **천**　長 오랠 **장**　地 땅 **지**　久 오랠 **구**

▷ 하늘[天]은 오래도록 지속되고[長], 땅[地]은 오래도록 변하지 않음[久].

▶ 하늘과 땅은 영원히 변하지 않음. 남녀간의 영원한 사랑을 뜻하기도 함.

◈ 유덕화, 오천련 주연의 홍콩 영화 **天長地久**는 두 연인의 영원한 사랑을 그린 영화이다.

千載一遇　千 일천 **천**　載 해 **재**　一 한 **일**　遇 만날 **우**

▷ 천년[千載]에 한[一] 번 만남[遇].

▶ 좀처럼 만나기 어려운 좋은 기회.

◈ 월드컵 개최는 우리에게 있어 우리의 역량을 세계에 알리고 선진국의 대열에 진입할 수 있는 **千載一遇**라 할 수 있다.

淺學菲才　淺 얕을 **천**　學 배울 **학**　菲 엷을 **비**　才 재주 **재**

▷ 배움[學]이 얕고[淺] 재주[才]가 부족함[菲].

▶ 자기의 학식을 겸손하게 이르는 말.

◈ 제가 이번에 **淺學菲才**를 무릅쓰고 책을 출간하게 되었습니다. 독자 여러분들의 바로잡음을 받고자 합니다.

鐵面皮　鐵 쇠 **철**　面 얼굴 **면**　皮 가죽 **피**

▷ 얼굴[面] 가죽[皮]이 쇠[鐵]와 같이 두꺼움.

▶ 염치도 없고 뻔뻔한 사람을 조롱하여 하는 말.

◈ 사람을 다섯이나 죽이고서도 TV카메라를 향해 얼굴을 들고 당당하게 인터뷰하는 범인을 보고 사람들은 **鐵面皮**라며 욕을 해댔다.

≒ 强顔女子　强 굳셀 **강**　顔 얼굴 **안**　女 여자 **여**　子 자식 **자**

▷ 굳센[强] 얼굴[顔]을 가진 여자(女子).

▶ 수치심을 모르는 여자.

≒ 厚顔無恥　厚 두터울 **후**　顔 얼굴 **안**　無 없을 **무**　恥 부끄러울 **치**

▷ 얼굴[顔]이 두꺼워[厚] 부끄러움[恥]이 없음[無].

▶ 부끄러운 짓을 저지르고도 얼굴에 기색이 나타나지 않음. 뻔뻔스러움.

轍環天下　轍 바퀴자국 **철**　環 돌 **환**　天 하늘 **천**　下 아래 **하**

▷ 수레[轍]를 타고 온 세상[天下]을 돌아다님[環].

▶ 세계 각지를 여행함. 공자가 수레를 타고 세상을 돌아다닌 것에서 유래함.

◈ 공자는 수레를 타고 혼란한 대륙을 **轍環天下**하면서 인의(仁義)를 부르짖었다.

靑出於藍　靑 푸를 **청**　出 날 **출**　於 ~에서 **어**　藍 쪽풀 **람**

▷ 청색[靑]은 쪽풀[藍]에서[於] 나옴[出].

▶ 제자가 스승보다 낫다.

◈ 바둑의 신동으로 불린 이창호 9단이 스승인 조훈현 9단을 불계승으로 이겼다. 조훈현 9단은 비

록 패했지만 **靑出於藍**한 제자를 보고 흐뭇해했을 것이다.

≫ 學不可以已 靑出於藍而靑於藍 氷水爲之而寒於水　　　　　　　　-『순자(荀子)』〈권학편(勸學篇)〉

　학문은 그만두어서는 안 된다. 청색은 쪽풀에서 나왔으나 쪽풀보다 푸르고, 얼음은 물로 만들었으나 물보다 차갑다.

*已 그만둘 이, 氷 얼음빙(= 水), 寒 찰 한

寸鐵殺人　寸 마디 **촌**　鐵 쇠 **철**　殺 죽일 **살**　人 사람 **인**

▷ 손가락 한 마디[寸] 정도의 짧은 칼[鐵]로 사람[人]을 죽임[殺].

▶ 날카로운 경구(警句 : 타이르는 말)를 비유함. 상대방의 허를 찌르는 말 한마디.

◈ 고사성어의 매력은 많은 말이 아닌 세 글자 혹은 네 글자의 말로 핵심을 찌르는 **寸鐵殺人**의 묘미에 있다.

春來不似春　春 봄 **춘**　來 올 **래**　不 아니 **불**　似 같을 **사**　春 봄 **춘**

▷ 봄[春]이 왔으나[來] 봄[春] 같지[似] 않음[不].

▶ 일이 된 듯 하나 희망이 이루어지지 않아 심정이 답답함.

◈ 만물이 생동하는 3월. 그러나 대학을 졸업했으나 취업을 하지 못한 젊은이들에게는 **春來不似春**일 뿐이다.

針小棒大　針 바늘 **침**　小 작을 **소**　棒 몽둥이 **봉**　大 큰 **대**

▷ 바늘[針]만한 작은 것[小]을 몽둥이[棒]만큼 크게[大] 늘림.

▶ 작은 일을 과장하여 크게 허풍 떨어 말함.

◈ 일본은 신사참배와 교과서 왜곡 등 주변 나라들의 비난을 모면하기 위해 주중 일본 대사관에 진입을 시도한 탈북자 문제를 **針小棒大**하려는 경향이 있다.

快刀亂麻　快 쾌할 **쾌**　刀 칼 **도**　亂 어지러울 **난(란)**　麻 삼 **마**

▷ 잘 드는[快] 칼[刀]로 엉킨[亂] 베실[麻]을 자름.

▶ 복잡한 사건 등을 시원하게 해결함을 비유함.

◈ 사회가 복잡다단해지면서 여러 가지 문제가 발생하고 있다. 이럴 때 솔로몬 왕처럼 **快刀亂麻**의 결정을 내릴 수 있는 사람이 있으면 좋으련만….

他山之石　他 다를 **타**　山 산 산　之 ~의 지　石 돌 석

▷ 다른[他] 산[山]의[之] 돌[石].

▶ 다른 사람의 하찮은 언행이라도 자신의 인격을 수양하는 데는 도움이 됨.

◈ 김대중 대통령의 아들들이 김영삼 전 대통령의 아들 김현철 씨의 구속을 **他山之石**으로 삼았다면 법정에 서는 불미스러운 일을 없었을 것이다.

卓上空論　卓 탁자 **탁**　上 위 **상**　空 헛될 **공**　論 논할 **론**

▷ 탁자 위[卓上]에서만 하는 헛된[空] 논의[論].

▶ 현실성이나 실현 가능성이 없는 헛된 의논이나 이론.

◈ 교육개혁을 외치며 정책이 바뀐 것도 벌써 여러 번이다. 하지만 학교현장에서는 그 실효성에 대해 의구심을 품고 있다. 더 이상 **卓上空論**에 지나지 않는 정책 수립은 없어야 할 것이다.

兎死狗烹　兎 토끼 **토**　死 죽을 **사**　狗 개 **구**　烹 삶을 **팽**

▷ 교활한 토끼[兎]가 죽고 나면[死] 날랜 사냥개[狗]는 삶아지게 됨[烹].

▶ 쓸모가 있을 때는 긴요하게 쓰다가 쓸모가 없어지면 가차 없이 버림.

◈ 기업들이 정리해고를 단행하려고 한다. 회사에 젊음을 바친 노동자들을 **兎死狗烹**하는 기업의 행태는 시정되어야 할 것이다.

吐哺握髮　吐 뱉을 **토**　哺 먹을 **포**　握 쥘 **악**　髮 머리털 **발**

▷ 먹던 것[哺]을 토하고[吐] 감던 머리[髮]를 쥐어 잡음[握].

▶ 인재를 널리 구하려고 애씀. 식사중에도 손님을 기다리게 하지 않음.

◈ 어떤 후보가 대통령이 되든간에 새로이 정부가 출범하게 되면 정당을 불문하고 인재를 구하기
위해 **吐哺握髮**의 자세를 지녀야 할 것이다.

波瀾萬丈　波 물결 **파**　瀾 물결 **란**　萬 일만 **만**　丈 길이단위 **장**

▷ 물결[波瀾]이 만장(萬丈)이나 됨.

▶ 일의 진행이나 인생을 살아가는데 기복이나 변화가 심함.

◈ 한국 정치사에서 김대중 대통령만큼 **波瀾萬丈**한 삶을 산 정치인도 드물 것이다. 사형선고까지
받았던 그가 대통령이 되었으니 말이다.

破顔大笑　破 깨뜨릴 **파**　顔 얼굴 **안**　大 큰 **대**　笑 웃을 **소**

▷ 얼굴[顔]을 깨뜨리며[破] 크게[大] 웃음[笑].

▶ 얼굴빛을 밝게 하며 환하게 웃음.

◈ 이틀 연속 홈런을 기록한 삼성 라이온스의 이승엽 선수가 홈에 들어오며 **破顔大笑**했다.

≒ 腰折腹痛　腰 허리 **요**　折 꺾일 **절**　腹 배 **복**　痛 아플 **통**

▷ 허리[腰]가 꺾이고[折] 배[腹]가 아플[痛] 정도로 크게 웃음.

≒ 拍掌大笑　拍 칠 **박**　掌 손바닥 **장**　大 큰 **대**　笑 웃을 **소**

▷ 손바닥[掌]을 치며[拍] 크게[大] 웃음[笑].

破竹之勢　破 깨뜨릴 **파**　竹 대나무 **죽**　之 ~한 **지**　勢 기세 **세**

▷ 대나무[竹]를 쪼개는[破] 듯한[之] 기세[勢].

▶ 세력이 강해 거침없이 밀고 들어가는 기세.

◈ 축구에서는 끝나기 전 5분만큼이나 시작해서 5분도 중요하다. 경기가 처음 시작되자마자 득점
을 하게 되면 **破竹之勢**로 경기를 이끌어 나갈 수 있기 때문이다.

暴虎馮河 暴 맨손으로 칠 **포** 虎 범 **호** 馮 물 건널 **빙** 河 물 **하**

▷ 호랑이[虎]를 맨손으로 때려잡고[暴], 황하[河]를 걸어서 건넘[憑].

▶ 앞뒤 분간 없이 용기로 나섬. 죽음을 두려워하지 않고 만용을 부림.

◆ 조직폭력배들 사이에서도 10대는 무서운 존재라고 한다. 나이가 어느 정도 들면 무서운 것을 알고 조심을 하지만 10대는 **暴虎馮河**할 듯 무모하기 때문이다.

風飛雹散 風 바람 **풍** 飛 날 **비** 雹 우박 **박** 散 흩어질 **산**

▷ 우박[雹]이 바람[風]을 타고 날아가[飛] 흩어져 버림[散].

▶ 일이나 사물이 형체도 알아볼 수 없을 정도로 엉망이 됨. 사방으로 날아 흩어져 버림.

◆ IMF라는 국가적 경제위기 때문에 기업뿐만 아니라 가정 역시 **風飛雹散**된 집이 많다.

匹夫之勇 匹 변변치 못할 **필** 夫 사내 **부** 之 ~의 **지** 勇 과감할 **용**

▷ 변변치 못한 사람[匹夫]의[之] 과감함[勇].

▶ 사려 깊지 못하고 혈기만 믿고 함부로 날뛰는 용기.

◆ 여자친구와 단둘이 밤길을 걷다가 10여 명의 불량배를 만나면 어떻게 해야 할까? 사내라 자부하며 맞서는 것은 **匹夫之勇**에 지나지 않는다. 차라리 안전을 도모해 여자친구를 데리고 달아나는 것이 현명할 것이다.

하

夏爐冬扇 夏 여름 **하** 爐 화로 **로** 冬 겨울 **동** 扇 부채 **선**

▷ 여름[夏] 화로[爐]와 겨울[冬] 부채[扇].

▶ 일이 격에 맞지 않음. 시기를 놓쳐 필요 없는 사물.

◆ **夏爐冬扇**이라는 말도 옛말이 되었나 보다. 여름에는 모피 코트를, 겨울에는 에어컨을 팔아도 장사진을 이루니 말이다.

邯鄲之步　邯 나라이름 **한**　鄲 나라이름 **단**　之 ~의 **지**　步 걸음 **보**

▷ 한단(邯鄲)의[之] 걸음걸이[步].

▶ 자신의 주체성을 잃고 무턱대고 남을 따라함. 남을 따라하다가 자신의 것까지 잃어버림.

◈ 우리는 조선의 사대주의(事大主義)를 통렬하게 비판한다. 하지만 우리의 모습을 뒤돌아보자. 무분별하게 일본의 유행을 따라 하는 우리 젊은이들의 옷차림 등을 보면 우리가 **邯鄲之步**를 하고 있는 건 아닐까 하는 생각이 든다.

虛張聲勢　虛 빌 **허**　張 펼 **장**　聲 소리 **성**　勢 세력 **세**

▷ 명성[聲]과 세력[勢]을 헛되이[虛] 펼침[張].

▶ 내실은 없으면서 거짓으로 떠벌임.

◈ 히딩크 감독이 한국 축구의 16강 진출을 자신하는 말을 여러 차례 하고 있다. 그 말이 결코 **虛張聲勢**가 아니길 바란다.

虛虛實實　虛 빌 **허**　虛 빌 **허**　實 가득 찰 **실**　實 가득 찰 **실**

▷ 허한 것[虛]은 허한 것[虛]으로, 실한 것[實]은 실한 것[實]으로 이용함.

▶ 상대를 잘 파악하여 허한 것을 실한 것으로 공격함.

◈ 운동경기는 상대적인 것이다. 가장 좋은 전법은 상대의 단점과 나의 장점을 잘 이용한 **虛虛實實** 전법일 것이다.

懸頭刺股　懸 매달 **현**　頭 머리 **두**　刺 찌를 **자**　股 넓적다리 **고**

▷ 상투 머리[頭]를 매달고[懸] 넓적다리[股]를 찌름[刺].

▶ 졸음을 참아가며 학업에 힘씀.

◈ 요즘 학생들은 공부를 하다가 잠이 오면 참지 못하고 자는 경우가 많다. 하지만 옛날 선비들은 **懸頭刺股**하며 학업에 정진했다.

糊塗　糊 풀 **호**　塗 칠할 **도**

▷ 풀[糊]을 칠함[塗].

▶ ① 근본적으로 일을 해결하지 않고 애매하게 일을 덮어버림.

  ② 적당히 속여 넘김.

◈ 일본은 위안부 문제의 진상을 **糊塗**해서는 안 될 것이다. 관련 자료를 공개하고 보상을 해야 한다.

好事多魔　好 좋을 **호**　事 일 **사**　多 많을 **다**　魔 마귀 **마**

▷ 좋은[好] 일[事]에는 나쁜[魔] 일이 많이 생김[多].

▶ 좋은 일에는 방해가 있기 마련임.

◈ 월드컵 개최를 앞두고 크고 작은 사건들이 꼬리를 물고 있다. **好事多魔**라 했지만 큰 불상사는 없어야 할 것이다.

浩然之氣　浩 넓을 **호**　然 그러할 **연**　之 ~하는 **지**　氣 기운 **기**

▷ 넓고 큰[浩然][之] 기운[氣].

▶ ① 천지 사이에 가득 찰 만한 넓고 큰 기운.

  ② 공명정대하여 조금도 부끄럼 없는 도덕적 용기

◈ 옛날 선비들은 자연을 벗 삼아 유람을 하며 **浩然之氣**를 길러, 학문에 정진했다.

惑世誣民　惑 미혹할 **혹**　世 세상 **세**　誣 속일 **무**　民 백성 **민**

▷ 세상[世]을 미혹시키고[惑] 백성[民]을 속임[誣].

▶ 이단의 말로 세상 사람들을 현혹하고 속임.

◈ 세상살이가 힘들어질수록 **惑世誣民**하는 무리가 많이 생겨나고, 거기에 속는 사람들이 늘어나게 된다.

和光同塵　和 화할 **화**　光 빛 **광**　同 같을 **동**　塵 먼지 **진**

▷ 빛[光]을 부드럽게 하여[和] 주변 먼지[塵]와 같게 함[同].

▶ 자기의 재능을 숨기고 세속을 따름. 부처나 보살이 중생을 계도하기 위하여 세속에 나타나는 일.

◈ 수행을 하는 사람들의 목적은 각기 다르다. 하지만 진정으로 다른 사람들을 위한다면 깨달음을 얻은 후에는 속세에 내려와 **和光同塵**하는 것이 낫지 않겠는가?

畫龍點睛　畫 그림 **화**　龍 용 **룡**　點 점 **점**　睛 눈동자 **정**

▷ 용(龍)을 그릴 때[畫] 마지막으로 눈동자[睛]에 점을 찍음[點].

▶ 어떤 일의 가장 중요한 부분을 완성하여 일을 끝냄.

◈ 올림픽에서 맨 마지막 경기는 남자 마라톤이다. 올림픽 경기의 **畫龍點睛**을 마라톤이 맡고 있는 것이다.

會者定離　會 모일 **회**　者 사람 **자**　定 정할 **정**　離 떠날 **리**

▷ 만난[會] 사람[者]은 떠날 것[離]을 정해 놓음[定].

◈ 우리는 이제 이 졸업식을 마치면 헤어지게 됩니다. **會者定離**라고 했습니다. 헤어짐은 이미 정해져 있는 것입니다.

↔ **去者必返**　去 갈 **거**　者 사람 **자**　必 반드시 **필**　返 돌아올 **반**

▷ 떠난[去] 사람[者]은 반드시[必] 돌아옴[返].

效嚬　效 본받을 **효**　嚬 찡그릴 **빈**

▷ 찡그림[嚬]을 본받음[效].

▶ 쓸데없이 남을 따라 하여 세상의 웃음거리가 됨. 좋고 나쁨을 가리지 않고 남을 따라 함.

◈ 여름을 흔히 노출의 계절이라고 한다. 하지만 그것이 유행이라고 하여 자신에게 어울리지도 않은 과감한 옷차림을 하는 것은 **效嚬**의 잘못을 범하는 것이다.

後生可畏　後 뒤 **후**　生 날 **생**　可 ～할만할 **가**　畏 두려워할 **외**

▷ 뒤[後]에 태어난[生] 사람은 두려워할[畏] 만함[可].

▶ 후배는 장래에 큰 인물이 될 가능성이 많기 때문에 두려운 존재로 여길 만함. 젊은이가 지닌 가능성을 존중함을 뜻함.

◈ 요즘 신세대들은 합리적인 사고방식과 자신의 일에 대한 열정을 지니고 있다. **後生可畏**라 했다. 기성세대의 눈으로 봤을 때도 그들은 무한한 가능성이 있다.

≫ 子曰 後生可畏也 焉知來者之不如今也 四十五十而無聞焉 斯亦不足畏也已

-『논어』〈자한편(子罕篇)〉

공자께서 말씀하셨다. "뒤에 태어난 사람들은 두려워할 만하다. 어찌 뒤에 오는 사람이 지금과 같지 못할 줄을 알겠는가? 그러나 40, 50살이 되어서도 이름이 나지 않으면 이 또한 두려워할 만하지 않도다."

가림출판사 · 가림M&B · 가림Let's에서 나온 책들

문 학

바늘구멍
켄 폴리트 지음 · 홍영의 옮김

미국 추리작가 협회의 최우수 장편상을 받은 초유의 베스트
셀러로 전쟁을 통한 두뇌싸움을 치밀하고 밀도 있게 그려낸
추리소설. 신국판 / 342쪽 / 5,300원

레베카의 열쇠
켄 폴리트 지음 · 손연숙 옮김

최고의 모험, 폭력, 음모 그리고 미국적인 열정 속에 담긴 두
남녀의 사랑이야기를 독자들의 상상을 뒤엎는 확실한 긴장감
으로 마지막까지 흥미진진한 켄 폴리트의 장편 추리소설.
신국판 / 492쪽 / 6,800원

암병선
니시무라 쥬코 지음 · 홍영의 옮김

금세기 최대의 난적인 암을 퇴치하기 위해 7대양을 누빌 암병
선을 무대로 인간생명의 존엄성을 지키기 위해 불의와 맞서는
시라도리 선장의 꿋꿋한 의지와 애절한 암환자들의 심리가 생
생하게 묘사된 근래 보기드문 걸작.

신국판 / 300쪽 / 4,800원

첫키스한 얘기 말해도 될까
김정미 외 7명 지음

이 시대의 젊은 작가 8명이 가슴속 깊이 간직했던 나만의 소중한
이야기를 살짝 털어놓은 상큼한 비밀 이야기.
신국판 / 228쪽 / 4,000원

사미인곡 上 · 中 · 下
김충호 지음

파란만장한 일생을 보낸 정철의 생애를 통해 난세를 살아가는
우리에게 삶의 지혜와 기쁨을 선사하는 대하 역사 소설.
신국판 / 각 권 5,000원

이내의 끝자리
박수완 스님 지음

앞만 보고 살아가는 우리에게 자신을 뒤돌아볼 수 있는 여유
를 갖게 해주는 승려시인의 가슴을 울리는 주옥 같은 시집.
국판변형 / 132쪽 / 3,000원

너는 왜 나에게 다가서야 했는지
김충호 지음

세상에 대한 사랑의 아픔, 그리움, 영혼에 대한 고뇌를 달래야
했던 시인이 살아 있는 영혼을 지닌 이들에게 전하는 사랑의
메시지. 국판변형 / 124쪽 / 3,000원

세계의 명언
편집부 엮음

위인이나 유명인들의 글, 연설문 혹은 각 나라에서 전해져 오
는 속담을 통하여 지난날을 되새겨보는 백과전서로서, 오늘을
반성하는 교과서로서, 그리고 미래를 설계하는 참고서로서 역
할을 해줄 것이다. 신국판 / 322쪽 / 5,000원

여자가 알아야 할 101가지 지혜
제인 아서 엮음 · 지창국 옮김

남녀가 함께 살면서 경험으로 터득한 의미심장하면서도 재미
있는 조언들을 발췌한 내용으로 독신의 삶을 청산하려는 이들
이 알아야 할 유용하고 상상력 풍부한 힌트로 가득찬 감동의
메시지이다. 4 · 6판 / 132쪽 / 5,000원

현명한 사람이 읽는 지혜로운 이야기
이정민 엮음

현대를 살아가는 우리들에게 삶의 가치를 부여해주고 자기 성
찰의 기회를 갖게 해준다. 신국판 / 236쪽 / 6,500원

성공적인 표정이 당신을 바꾼다
마츠오 도오루 지음 · 홍영의 옮김

고통스러울 때, 괴로울 때, '그럼에도 불구하고'의 스마일을
통해 자신뿐만 아니라 주위 사람들의 마이너스 사고를 플러스
사고로 바꾸어서 사람의 마음을 움직이며, 그리고 사람의 마
음에 남는 최고의 웃는 얼굴을 만드는 비법 총망라!
신국판 / 240쪽 / 7,500원

태양의 법
오오카와 류우호오 지음 · 민병수 옮김

불법 진리 사상의 윤곽과 그 목적 · 사명을 명백히 함으로써
한사람 한사람의 인간이 깨달음을 추구하고 영적으로 깨우치
기 위한 명확한 방향을 제시하였다.
신국판 / 246쪽 / 8,500원

영원의 법
오오카와 류우호오 지음 · 민병수 옮김

일찍이 설해졌던 적도 없고 앞으로도 설해지지 않을 구원의
진리를 한 권의 책에 이론적 형태로 응축한 기본 삼법의 완결
편. 신국판 / 240쪽 / 8,000원

옛 사람들의 재치와 웃음
강형중 · 김경익 편저

옛 사람들의 재치와 해학을 통해 한문의 묘미를 터득하고 한
자를 재미있게 배우며 유머감각까지 높일 수 있는 일석삼조의
효과 만점. 신국판 / 316쪽 / 8,000원

지혜의 쉼터
쇼펜하우어 지음 · 김충호 엮음

쇼펜하우어의 철학체계를 통하여 풍요로운 삶의 지혜를 얻고

기쁨을 얻을 수 있도록 꾸며 놓은 철학이야기.
4 · 6판 양장본 / 160쪽 / 4,300원

헤세가 너에게
헤르만 헤세 지음 · 홍영의 엮음

순수한 애정과 자유를 갈구하는 헤세의 아름다운 세상을 통한 깨끗한 정신세계를 공유할 수 있는 기회를 제공.
4 · 6판 양장본 / 144쪽 / 4,500원

사랑보다 소중한 삶의 의미
크리슈나무르티 지음 · 최윤영 엮음

금세기 최고의 사상가이자 철학자인 크리슈나무르티가 인간의 정신적 사고의 구조와 본질을 규명하여 인간의 삶에 대한 가장 완벽한 해답을 제시.
신국판 / 180쪽 / 4,000원

장자-어찌하여 알 속에 털이 있다 하는가
홍영의 엮음

동양 사상의 저변에 흐르고 있는 자연에의 경외감을 유감없이 표현한 장자를 통하여 인간 본연의 자세로 돌아가 나를 돌아보는 계기를 만들어 주는 책.   4 · 6판 / 180쪽 / 4,000원

논어-배우고 때로 익히면 즐겁지 아니한가
신도희 엮음

인간에게 필요불가결한 윤리와 도덕생활의 교훈들을 평이한 문체로 광범위하게 집약한 논어의 모든 것!!
4 · 6판 / 180쪽 / 4,000원

맹자-가까이 있는데 어찌 먼 데서 구하려 하는가
홍영의 엮음

반성과 자책을 통해 잃어버린 양심을 수습하고 선으로 복귀할 것을 천명하는 맹자 사상의 집대성!!   4 · 6판 / 180쪽 / 4,000원

건   강

식초건강요법
건강식품연구회 엮음 · 신재용(해성한의원 원장) 감수

가장 쉽게 구할 수 있고 경제적인 식품이면서 상상할 수 없을 정도로 뛰어난 약효를 지닌 식초의 모든 것을 담은 건강지침서!   신국판 / 224쪽 / 6,000원

아름다운 피부미용법
이순희(한독피부미용학원 원장) 지음

피부조직에 대한 기초 이론과 우리 몸의 생리를 알려줌으로써 아름다운 피부, 젊은 피부를 오래 유지할 수 있는 비결 제시!
신국판 / 296쪽 / 6,000원

버섯건강요법
김병각 외 6명 지음

종양 억제율 100%에 가까운 96.7%를 나타내는 기적의 약용버섯 등 신비의 버섯을 통하여 암을 치료하고 비만, 당뇨, 고혈압, 동맥경화 등 각종 성인병 예방을 위한 생활 건강 지침서!
신국판 / 286쪽 / 8,000원

성인병과 암을 정복하는 유기게르마늄
이상현 편저 · 민형기 감수

최근 들어 각광을 받고 있는 새로운 치료제인 유기게르마늄을 통한 성인병, 각종 암의 치료에 대해 상세히 소개.
신국판 / 304쪽 / 7,000원

난치성 피부병
생약효소연구원 지음

현대의학으로도 치유불가능했던 난치성 피부병인 건선 · 아토피(태열)의 완치요법이 수록된 건강 지침서.
신국판 / 232쪽 / 7,500원

新 방약합편
정도명 편역

약물의 성질과 효능을 쉽게 꾸며 놓아 자신의 병을 알고 증세에 맞춰 스스로 처방을 할 수 있는 가정 한방 주치의 역할을 해준다. 증상과 처방에 따라 가정에서 조제할 수 있는 보약 506가지 수록.   신국판 / 416쪽 / 15,000원

자연치료의학
오홍근(신경정신과 의학박사 · 자연의학박사) 지음

대한민국 최초의 자연의학박사가 밝힌 신비의 자연치료의학으로 자연산물을 이용하여 부작용 없이 치료하는 건강 생활 비법 공개!!   신국판 / 472쪽 / 15,000원

약초의 활용과 가정한방
이인성 지음

현대과학이 밝혀낸 약초의 신비와 활용방법을 수록하여 가정에서도 주변의 흔한 식물과 약초를 활용하여 각종 질병을 간편하게 예방 · 치료할 수 있는 비법제시.
신국판 / 384쪽 / 8,500원

역전의학
이시하라 유미 지음 · 유태종 감수

일반상식으로 알고 있는 건강상식에 대해 전혀 새로운 관점에서 비판하고 아울러 새로운 방법들을 제시한 건강 혁명 서적!!   신국판 / 286쪽 / 8,500원

이순희식 순수피부미용법
이순희(한독피부미용학원 원장) 지음

자신의 피부에 맞는 관리법으로 스스로 피부관리를 할 수 있는 방법을 제시하고 책 속 부록으로 천연팩 재료 사전과 피부타입별 팩 고르기.   신국판 / 304쪽 / 7,000원

21세기 당뇨병 예방과 치료법
이현철(연세대 의대 내과 교수) 지음

세계 최초 유전자 치료법을 개발한 저자가 당뇨병과 대항하여 가장 확실하게 이길 수 있는 당뇨병에 대한 올바른 이론과 발병시 대처 방법을 알기 쉽게 상세히 수록!
신국판 / 360쪽 / 9,500원

신재용의 민의학 동의보감
신재용(해성한의원 원장) 지음

주변의 흔한 먹거리를 이용하여 신비의 명약이나 보약으로 활용할 수 있는 건강 지침서로서 저자가 TV나 라디오에서 다 밝히지 못한 한방 및 민간요법까지 상세히 수록!!
신국판 / 476쪽 / 10,000원

치매 알면 치매 이긴다
배오성(백상한방병원 원장) 지음

자연의 생기를 빨아들이면서 마음을 다스리는 B.O.S.요법으로 뇌세포의 기능을 활성화시키고 엔돌핀의 분비효과를 극대화시켜 증상에 맞는 한약 처방을 병행하여 치매를 치유하는 획기적인 치유법을 한의학 가문의 비방을 3대째 이어오고 있는 저자가 이해하기 쉽게 제시하였다.
신국판 / 312쪽 / 10,000원

21세기 건강혁명 밥상 위의 보약 생식
최경순 지음

항암식품으로, 아름다운 몸매를 유지하면서 할 수 있는 다이어트식으로, 젊고 탄력적인 피부를 유지할 수 있게 해주는 자연식으로의 생식을 소개하여 현대인들의 건강 길라잡이가 되도록 하였다.   신국판 / 348쪽 / 9,800원

기치유와 기공수련
윤한홍(기치유 연구회 회장) 지음

기 수련을 통해 길러지는 기치유는 누구나 노력만 하면 개발할 수 있고 활용할 수 있는 능력임을 강조하는 저자가 기 수련 방법과 기치유 개발 방법을 자세하게 소개하고 있다.
신국판 / 340쪽 / 12,000원

만병의 근원 스트레스 원인과 퇴치
김지혁(김지혁한의원 원장) 지음

현대를 살아가는 사람들에게 스트레스는 피할 수 없는 존재. 만병의 근원인 스트레스를 속속들이 파헤치고 예방법까지 속 시원하게 제시!!   신국판 / 324쪽 / 9,500원

김종성 박사의 뇌졸중 119
김종성 지음

우리나라 사망원인 1위. 뇌졸중 분야의 최고 권위자인 저자가 뇌졸중의 예방에서 치료법까지 상세하게 제시한 건강서. 일상생활에서의 건강관리부터 환자간호에 이르기까지 뇌졸중의 모든 것을 수록.   신국판 / 356쪽 / 12,000원

탈모 예방과 모발 클리닉
장정훈 · 전재홍 지음

미용적인 측면과 우리가 일상적으로 고민하고 궁금해 하는 털에 관한 내용들을 피부과 전문의인 저자들의 치료 경험을 토대로 다양하고 재미있게 예들을 들어가면서 흥미롭게 구성. 저자들의 글을 풀어가는 입담을 느낄 수 있는 편집도 이 책의 또다른 특징.   신국판 / 290쪽 / 8,000원

구태규의 100% 성공 다이어트
구태규 지음

하이틴 영화배우의 다이어트 체험서.
저자만의 다이어트법을 제시하면서 바람직한 다이어트에 대해서도 알려준다. 건강하게 날씬해지고 싶은 사람들을 위한 필독서!   4 · 6배판 변형 / 240쪽 / 9,900원

암예방과 치료법
이춘기 지음

현재 미국 암센터에서 활동하고 있는 저자가 암환자와 가족들을 위해서 암을 쉽게 해설해 놓은 책.
암의 치료방법에서부터 합병증의 예방 및 암이 생기기 전에 알 수 있는 방법에 이르기까지 상세하게 해설해 놓았다.
신국판 / 296쪽 / 11,000원

알기 쉬운 위장병 예방과 치료법
민영일 지음

소화기관인 위와 관련 기관들의 여러 질환을 발병 원인, 증상, 치료법을 중심으로 알기 쉽게 해설해 놓은 건강서. 속이 쓰리거나 음식을 삼킬 때 가슴이 막히는 증상 때문에 걱정이 되는 독자들은 이 책으로 근심을 한 방에 날려버릴 수 있다.
신국판 / 328쪽 / 9,900원

이온 체내혁명
노보루 야마노이 지음 · 김병관 옮김

음이온의 생성, 음이온이 많은 환경, 음이온이 건강에 미치는 영향 등을 구체적인 실험사례를 들어가면서 설명한 신개념의 건강서. 새로운 건강관리 이론으로 주목을 받고 있는 음이온을 통해 건강을 돌볼 수 있는 방법 제시.
신국판 / 272쪽 / 9,500원

성장클리닉 (배오성)	사혈요법 (정지천)
홍채학 (김성훈)	항암식품 (신재용)
발건강학 (최미희)	카이로프랙틱(이승원)
간클리닉 (전재웅)	녹차와 건강 (석자연스님)
자연피부미용 (이순희)	생활인의 선체조 (혜원스님)
여성질환(차선희)	

우리 교육의 창조적 백색혁명
원상기 지음

자라나는 새싹들이 기본적인 지식과 사고를 종합적 · 창조적으로 발전시켜 창조적인 사고능력을 배양할 수 있도록 한 교육지침서.   신국판 / 206쪽 / 6,000원

육아아이디어 263
생활컨설턴트그룹 엮음 · 한양심 옮김

세상에서 가장 예쁘고 소중한 우리 아기에게 언제나 여유로우면서도 무슨 일이든 척척 처리하는 현명한 신세대 엄마가 되기 위한 최신 육아 정보 수록!   신국판 / 318쪽 / 6,000원

현대생활과 체육
조창남 외 5명 공저

현 체육대학 체육과 교수들이 저술한 생활체육의 모든 것으로 건강의 개념 및 체력의 개요를 비롯한 각종 현대병의 원인과 예방 및 운동요법에 대한 이론과 요즘 각광받는 골프 · 스키 · 볼링 등의 레저스포츠 분야로 나눠 체육학을 전공하는 학생들 및 일반인들이 관심 있는 부분까지 총망라!!
신국판 / 340쪽 / 10,000원

퍼펙트 MBA

IAE유학네트 지음

기존의 관련 도서들과는 달리 Top MBA로 가는 길을 상세하고 완벽하게 수록하였으며, 또 톱 비즈니스 스쿨 지원자들에게 있어 가장 큰 애로사항 가운데 하나인 에세이를 쉽게 작성할 수 있는 작성법과, 톱 비즈니스 스쿨에 합격한 학생들의 원문도 수록하여 톱 MBA를 꿈꾸는 지원자들에게 가장 완벽하고 충실한 최신의 정보를 제공해 줄 것이다.

신국판 / 400쪽 / 12,000원

유학길라잡이 I -미국편

IAE유학네트 지음

미국으로의 유학 · 연수준비생을 위한 알짜배기 최신정보서!! 미국의 교육제도 및 유학을 가기 위해서 준비해야 할 절차, 미국 현지 생활 정보, 최신 비자정보 등을 한 눈에 볼 수 있는 유학길잡이.   4 · 6배판 / 372쪽 / 13,900원

유학길라잡이 II - 4개국편

IAE유학네트 지음

영어권 국가로의 유학 · 연수준비생을 위한 알짜배기 최신정보 수록!! 영국 · 캐나다 · 호주 · 뉴질랜드의 현지 정보 · 교육제도 및 각 국가별 학교의 특화된 교육내용 완전 수록!!

4 · 6배판 / 348쪽 / 13,900원

조기유학길라잡이.com

IAE유학네트 지음

영어권으로 나이 어린 자녀를 유학보내기 위해 준비중인 학부모 및 준비생들이 반드시 읽어야 할 필독서!! 영어권 나라의 교육제도 및 학교별 데이터를 완벽하게 수록하여 유학정보서의 질을 한 단계 상승시킨 결정판!!

4 · 6배판 / 428쪽 / 15,000원

김진국과 같이 배우는 와인의 세계

김진국 지음

포도주 역사에서 분류, 원료 포도의 종류와 재배, 양조 · 숙성 · 저장, 시음법, 어울리는 요리에 이르기까지 일반인의 관심사와 함께 와인의 유통과 소비, 와인 시장의 현황과 전망 등 산업적 부분까지 다루었다.
특히 와인소매점과 레스토랑 종사자들을 겨냥, 와인 판매 요령, 와인의 보관과 재고의 회전뿐만 아니라 고객에게 와인을 권하고 추천할 수 있는 능력, '와인 양조 비밀의 모든 것'을 동영상으로 제작한 CD까지, 와인의 모든 것이 담긴 종합학습서.   국배판 변형양장본(올 컬러판) / 208쪽 / 30,000원

CEO가 될 수 있는 성공법칙 101가지

김승룡 편역

21세기를 맞이하면서 새롭게 떠오르는 분야가 바로 'CEO'의 탄생이다. 냉혹한 기업 세계의 현실에서 높은 성장과 수익을 달성하기 위해서는 최고 경영자로서의 자질을 갖춰야 한다.
이 책은 미래의 CEO를 위한 획기적인 경영실용서로서 또 한 번의 경제위기를 겪고 있는 우리의 현실을 극복하고 일어설 수 있는 리더로서의 역할과 책임에 대한 명확한 해답을 제시해줄 것이다.   신국판 / 320쪽 / 9,500원

정보소프트

김승룡 지음

홍수처럼 쏟아지는 정보를 수집 · 분석하여 효과적으로 활용하는 방법을 총망라한 정보 전략 완벽 가이드!!

신국판 / 324쪽 / 6,000원

기획대사전

高橋憲行 지음 · 홍영의 옮김

무한경쟁시대 창업 전문가의 시대에서 성공할 수 있는 것은 완벽한 기획에서만 가능하다. 저자가 신사업 기획안과 지역 활성화의 프로젝트맨으로 수십 년간 활약하면서 얻은 경험과 체험을 토대로 엮은 완전 실용판 기획지침서로서 히트상품의 개발, 창업의 성공, 업무의 효율화, 성공적인 마케팅전략, 인재조직의 활용, 비용절감 등 기획에 관련된 모든 사항을 실례와 도표를 통하여 초보자에서 프로기획맨에 이르기까지 효율적으로 활용할 수 있도록 체계적으로 총망라하였다.

신국판 / 540쪽 / 16,500원

맨손창업 · 맞춤창업 BEST 74

양혜숙 지음

창업대행 현장 전문가가 추천하는 유망업종을 7가지 주제별로 나누어 수록한 맞춤창업서로 창업예비자들에게 창업의 길을 밝혀줄 발로 뛰면서 만든 실무 지침서!!

신국판 / 416쪽 / 12,000원

무자본, 무점포 창업! FAX 한 대면 성공한다

다카시로 고시 지음 · 홍영의 옮김

완벽한 FAX 활용법을 제시하여 가장 적은 자본으로 창업하려는 예비자들에게 큰 투자를 필요로 하지 않으면서 성공을 이끌어주는 길라잡이가 되는 실무 지침서.

신국판 / 226쪽 / 7,500원

성공하는 기업의 인간경영

중소기업 노무 연구회 편저 · 홍영의 옮김

무한경쟁시대에서 각 기업들의 다양한 경영 실태 속에서 인사 · 노무 관리 개선에 있어서 기업의 효율을 높이고 발전을 이룰 수 있는 원칙을 제시하고 있다.
아울러 인간경영에 관한 이론적 바탕과 실천적 내용이 잘 조화를 이루어 급변하는 21세기에 살아남을 수 있는 획기적인 이정표를 제시해줄 것이다.   신국판 / 368쪽 / 11,000원

21세기 IT가 세계를 지배한다

김광희 지음

21세기 화두로 떠오른 IT혁명의 경쟁력에 대해서 일반인들도 쉽게 이해할 수 있도록 전문가의 논리적이고 철저한 해설과 더불어 매장 끝까지 실제 사례를 곁들여 이 책을 통해 21세기 최정상에 오르는 방편을 터득하게 해줄 것이다.
신국판 / 380쪽 / 12,000원

경제기사로 부자아빠 만들기
김기태 · 신현태 · 박근수 공저

날마다 배달되는 경제기사를 꼼꼼히 챙겨보는 사람만이 현대 생활에서 부자가 될 수 있다. 언론인의 현장감각과 학자의 전문성을 접목시킨 것이 이 책의 특성! 누구나 이 책을 읽고 경제원리를 체득, 경제예측을 할 수 있게 준비된 생활경제서적.
신국판 / 388쪽 / 12,000원

포스트 PC의 주역 정보가전과 무선인터넷
김광희 지음

이제 포스트 PC시대를 준비하자.
이 책은 포스트 PC의 주역으로 급부상하고 있는 정보가전과 무선인터넷 그리고 이를 구현하기 위한 관련 테크놀러지를 체계적으로 소개한 21세기의 현자(賢者)가 되기 위한 지침서이다.   신국판 / 356쪽 / 12,000원

성공하는 사람들의 마케팅 바이블
채수명 지음

마케팅의 A에서 Z까지 마케팅 박사가 최근의 이론을 보완하여 내놓은 마케팅 관련 실무서. 마케팅의 정보전략, 핵심요소, 컨설팅실무까지 저자의 노하우와 창의적인 이론이 결합된 마케팅서.   신국판 / 328쪽 / 12,000원

느린 비즈니스로 돌아가라
사카모토 게이이치 지음 · 정성호 옮김

미국식 스피드 경영에 익숙해져 현실의 오류를 간과하고 있는 대기업, 중소기업, 조그맣게 자기 가게를 하고 있는 사람들을 위한 어떻게 팔 것인가보다 무엇을 팔 것인가를 차분히 설명하는 마케팅 컨설턴트의 대안 제시서!
신국판 / 276쪽 / 9,000원

적은 돈으로 큰돈 벌 수 있는 부동산 재테크
이원재 지음

700만 원으로 부동산 재테크에 뛰어들어 100배 불린 저자가 부동산 재테크를 계획하고 있는 사람들이 반드시 알아두어야 할 내용을 경험담을 담아 해설해 놓은 경제서.
신국판 / 340쪽 / 12,000원

창업(김종걸)   **재테크 경제학(박근수)**

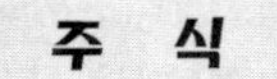

개미군단 대박맞이 주식투자
홍성걸 (한양증권 투자분석팀 팀장) 지음

초보에서 인터넷을 활용한 주식투자까지 필자의 현장에서의 경험을 바탕으로 한 주식 성공전략의 모든 정보 수록.

신국판 / 310쪽 / 9,500원

미국 · 일본 · 한국시장의 정공법@주식투자분석
이길영 외 2명 공저

일본과 미국의 주식시장을 철저한 분석과 데이터화를 통해 한국 주식시장의 투자의 흐름을 파악함으로써 한국 주식시장에서의 확실한 성공전략 제시!!   신국판 / 384쪽 / 11,500원

항상 당하기만 하는 개미들의 매도 · 매수타이밍 999% 적중 노하우
강경무 지음

승부사를 꿈꾸며 와신상담하는 모든 이들에게 희망의 등불이 될 것을 확신하는 Jusicman이 주식시장에서 돈벌고 성공할 수 있는 비결 전격공개!!   신국판 / 336쪽 / 12,000원

부자 만들기 주식성공클리닉
이창희 지음

주식투자에 성공하기 위해서는 자신만의 투자철학을 가지고 적기투자를 해야만 한다. 저자의 경험담을 섞어서 주식이란 무엇인가를 풀어서 써놓은 주식입문서. 초보자와 자신을 성찰해볼 기회를 가지려는 기존의 투자자를 위해 태어났다.
신국판 / 372쪽 / 11,500원

선물 · 옵션 이론과 실전매매
이창희 지음

철저한 정글의 법칙이 적용되는 선물과 옵션시장에서 일반인들이 실패하는 원인을 분석하고, 반드시 지켜야 할 투자원칙에 따라 유형별로 실전 매매 테크닉을 터득함으로써 투자를 성공적으로 할 수 있게 한 지침서!!
실패를 딛고 일어선 저자의 생생한 실전 노하우를 수록.
신국판 / 372쪽 / 12,000원

주가차트(홍성무)

역리종합 만세력
정도명 편저

피흉취길해 나갈 수 있는 생활의 지침서!!
현존하는 만세력 중 최장 기간을 수록하였으며 누구나 이 책을 보고 자신의 사주를 쉽게 찾아보고 맞춰 볼 수 있게 하였다.   신국판 / 532쪽 / 10,500원

작명대전
정보국 지음

좋은 이름 짓는 원리를 체계적으로 공식화한 "쉽게 짓는 작명법"으로 독자들 스스로 작명할 수 있도록 한글 소리 발음에 입각한 작명의 원리를 밝힌 길라잡이이다.   신국판 / 460쪽 / 12,000원

하락이수 해설
이천교 편저

점서학인 하락이수를 직역으로 풀어 놓아 원작자의 깊은 뜻을 원형 그대로 전달하고 원문을 공부하려는 사람들에게 도움이 되는 해설서이다.   신국판 / 620쪽 / 27,000원

현대인의 창조적 관상과 수상
백운산 지음

관상에는 그 사람의 평생 운명이 담겨져 있다. 관상을 보면 그 사람의 성격, 운세, 미래의 성공 여부도 예측할 수 있다. 관상학을 터득하여 적절히 운명에 대처해 나감으로써 어느 분야에서든지 성공적인 삶을 누릴 수 있는 비법을 전해줄 것이다.　신국판 / 344쪽 / 9,000원

대운용신영부적
정재원 지음

운명을 새롭게 변화시켜주는 신비의 영부적!!
수많은 역사와 신비로운 경험을 지닌 1,000여 종의 부적과 저자가 수십 년간 연구·개발한 200여 종의 부적들을 집대성한 국내 최대의 영부적이다.
신국판 양장본 / 750쪽 / 39,000원

사주비결활용법
이세진 지음

컴퓨터와 역학의 만남!! 왕초보자도 한글만 알면 신녹현사주 방정식을 실전에 응용할 수 있다. 운명의 숨겨진 비밀을 꿰뚫어 보는 신녹현사주 방정식의 모든 것을 수록하였다.
신국판 / 392쪽 / 12,000원

컴퓨터세대를 위한 新 성명학대전
박용찬 지음

이름 속에 운명을 바꾸는 비결이 있다. 태어난 아기 이름은 물론 개명·상호·아호 짓는 법까지 사람이 살아가면서 필요한 모든 이름 짓기가 총망라되어 각자의 개성과 사주에 맞게 이름을 지음으로써 본인의 삶에 이름값을 할 수 있도록 누구나 쉽게 짓는 작명비법을 수록하였다.
신국판 / 388쪽 / 11,000원

길흉화복 꿈풀이 비법
백운산 지음

김일성 사망과 올림픽 유치, 월드컵 공동 개최를 예언하는 등 국내의 큰 예언을 꿈풀이를 통해서 정확히 맞춰온, 30년이 넘는 세월을 역학에 몸담으면서 터득한 꿈과 관련된 해몽들이 상세하게 수록되어 있고 길몽과 흉몽을 구분하여 그림과 함께 보기 쉽게 엮었으며, 특히 요즘 신세대 엄마들에게 관심이 많은 태몽이 여러 가지로 자세하게 풀이되어 있다.
신국판 / 410쪽 / 12,000원

새천년 작명컨설팅
정재원 지음

오랜 세월 철학원을 운영한 저자의 경험을 바탕으로 일반인들도 '참 쉽다' 라는 표현이 저절로 나올 수 있도록 쓰여졌다. 독학으로 풍수지리학, 사주추명학 및 성명학을 섭렵한 저자의 경험을 되살려, 혼자 배워야 하는 독자들도 정말 이해하기 쉽도록 구성된 신세대 부모를 위한 쉽고 좋은 아기 이름만들기의 결정판이다. 더불어 개명·상호명·회사명·상품명까지 체계적으로 원리화하여 손쉽게 지을 수 있는 작명비법을 제시한다.
신국판 / 470쪽 / 13,000원

백운산의 신세대 궁합
백운산 지음

인간의 운명을 예언하는 역리학의 대가이며, 매스컴을 통하여 잘 알려진 백운산 선생이 남녀궁합 보는 법뿐만 아니라 인간관계, 출세, 재물, 자손문제, 건강문제, 성격, 길흉관계 등을 미리 규명할 수 있도록 쉽게 풀어놓았다.
신국판 / 304쪽 / 9,500원

동자삼 작명학
남시모 지음

한글 성명만으로 사람의 운세를 예측할 수 있다. 최초의 한글 성명학으로 한글의 독창성·우수성·과학성을 운명철학 차원에서 검증한, 한국사람에게 알맞은 건물명·상호·물건명 등의 이름을 자신에게 맞는 한글이름으로 지을 수 있는 작명비법을 제시한다.　신국판 / 496쪽 / 15,000원

구성학의 기초
문길여 지음

좋지 않은 운(運)을 길운(吉運)으로 바꾸어 운명을 새롭게 변화시키는 방위학의 모든 것을 통하여 개인의 일생운·결혼운·사고운·가정운·부부운·자식운·출세운을 성공적으로 이끄는 비법 공개.　신국판 / 412쪽 / 12,000원

법률 일반

여성을 위한 성범죄 법률상식
조명원(변호사) 지음

성희롱에서 성폭력범죄까지 여성이었기 때문에 특히 말 못하고 당해야만 했던 이 땅의 여성들을 위한 성범죄 법률상식서. 사례별 법적 대응방법 제시.　신국판 / 248쪽 / 8,000원

아파트 난방비 75% 절감방법
고영근 지음

예비역 공군소장이 잘못 부과된 아파트 난방비를 최고 75%까지 줄일 수 있는 방법을 구체적인 법적 근거를 토대로 작성한 아파트 난방비 절감방법 제시.　신국판 / 238쪽 / 8,000원

일반인이 꼭 알아야 할 절세전략 173선
최성호(공인회계사) 지음

세법을 제대로 알면 돈이 보인다.
현직 공인중계사가 알려주는 합법적으로 세금을 덜 내고 돈을 버는 절세전략의 모든 것!　신국판 / 392쪽 / 12,000원

변호사와 함께하는 부동산 경매 닷컴
최환주(변호사) 지음

경매재테크의 성공을 위한 입찰준비에서 낙찰까지의 경매 입찰 테크닉을 경매 전문 변호사가 명쾌하게 해설한 실전 경매 완벽 가이드서.　신국판 / 364쪽 / 11,000원

혼자서 쉽고 빠르게 할 수 있는 소액재판
김재용·김종철 공저

소액재판·지급명령·민사조정제도는 변호사의 도움 없이도 나 혼자서 간단하고 빠르게 해결할 수 있는 법정분쟁해결방법이다. 나홀로 소액지판을 할 수 있도록 소장작성에서 판결까지의 실제 재판과정을 상세하게 수록하여 이 책 한 권이면 모

든 것을 완벽하게 해결할 수 있다.　신국판 / 312쪽 / 9,500원

"술 한 잔 사겠다"는 말에서 찾아보는 채권·채무

변환철 지음

현대인들의 삶은 채권·채무라는 법률영역으로부터 벗어나서 살 수 없기 때문에 채권·채무 관련 분쟁이 끊임없이 발생하고 있다. 이러한 사실에 착안하여 전문 변호사가 속시원하게 구수한 문장력으로 해설해주는 일반인들이 꼭 알아야 할 채권·채무에 관한 법률 사항을 빠짐없이 수록했다.

신국판 / 408쪽 / 13,000원

알기쉬운 부동산 세무 길라잡이

이건우 지음

부동산을 사거나 팔 경우, 상속을 받을 경우, 또는 부동산을 소유하고 있을 경우에 세금을 내야 한다는 사실을 모르는 사람은 없을 것이다. 이 책에서는 부동산에 관련된 모든 세금을 알기 쉽게 단계별로 해설하고 있다. 합리적이고 탈세가 아닌 적법한 절세법 제시.　신국판 / 400쪽 / 13,000원

알기쉬운 어음, 수표 길라잡이

변환철(변호사) 지음

어음, 수표의 발행에서부터 추심과 지급, 사고 어음, 수표의 처리방법, 도난 또는 분실한 경우의 공시최고와 제권판결에 이르기까지 어음, 수표 관련 법률사항을 쉽고도 상세하게 설명, 한 권으로 압축해 놓은 생활법률서.　신국판 / 328쪽 / 11,000원

생활법률

부동산 생활법률의 기본지식

대한법률연구회 지음·김원중 감수

부동산관련 기초지식과 분쟁해결을 위한 노하우, 테크닉을 제시하고 권두 특집으로 주택건설종합계획과 부동산 관련 정부 주요 시책을 소개하였다.　신국판 / 480쪽 / 12,000원

고소장·내용증명 생활법률의 기본지식

하태웅 지음

독자들이 고소·고발의 법적 의미를 정확히 이해하고 스스로 고소·고발장을 작성할 수 있도록 예문과 서식을 함께 소개하여 문제 해결에 대응할 수 있도록 하였다. 또 민사소송에 대해서도 자세하게 설명하였으며 부록에는 형법과 형사소송법의 원문을 게재하여 법전 역할까지 할 수 있도록 하였다.

신국판 / 440쪽 / 12,000원

노동 관련 생활법률의 기본지식

남동희 지음

인터넷 노무 상담실을 운영하며 4만여 건 이상의 무료 상담을 계속하고 있는 저자의 상담 사례를 통해 문답식으로 속시원하게 풀어나가는 노동 관련 생활법률 해설의 최신 결정판이다. 아울러 취업규칙·단체협약·고용보험 관련 여러 가지 서류 및 직장 내 성희롱 예방 지도 지침 등과 같은 노동 관련 양식도 곁들였다.　신국판 / 528쪽 / 14,000원

외국인 근로자 생활법률의 기본지식

남동희 지음

외국인 연수협력단의 자문위원으로 오랜 시간 실무를 접했던 저자의 경험을 바탕으로 외국인 근로자의 체류자격 및 취업자격 등 법적 문제와 법률적 지위를 상세하게 다루었다.

신국판 / 400쪽 / 12,000원

계약작성 생활법률의 기본지식

이상도 지음

법을 전공하지 않은 사람이라도 국민생활과 직결된 계약법의 기초를 이루는 핵심 기본지식을 체계적으로 쉽게 이해할 수 있도록 했으며, 간단명료한 해설과 더불어 이와 관련된 계약서 작성 예문을 상세하게 예시함으로써 실제 상황에 활용가능하게 하였다.　신국판 / 560쪽 / 14,500원

지적재산 생활법률의 기본지식

이상도·조의제 공저

현대 산업사회에서 중요시되고 있는 특허, 실용신안, 의장, 상표, 저작권, 컴퓨터프로그램저작권 등 지적재산의 모든 것을 체계화하여 한 권으로 요약하였다. 아울러 지적재산 전체를 통틀어 다루되 상호 연관적으로 해설하여 실무에 직접 활용할 수 있도록 하였다.　신국판 / 496쪽 / 14,000원

부당노동행위와 부당해고 생활법률의 기본지식

박영수 지음

노사관계 이슈 중에서 주요 핵심사항인 부당노동행위와 정리해고·징계해고를 중심으로 간단 명료한 해설과 더불어 대법원 판례, 노동위원회에 의한 구제절차, 소송절차 및 노동부 업무처리지침을 소개하여 실질적인 도움이 되도록 하였다.

신국판 / 432쪽 / 14,000원

주택·상가임대차 생활법률의 기본지식

김운용 지음

전세업자들이 보증금 반환소송이나 민사소송, 경매절차까지의 모든 기본적인 흐름을 알 수 있도록 인터넷을 통한 실제 법률 상담을 전격 수록하였다. 이 책을 통하여 사전 분쟁을 막고 많은 시간과 비용 및 정신적 고통까지 당하는 소송이나 강제집행의 단계에 이르지 않고 문제 해결을 할 수 있도록 하였다.

신국판 / 480쪽 / 14,000원

하도급거래 생활법률의 기본지식

김진홍 지음

경제적 약자인 하도급업자를 위하여 하도급거래 관련 필수적인 법률사안들을 쉽게 해설함과 동시에 실무에 필요한 12가지 하도급표준계약서를 소개하여 공정한 하도급거래의 법률자문 역할을 할 수 있도록 하였다.

신국판 / 440쪽 / 14,000원

이혼소송과 재산분할 생활법률의 기본지식

박동섭 지음

이혼과 관련하여 해결해야 할 법률문제들을 저자의 실무경험을 바탕으로 명쾌하게 해설하였다. 아울러 약혼이나 사실혼과 기로 인한 위자료문제도 함께 다루어 가정문제로 고민하는 사람들에게 길잡이가 되도록 하였다.　신국판 / 460쪽 / 14,000원

부동산등기 생활법률의 기본지식

정상태 지음

등기를 하지 않으면 어떤 위험이 따르고, 등기를 하면 어떤 효력이 생기는가! 등기신청은 어떻게 하며, 필요한 서류는 무엇이고, 등기종류에는 어떤 것들이 있는가 등 부동산등기 전반에 걸쳐 일반인이 꼭 알아야 할 법률상식을 간추려 간단, 명료하게 해설하였다.   신국판 / 456쪽 / 14,000원

기업경영 생활법률의 기본지식
안동섭 지음

사업을 구상하고 있는 사람이나 현재 경영하고 있는 사람 및 관리실무자에게 필요한 법률을 체계적으로 알려줌으로써 성공적인 기업 경영자의 비전을 제시해준다. 또한 관련 법률서식과 서식작성 예문도 함께 소개하였다.
신국판 / 466쪽 / 14,000원

교통사고 생활법률의 기본지식
박정무 · 전병찬 공저

교통사고 관련 법률문제를 몰라 당황한 나머지 억울하게 피해를 보는 사람들이 많은 점을 고려하여 사고당사자가 쉽게 응용할 수 있도록 단계별 해결책을 제시함과 동시에 사고유형별 Q&A를 통하여 상세한 법률자문 역할을 하였다.
신국판 / 480쪽 / 14,000원

소송서식 생활법률의 기본지식
김대환 지음

우리가 사회생활을 하면서 부딪치게 되는 사안들을 일상생활과 밀접한 소송서식을 중심으로 소장작성부터 판결을 받을 때까지 그 절차마다 법원에 제출하는 순위에 따라 그 서식작성 요령을 서식 항목별로 자세하게 설명.
신국판 / 480쪽 / 14,000원

호적 · 가사소송 생활법률의 기본지식
정주수 지음

모든 국민은 호적신고에 따라 그 신분관계의 발생 · 변경 · 소멸의 효력이 발생한다. 이 책은 개명, 성 · 본 창설, 취적절차 및 법원의 허가 및 판결에 의한 호적정정절차, 친권 · 후견절차, 실종선고 · 부재선고절차에 이르기까지 상세한 해설과 함께 신고서식 작성요령과 구비할 서류 및 재판절차에 대하여 자세히 설명하였다.   신국판 / 516쪽 / 14,000원

상속과 세금 생활법률의 기본지식
박동섭 지음

지금 우리 주위에 상속을 둘러싸고 형제간, 부모자식간에 다툼이 갈등이 있는 경우를 심심치 않게 본다. 이럴 때 상속재산분할, 상속회복청구, 유류분반환청구, 상속세부과처분취소 등 상속관련 사건들을 해결하는 데 도움이 되도록 상속법과 상속세법을 상세하게 함께 수록.   신국판 / 480쪽 / 14,000원

처 세

성공적인 삶을 추구하는 여성들에게 우먼파워
조안 커너 · 모이라 레이너 공저, 지창영 옮김

사회의 여성을 향한 냉대와 편견의 벽을 깨뜨리고 성공적인 삶을 이루려는 여성들이 갖추어야 할 자세 및 삶의 이정표 제시!!   신국판 / 352쪽 / 8,800원

聽 이익이 되는 말 話 손해가 되는 말
우메시마 미요 지음 · 정성호 옮김

상호 교류감이 있는 대화가 인생과 비즈니스를 성공으로 이끈다. 직장이나 집안에서 언제나 주고받는 일상의 화제를 모아 실음으로써 대화의 참의미를 깨닫고 비즈니스를 성공적으로 이끌기 위한 대화술을 키우는 방법 제시!!
신국판 / 304쪽 / 9,000원

성공하는 사람들의 화술테크닉
민영욱 지음

개인간의 사적인 대화에서부터 대중을 위한 공적인 강연에 이르기까지 어떻게 말하고 어떻게 스피치를 할 것인가에 관한 지침서. 자신의 경험을 바탕으로 한 이론을 통해 화술이 부족해서 사회에 적응하지 못하는 사람들에게 길라잡이가 된다.
신국판 / 320쪽 / 9,000원

부자들의 생활습관 가난한 사람들의 생활습관
다케우치 야스오 지음 · 홍영의 옮김

경제학의 발상을 기본으로 하여 사람들이 살아가면서 생활에서 생각해 볼 수 있는 이익을 보는 생활습관과 손해를 보는 생활습관을 수록, 독자 자신에게 맞는 생활습관의 기본 전략을 설계할 수 있도록 제시.   신국판 / 320쪽 / 9,800원

명 상

명상으로 얻는 깨달음
달라이 라마 지음 · 지창영 옮김

티베트의 정신적 지도자이자 실질적 지도인인 달라이 라마의 수많은 가르침 가운데 현대인에게 필요해지고 있는 인내에 대해 문답형으로 풀어놓았다. 달라이 라마와 함께 풀어보는 인내에 대한 이야기.   국판 / 320쪽 / 9,000원

어 학

2진법 영어
이상도 지음

영어학습의 대혁명!!
2진법 영어의 비결을 통해서 기존 영어학습 방법의 단점을 말끔히 해소시켜 주는 최초로 공개되는 고효율 영어학습 방법. 적은 시간을 투자하여 영어의 모든 것을 획기적으로 향상시킬 수 있는 비법을 제시한다.   4 · 6배판 변형 / 328쪽 / 13,000원

한 방으로 끝내는 영어
고제윤 지음

일상생활에서의 이야기를 바탕으로 하는 영어강의로 영어문
법은 재미없고 지루하다고 생각하는 이 땅의 모든 사람들의
상식을 깨면서 학습 효과를 높이기 위한 공부방법을 제시하는
새로운 영어학습서.
이 책으로 영어문법을 마스터하여 영어의 벽을 뛰어넘도록 하
자.   신국판 / 316쪽 / 9,800원

한방으로 끝내는 영단어

김승엽 지음 / 김수경 · 카렌다 감수

일상생활에서 우리가 무심코 던지는 영어 한마디가 당신의 영
어수준을 드러낸다는 사실을 깨닫게 하는 영어 실용서. 풍부
한 예문을 통해 참영어를 배우겠다는 사람, 무역업이나 관광
안내업에 종사하는 사람, 영어권 나라로 이민을 가려는 사람
들에게 많은 도움을 줄 것이다.   4 · 6배판 변형/ 236쪽/ 9,800원

테마별 고사성어로 익히는 한자

김경익 지음

세글자, 네글자로 이루어진 고사성어를 통해 실용한자를 익히
고 성어 속에 담긴 의미도 오늘에 맞게 재해석 해보는 한자 학
습서   4 · 6배판 변형 / 248쪽 / 9,800원

기초영어회화(김수경)　　　　**영어회화3000(강규형)**

당근영어의 영어회화　　　　**영어로 배우는 중국어(김승엽)**

스포츠

수열이의 브라질 축구 탐방 삼바 축구, 그들은 강하다

이수열 지음

축구에 대한 관심만으로 각 나라의 축구팀, 특히 브라질 축구
팀에 애정을 가지고 브라질 축구팀의 전력 및 각 선수들의 장
단점을 나름대로 분석하고 연구하여 자신의 의견을 피력하고
있는 축구 길라잡이서.   /신국판 / 280쪽 / 8,500원

테마별 고사성어로 익히는 한자

2002년 6월 5일 제1판 1쇄 인쇄
2002년 6월 15일 제1판 1쇄 발행

지은이/김경익
펴낸이/강선희
펴낸곳/가림출판사

등록/1992. 10. 6. 제4-191호
주소/서울시 광진구 구의동 57-71 부원빌딩 4층
대표전화/458-6451   팩스/458-6450
홈페이지 http://www.galim.co.kr
e-mail   galim@galim.co.kr

값 9,800원

ⓒ 김경익, 2002

저자와의 협의하에 인지를 생략합니다.
무단 복제 · 전재를 절대 금합니다.

ISBN 89-7895-111-2 03710

가림출판사 · 가림M&B · 가림Let's의 홈페이지(http://www.galim.co.kr)에 들어오시면 가림출판사 · 가림M&B · 가림Let's의 신간도서 및 출간 예정 도서를 포함한 모든 책들을 만나실 수 있습니다.
온라인 서점을 통하여 직접 도서 구입도 하실 수 있으며 가림 홈페이지 내에서 전국 대형 서점들의 사이트에 링크하시어 종합 신간 안내 및 각종 도서 정보, 책과 관련된 문화 정보를 받아보실 수 있습니다.
또한 홈페이지 방문시 회원으로 가입하시면 신간 안내 자료를 보내드립니다.